厦门大学哲学社会科学
繁荣计划资助项目

妇女性别研究

2019·第六辑

Women/Gender Studies

邓朝晖◎主　　编
蒋　月◎执行主编

厦门大学出版社
XIAMEN UNIVERSITY PRESS
国家一级出版社
全国百佳图书出版单位

图书在版编目(CIP)数据

妇女/性别研究.第六辑/邓朝晖,蒋月主编.—厦门:厦门大学出版社,2020.4
ISBN 978-7-5615-7762-2

Ⅰ.①妇… Ⅱ.①邓…②蒋… Ⅲ.①妇女问题—研究—中国②性别差异—研究—中国 Ⅳ.①D669.68②D669.1

中国版本图书馆 CIP 数据核字(2020)第 046603 号

出版人 郑文礼
责任编辑 曾妍妍
封面设计 李夏凌
技术编辑 朱 楷

出版发行 厦门大学出版社
社 址 厦门市软件园二期望海路 39 号
邮政编码 361008
总 机 0592-2181111 0592-2181406(传真)
营销中心 0592-2184458 0592-2181365
网 址 http://www.xmupress.com
邮 箱 xmup@xmupress.com
印 刷 厦门集大印刷厂

开本 787 mm×1 092 mm 1/16
印张 11.5
插页 1
字数 274 千字
版次 2020 年 4 月第 1 版
印次 2020 年 4 月第 1 次印刷
定价 48.00 元

厦门大学出版社
微信二维码

厦门大学出版社
微博二维码

编 委 会

刊首语

《妇女/性别研究》是厦门大学妇女/性别研究与培训基地创办的学术集刊。从2014年创刊至今，每年一辑，已出版六辑，共发表论文87篇、书评8篇、工作综述1篇，均以妇女、性别为视角切入开展研究，内容涉及马克思主义理论、哲学、政治学、法学、文学、教育学、管理学、社会学、人口学、经济学、医学、新闻传播学等学科和相关实务，受到了读者的肯定和欢迎。衷心感谢各界同仁关心支持，和我们一起同心协力培育本刊茁壮成长。

厦门大学妇女/性别研究与培训基地成立于2006年，是中华全国妇女联合会、中国妇女研究会与厦门大学联合设立的学术机构。自成立以来，通过举办学术会议、开设相关课程、培养硕士和博士研究生、出版专业丛书系列、举办跨学科论坛、提供社会服务等活动，取得了丰硕成果，得到了学界及业内人士的广泛认可。2019年，基地主要骨干成员完成了新一轮的新老交替接力棒交接，产生了新一届的管理团队、学术委员会，同时更新了本刊编委会成员。

我们将继续秉持本刊追求学术品位与实践价值之宗旨，着力推动国内外妇女/性别的理论研究和实践研究，推进新时代的妇女/性别研究在不同学科的交流、交叉、交融与发展，分享该领域研究最新进展和最新成果，为促进性别平等、两性和谐发展而努力。

厦门大学妇女/性别研究与培训基地

2019年12月

目 录

性别与政治

3	吴宏洛 王杰森	妇联"枢纽型"社会组织参与社会治理的探索 ——福建省妇联"妇女之家"的实践
13	陈福英	职业发展理论视阈下的女村干部成长之路 ——基于福建省125个样本的调查分析

性别与法律

27	[意]约勒·法略莉 雷春红	罗马、欧洲国家家庭法和继承法与中国民法典相关制度的借鉴
39	黄冬阳 芦 絮 方 珺	从对抗夫妻到合作父母 ——以父母责任为中心的亲子案件审执进深路径探析
51	泉州市鲤城区人民法院家事诉讼示范证据研究课题组	家事纠纷规范解决:示范证据的价值与提倡
61	何丽新	人身保险法律制度的社会性别分析
74	许金金 李 杰	反就业性别歧视研究:从形式平等到实质平等

性别与健康

93	巨东红	女性流动人口心理健康:认知、需求及社会服务体系的构建
103	武之琳 袁满琼 方 亚等	性别视角下的老年人认知功能与精神健康影响因素研究

性别与教育

115	顾志峰 苏雪萍 颜溢惠等	福建农村女性终身教育服务乡村振兴战略调查研究
124	姚丽青 郭 婕 曾雪梅	关于未成年人性别安全保护工作机制研究

性别与社会学和文学

137	徐延辉 龚叶琳	关于性别观念的一项经济社会学研究
151	苏 妹	试析明传奇《琴心记》的性别空间想象

妇女/性别研究工作综述

163	蒋 月	以马克思主义妇女观为指导 致力于妇女/性别研究和服务国家及地方发展 ——厦门大学妇女/性别研究与培训基地工作回顾(2006—2019)
173		本刊征文启事

Contents

Gender and Politics

3	Wu Hongluo Wang Jiesen	Exploration of Women's Federation as "Pivotal" Social Organizations' Participation in Social Governance: Based on the Practice of Women's House of Fujian Women's Federation
13	Chen Fuying	The Growth of Female Village Officials from the Perspective of Career Development Theory: Based on the Survey and Analysis of 125 Samples from Fujian Province

Gender and Law

27	Iole Fargnoli Lei Chunhong	The Reference of Roman Law and European Family and Succession Law to Relative Systems in Civil Code of China
39	Huang Dongyang Lu Xu Fang Jun	From Fighting Couples to Cooperative Parents: A Research Centered on Parental Responsibilities
51	Research Group on Demonstration Evidence of Family Proceedings by the People's Court of Licheng District	Normative Settlement of Family Disputes: Value and Advocacy of Demonstration Evidence
61	He Lixin	Gender Analysis of the Legal System of Personal Insurance
74	Xu Jinjin Li Jie	Research on the Law of Anti-sex Discrimination in Employment: From Formal Equality to Substantive Equality

Gender and Health

93	Ju Donghong	Mental Health of Female Floating Population: Cognition, Demand and Construction of Community Service System
103	Wu Zhilin Yuan Manqiong Fang Ya etc.	A Study on the Influencing Factors of Cognitive Function and Mental Health in the Elderly from the Gender Perspective

Gender and Education

115	Gu Zhifeng Su Xueping Yan Yihui etc.	A Study on the Strategy of Rural Women's Lifelong Education in Fujian Province
124	Yao Liqing Guo jie Zeng Xuemei	Research on the Working Mechanism of Gender Security Protection for Minors

Gender and Sociology and Literature

137	Xu Yanhui Gong Yelin	An Economic Sociology Study on Gender-Role Attitude
151	Su Mei	The Imagination of Gender Space in *Qinxinji*

Overview of Women/Gender Research Work

163	Jiang Yue	Being Guided by Views of Marxism on Women, Committed to Women/Gender Research and Serving National and Local Development —A Review of Women/Gender Research and Training Centre of Xiamen University (2006–2019)

173 **Call for Papers**

性别与政治

Gender and Politics

Women/Gender Studies

妇联“枢纽型”社会组织参与社会治理的探索

——福建省妇联“妇女之家”的实践

吴宏洛　王杰森*

内容摘要：妇联“枢纽型”社会组织，是指妇联面向妇女儿童，带领其他社会组织，一起共同帮扶和服务妇女儿童群体，在联合达成中起着“枢纽”作用的组织。本文以福建省“妇女之家”为研究对象，考察以“妇女之家”为代表的致力于妇女儿童利益维护的社会组织，在推进政府与妇女社会组织之间的合作，使性别资源配置效率不断提升、用实际行动推动社会组织参与社会治理的作为。

关键词：“枢纽型”社会组织；社会治理；妇女之家；妇联

“枢纽型”社会组织是指在同类别、同性质、同领域的社会组织中发挥政治引领、业务指导、服务提供、孵化培育、承担管理等功能，经过一定程序，由各地社会管理领导机构认定的社会组织或社会组织联合会。我国枢纽型社会组织具有萨拉蒙对非营利组织概括的五大特征：组织性、民间性、非营利性、自治性和志愿性。但它作为社会组织的一种特殊形态，又具有一般社会组织不具备的特殊性：一是对同类社会组织的代表性，二是获取社会资源的排他性，三是对各种资源的整合性，四是服务同类社会组织的服务性，五是发展阶段的过渡性。目前“枢纽型”社会组织的资格由政府认定，以人民团体为主，总工会、团委、妇联、科协、残联、侨联、文联、社科联、红十字会、法学会等10家社会组织被认定为首批“枢纽型”社会组织。①

“枢纽型”社会组织概念最早由北京市社工委提出。2008年，北京市社工委出台了《关于加快推进社会组织改革与发展的意见》，首次提出了枢纽型社会组织的概念，并于2009年认定首批工青妇等10家社会团体为枢纽型社会组织，到目前为止，已先后认定了四批枢纽型社会组织，其目的是政社分开、管办分离，创新社会组织管理体制，让枢纽型社会组织在社会组织发展、服务和管理中充分发挥枢纽职能。其后，各省纷纷仿效北京评审认定了一批枢纽型社会组织，以推动创新社会组织的工作体系。

---

* 吴宏洛（1963—　），女，汉族，福建福州，福建师范大学（350108），教授，博导，福建妇女理论研究会副会长。王杰森（1993—　），男，汉族，福建泉州，福建师范大学（350108），博士研究生，主要从事妇女理论研究。

① 马西恒．转型中的社会治理[M]．上海：上海交通大学出版社，2016：264．

一、"枢纽型"社会组织的类别及作用

"枢纽型"社会组织从组织形态上可分为政府主导型和民间自发型。从活动领域看，几乎涵盖各行各业，如经济类、科学技术类、学术类、救助类、公益慈善类等；从服务对象分，则可区分为职工类、青少年类、妇女儿童类、特殊群体类等。①

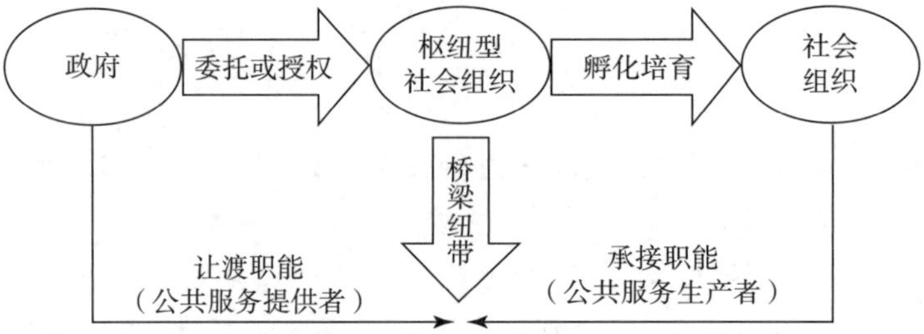

图 1　政府、枢纽型社会组织与社会组织关系图

枢纽型社会组织的作用，主要体现在下列三个方面：首先，促进社会治理模式转型。枢纽型社会组织的提出，与政府改革社会组织登记管理办法同步，是政府简政放权的举措之一，标志着我国由"国家法团主义"的社会管理模式向"社会法团主义"的社会治理模式转型，或者说是从统治向治理转型。政府通过购买服务、购买项目、购买社工等方式，与枢纽型社会组织及其他社会组织建立合作伙伴关系，有利于整合和凝聚更多的社会力量参与社会治理与社会建设。② 通过枢纽型社会组织，建构有序的利益表达渠道，重构国家和社会的关系，化解日益尖锐的社会矛盾，为深化社会领域的改革创造稳定的社会环境。其次，有利于社会组织发育。枢纽型社会组织处于政府和社会组织中间，上联政府下通其他社会组织形成枢纽关系，向上承接国家的政治信任，向下凝聚社会认同。③ 政府管理社会组织的部分职能转移到枢纽型社会组织中，由其发挥引领、资源、项目、服务、管理等多项职能，破解社会组织双重管理体制对社会组织发展的制约，给社会组织开放更多的活动领域和空间，培育孵化更多的草根社会组织，提升社会组织能力，激发社会组织活力，提供社会组织发育基础。再次，推动社会建设与发展。枢纽型社会组织是我国特有的一种社会组织形态，它的出现是当前社会建设的迫切需要，是改善国家与社会关系的切入点，是社会建设与发展的突破口。国家经济发展和社会改革，需要稳定的社会环境。利益多元分化的社会极易导致群体间的利益冲突，草根社会组织由于难以进入社会治理的权力体系，力量较弱，很难成为利益代表，因而需要有具有代表性的枢纽型社会组织进入社会治理体系，通过利益协商有效化解社会矛盾，使社会建设与社会发展在稳定有序、风险可控的情况下进行。④

---

① 殷昭举．创新社会治理机制[M]．广州：广东人民出版社，2016：173.

② 李永忠．中国社会组织发展研究[M]．北京：中国书籍出版社，2012：189.

③ 崔玉开．"枢纽型"社会组织：背景、概念与意义[J]．甘肃理论学刊，2015(5)：63.

④ 顾维民．"枢纽型"社会组织参与社会管理的实践探索与发展思考[J]．上海市社会主义学院学报，2017(6)：47.

二、妇联“枢纽型”社会组织的特色与作为

妇联“枢纽型”社会组织，是指妇联面向妇女儿童，带领其他社会组织，起到共同帮忙和服务妇女儿童群体，在联合达成中起着“枢纽”作用的组织。[①] 妇联枢纽型社会组织的优势表现在下列四个方面：

1. 有鲜明的政治优势。作为枢纽型社会组织的妇联是党领导下的群众团体，承担着代表和维护妇女权益、促进男女平等的基本职能。妇儿工委办设在妇联，标志着妇联组织既有非政府组织的功能和群众团体的基本特征，也兼有政府组织的某些特点与职能，具有鲜明的政治性、广泛的群众性、深刻的社会性，拥有健全的组织体系、独特的组织模式和良好的组织信誉。

妇联的特殊性质和任务是代表妇女的利益，维护妇女群体的合法权益。妇联致力于积极承接政府职能中有关向妇女、儿童提供公共服务的职能；通过政府购买、与政府共同搭建公共服务平台的方式，参与公共服务的供给。在社会转型中，有效地发挥着组织优势以及社会协调、沟通的桥梁作用，并承担社会系统的整合功能。2015 年，福建省妇联发起“精准扶贫，岗村联建”千名女干部参与扶贫志愿活动，将党政机关部门与群众联系起来，建立妇女群众联系机制，促进了党群关系，优化了公共服务。

2. 有丰富的资源优势。妇联有深深植根于广大妇女群众中的网络体系，代表、联系、服务对象占总人口的一半。随着社会的发展进步，妇女越来越广泛地参与到社会生活的各个方面，使得妇联的工作触角延伸到社会各领域、各层面，在协调关系、凝聚人心、维护稳定等方面具有独特作用。

3. 有独特的工作优势。在长期的实践中，妇联创造和积累了丰富的经验，建立了较为完善的工作机制，有着与各级政权组织相对应的工作网络和工作手臂延伸到家庭的特点，具有独特的群众工作优势。

4. 引导妇女社会组织发展参与社会治理。作为枢纽型社会组织的福建省妇联加快“政社分开”的探索与实践，发挥治理主体作用，遵循专业化与社会化原则，服务并管理着以“妇女之家”为代表的大量致力于妇女儿童利益维护的社会组织，促进此类社会组织能力的提升。妇联恰当地扮演着桥梁纽带角色，推进政府与妇女社会组织之间的合作，使性别资源配置效率不断提升，用实际行动推动社会组织参与社会治理。

三、福建省妇联“枢纽型”社会组织抓手的“妇女之家”实践

“妇女之家”作为妇女基层社会组织，是妇联“枢纽型”社会组织的抓手，是妇联组织联系服务妇女、妇联工作往下沉、往下走到群众中去的重要载体。长期以来，广大妇女一直都把妇联视为“娘家”，把妇联干部视为“娘家人”。无形的“家”要吸引妇女、凝聚妇女、服务妇女，

① 徐江．妇联枢纽型社会组织的构建及其作用发挥[J]．妇女论丛，2015(5)：47.

必须以有形“家”的建设和发展为支撑。2010 年 8 月，全国妇联按照中央党群共建、创先争优的要求，制定了妇字〔2010〕34 号《关于在党群共建创先争优活动中建设村、社区“妇女之家”的意见》，要求各级妇联在开展创先争优活动中，要达到党建带妇建，共建组织、共建队伍、共建阵地的要求，使村、社区“妇女之家”成为村、社区妇联组织凝聚妇女、服务妇女的重要阵地，成为妇联参与社会管理和公共服务的一个最基层的社会组织。至此，福建省已建设“妇女之家”16000 多个。

福建省的“妇女之家”始终围绕中心、服务大局，立足基层、联系妇女，认真履行组织妇女、引导妇女、服务妇女和维护妇女儿童合法权益的职责，不断加强自身建设，持之以恒建好“妇女之家”，精心细致管好“妇女之家”，全力以赴用好“妇女之家”，使妇联组织这个“无形的家”真正成为妇女群众心目中常惦念、感情上可依托、平时找得到、遇事用得上的“有形的家”。

（一）福建省“妇女之家”的运行机理

1.“妇女之家”的主要功能

福建省各级“妇女之家”围绕中心、服务大局，认真履行组织妇女、引导妇女、服务妇女和维护妇女儿童合法权益的职责，不断加强自身建设，努力成为宣传政策的阵地、传播知识的课堂、传递信息的纽带、联系和服务妇女群众的窗口、展示妇女风采的平台。

（1）宣传教育功能。宣传党的路线方针政策，宣传男女平等基本国策，宣传、普及国家有关妇女儿童的法律法规知识。组织妇女开展读书活动，参加现代远程教育等多形式、多内容的学习，开展科技、环保、妇幼卫生保健、家庭教育、实用技术等培训，教育引导妇女发扬自尊、自信、自立、自强精神，提高思想道德素质、科学文化素质和健康素质，成为有理想、有道德、有文化、有纪律的时代新女性。

（2）维权服务功能。提供矛盾调处和维权服务，调解邻里纠纷和家庭矛盾，协调处理家庭暴力事件，引导妇女依法维护自身合法权益。提供婚姻家庭、道德规范、心理调适等方面的咨询和创业就业信息服务。争取多方支持，为留守流动等困难儿童及家庭提供力所能及的关爱和服务。

（3）组织活动功能。要充分发挥“妇女之家”组织开展活动的功能，着眼于基层妇女的实际需求、利益关切、兴趣爱好，组织开展内容丰富、形式多样，妇女喜闻乐见、有益身心健康的文体活动，使妇女在活动中参与、在参与中受益、在受益中发展。

2.“妇女之家”的主要职责

（1）组织开展宣传教育活动。宣传党的路线方针政策，宣传男女平等基本国策和有关妇女儿童的法律法规知识。组织妇女开展法律法规、文化科技、礼仪修养、卫生保健、环境保护、使用技术、家庭教育等培训和多形式、多内容的学习读书活动。教育引导妇女发扬“四自”精神，提高思想道德素质、科学文化素质和身心健康素质。

（2）维护妇女儿童合法权益。提供维权服务，调解邻里纠纷和家庭矛盾，引导妇女依法维护自身合法权益。接待和协调处理妇女儿童个人和家庭合法权益受侵害实践。为妇女提供婚姻家庭、道德规范、心理调适等方面的咨询与服务。

（3）组织开展文体娱乐活动。组织妇女和家庭开展系列文明主题创建活动，引领妇女和家庭建立科学、文明、和谐、低碳的生活方式。开展丰富多彩、形式多样、富有特色、妇女喜闻乐见、有益身心健康的家庭文化、体育、娱乐活动，使妇女在活动中参与、在参与中受益、在受益中发展、在发展中彰显巾帼时代风采。

(4) 排忧解困办实事。开展妇女小额贴息贷款、职业介绍、项目推介等创业就业服务。开展困境母亲关爱、真情援助、健康体检等公益服务项目，争取社会力量为特困妇女和家庭提供力所能及的关爱和服务。

(二)“妇女之家”在开展寻找“最美家庭”活动中的探索

2014 年以来，按照习近平总书记的要求，切实把社会主义核心价值观落细、落小、落实到广大家庭，充分发挥妇女的独特作用。全国妇联以弘扬良好家风为主题，依托城乡 70 万个“妇女之家”在全国开展寻找“最美家庭”常态化活动。五年来，“最美家庭”活动以传承好家训培育好家风为主题，推动社会主义核心价值观在家庭领域落细、落小、落实，寻找“最美家庭”活动在全省城乡、社区 16000 多个“妇女之家”蓬勃开展，并延伸到机关、学校、军营，共设立了 200 多个“最美家庭”光荣榜，组织开展了 800 多场“最美家庭”典型宣讲活动，受益群众达 2 万人次，福建省“最美家庭”活动得到全国妇联的肯定。《福建省寻找“最美家庭”活动社会影响力报告》2016 年 1 月 8 日获全国妇联书记处原第一书记宋秀岩肯定性批示：“我请福建省妇联做了‘寻找最美家庭’活动社会影响力调查，洪芹同志送来了调查结果的报告，我认为调查的结果是真实可靠的，所提建议值得我们认真研究。请力颖同志编好要报中央。感谢福建省妇联和省统计局的出色工作。”2016 年 1 月 28 日福建省委原书记尤权做的重要批示是：“洪芹同志：这个报告很好，秀岩同志的批示是对你们工作的肯定、鼓励和支持。当前经济社会发展等各项工作，都要充分发挥群团组织特别是工青妇的作用。你们的工作是党委政府的助手，你们起的作用是为党为政府分忧解难，你们取得的成绩更是为党为政府加分添彩。希望你们按照中央群团工作的要求，大胆探讨创新，为福建经济社会发展做出新贡献。”

1.“妇女之家”在开展寻找“最美家庭”活动中的作为

通过遍布全省城乡的“妇女之家”把寻找活动深入到城市社区、乡村，深入到每个家庭，充分发挥了妇联组织在社会转型中的枢纽组织作用。主要作为有下列三方面：首先，集中开展形成声势。利用春节和“三八”节等重要节点，全省 16661 个城乡“妇女之家”集中开展寻找“最美家庭”活动，全部设立了群众自荐他荐报名点，自荐、他荐、推荐出各级各类“最美家庭”14.4 万户。广大妇女和家庭自发在“妇女之家”晒出家庭照片 23.6 万张，举办“最美家庭”故事会、家风家训展示、评议会 4.82 万场。32 个市(县)级活动官网，吸引了 83 万人次网民浏览并点赞“最美家庭”。其次，抓住节点常态推进。福州市利用传统节日“拗九节”，开展了寻找和推选“孝老爱亲”最美家庭活动，许多家庭主动为社区孤寡老人送上热气腾腾的“拗九粥”，既融洽了邻里关系，又传承了中华美德。泉州市等地把寻找“最美家庭”活动与家庭助廉活动相结合，通过发一条廉政短信，送一套廉政书籍，签一份廉政承诺，观一场廉政电影，办一场廉政讲座等“五个一”活动，筑牢家庭防腐防线。其三，因地制宜开展活动。龙岩、南平等地精心培育各级家庭建设示范基地，常年开展好家风好家训展示、评议等活动。厦门、宁德、莆田等地开展好家风好家训书法笔会，举办广场舞比赛暨“最美家庭”展示等活动。漳州龙海市九湖镇林下村村民以自编自演的快板、舞蹈、小品等形式，举办“村晚”，为全村评选出来的 12 户“最美家庭”颁奖。

2.“妇女之家”在开展寻找“最美家庭”活动中社会影响力

调查发现，在寻找“最美家庭”活动知晓情况方面，通过当地“妇女之家”参与的494人，占61.2%；对投票方式的调查显示，到当地“妇女之家”投票的464人，占42.8%；被问及宣传展示“最美家庭”的有效方式时，排在第一位的是“妇女之家”公共宣传栏，占到83.5%，其后是电视宣传和网站。

表1 寻找“最美家庭”活动的主要参与方式

地区	参加方式					合计（%）
	到当地妇女之家（%）	所在单位组织（%）	自我举荐（%）	别人推荐（%）	其他（%）	
福州	61.8	38.2	—	—	—	100.0
厦门	57.1	41.6	1.3	—	—	100.0
宁德	56.1	41.5	—	2.4	—	100.0
莆田	77.0	9.0	—	14.0	—	100.0
泉州	49.2	47.7	—	3.1	—	100.0
漳州	76.9	15.4	—	6.2	1.5	100.0
龙岩	25.5	59.6	2.1	12.8	—	100.0
三明	66.2	20.3	2.	10.8	—	100.0
南平	70.0	24.0	—	6.0	—	100.0
平潭	94.8	5.2	—	—	—	100.0
省直	5.4	93.2	—	1.4	—	100.0
合计	61.2	33.0	0.5	5.2	0.1	100.0

表2 寻找“最美家庭”活动的投票方式

地区	喜欢的投票方式					合计（%）
	到当地妇联组织（妇女之家）%	网站投票（%）	微信投票（%）	微博投票（%）	其他（%）	
福州	24.0	35.0	21.0	17.0	3.0	100.0
厦门	50.0	25.0	25.0	—	—	100.0
宁德	27.0	37.0	27.0	7.0	2.0	100.0
莆田	73.0	8.0	17.0	1.0	1.0	100.0
泉州	25.3	23.2	46.5	3.0	2.0	100.0
漳州	55.6	20.2	17.2	3.0	4.0	100.0
龙岩	24.7	36.0	39.3	—		100.0
三明	40.4	32.3	22.2	4.0	1.0	100.0
南平	69.0	21.0	9.0	1.0		100.0

续表

地区	喜欢的投票方式					合计（%）
	到当地妇联组织（妇女之家）%	网站投票（%）	微信投票（%）	微博投票（%）	其他（%）	
平潭	53.0	15.0	29.0	2.0	1.0	100.0
省直	26.3	58.6	15.2	—		100.0
合计	42.8	28.2	24.2	3.5	1.3	100.0

第一，“最美家庭”寻找活动以城乡社区“妇女之家”为平台，创新思路、务实举措，立足基层、宣传发动，扎实开展寻找“最美家庭”活动，赢得了广大人民群众的欢迎，取得了良好成效。第二，寻找“最美家庭”活动通过“妇女之家”，积极拓展领域，通过进机关、进军营、进学校、进企业、向新经济组织延伸等方式，推动家庭文明建设实现了比较广泛的覆盖面和参与面。第三，“妇女之家”扎实推进寻找“最美家庭”活动，成为妇女工作的重要平台，推动了妇联工作的创新发展，深化了“最美家庭”建设，是妇联组织常态化引导广大家庭成员践行社会主义核心价值观的有效抓手。第四，利用好一个“妇女之家”这一核心阵地，可充分调动乡村基层妇联干部的积极性和创造性，将“最美家庭”寻访与美丽乡村建设紧密结合。

近年来，福建省妇联推动“妇女之家”再出发，为进一步加强新时期、新常态下妇联基层组织建设，推动“妇女之家”向新领域、新群体、妇女集中地延伸。福建省妇联把“妇女之家”建设成“妇女在哪里，我们就跟进到哪里”的社会组织，在农村、在社区、在部队、在机关、在学校、在企业、在党报党刊，哪里有妇女，哪里就有“妇女之家”。

（三）福建省“妇女之家”参与社会治理的主要成果

1. 加强了巾帼志愿者队伍建设

福建省“妇女之家”在建设过程中，抓住全国文明城市创建的有利契机，以“奉献、友爱、互助、进步”为宗旨，按照“以人为本、服务为先”的原则，大力创建巾帼志愿者队伍。组织巾帼志愿者队伍进“家”，为广大妇女群众提供多样化的服务活动，以服务民生为宗旨，以“关爱他人、关爱社会、关爱自然”为主要内容，搭建服务平台，实现“民困我帮、民思我想、民求我应、民需我做”的志愿承诺。

2. 开展维权服务

根据福建省妇联《关于开展“妇女之家”示范创建活动的意见》的精神，各级“妇女之家”均设立妇女儿童维权咨询台。该维权服务咨询台由专人负责，主要接待维权的妇女群众，并对妇女反映的问题及时解决，记录解决方案。切实做好妇女维权信访工作，把矛盾化解在社区，把和谐建立在社区。

3. 开展扶贫帮困服务

结合福建省扶贫帮困工作的开展，社区“妇女之家”也广泛开展小额贷款“扶贫帮困、促和谐”活动。帮扶的对象包括本社区居住的居民和低保人员、贫困妇女和留守流动儿童。帮扶流程为：凡符合条件的帮扶对象，经本人申请，按要求填写申请材料，并提供申请所需的相关证明，提交到社区。在社区核实情况后可报送相应街道办事处。当申请被批准后，要在社区进行公示，接受群众监督，最后报妇联审定。确定帮扶对象后，通过提高贷款担保、联系慈善机构、社会爱心人士或企业与帮扶对象结对子等行之有效的方式，切实对帮扶对象提供帮扶，解决帮扶对象日常中的各种困难。

4. 开展教育培训服务

根据福建省妇联《关于开展"妇女之家"示范创建活动的意见》，每个"妇女之家"都要把妇联组织的教育培训工作落实到"家里"，为基层妇女群众提供服务。结合各城乡实际情况，合理制定妇女教育培训规划，确保培训质量；针对不同年龄段和不同文化程度的妇女，有针对性地对其进行党的路线、方针、政策、法律、法规等知识的教育培训，提高妇女群众的思想道德水平、法律水平和维权意识，增强自我保护能力；组织开展文明礼仪、家庭教育、家庭婚姻等内容的教育培训，提高妇女经营家庭的能力和水平；依托"妇女之家"，定期对妇女进行实用科学技术、创业就业技能的培训，不断提高广大妇女的综合素质。

5. 开展文体活动服务

依托社区"妇女之家"，充分发挥社区的文体资源，经常组织开展妇女儿童喜闻乐见的、有益健康的文化、体育、科普、娱乐活动，如羽毛球、象棋比赛等，以及在节日开展一些文艺演出活动等，丰富妇女儿童精神文化生活。组建"妇女之家"文艺队等群众团体，并组织文艺团队开展健身操等活动，彰显女性魅力；发挥社区妇联组织作用，组织开展多种形式的亲子活动，进一步融洽家庭关系，通过开展群众性的文化体育活动，营造一个团结向上、积极健康、和谐的社区氛围以及妇女之家。

（四）"妇女之家"作为抓手参与社会治理的经验

1."妇女之家"成为妇联推进党建带妇建的重要阵地

我党成立至今，一直把妇女解放和男女平等作为奋斗目标，为妇女事业发展提供了坚强领导和重要保证，因此妇联工作是党的群众工作的重要内容，也是党建工作的组成部分。妇联作为党和政府联系妇女群众的桥梁和纽带，必须毫不动摇地坚持党的领导，牢固确立"大党建"理念，积极推进党建带妇建工作。"妇女之家"使各级基层妇女组织把广大妇女紧密团结在党的周围，坚定不移地宣传、贯彻、执行党的路线、方针、政策，使党的主张转化为广大妇女的自觉行动，同时通过不断加强妇联自身的思想建设、组织建设、队伍建设、作风建设、阵地建设，使"妇女之家"真正成为党开展妇女工作的坚强阵地。

2."妇女之家"是妇联凝聚和服务妇女的新载体

妇联在组织和动员妇女参与经济建设、推进男女平等、保障妇女儿童合法权益、促进社会和家庭和谐稳定等方面取得的显著成效与"妇女之家"作为村、社区妇联组织凝聚妇女、服务妇女的重要阵地分不开，"妇女之家"是妇联组织同妇女群众保持密切联系、体现妇联组织性质和新时期工作要求的一个有效载体。建设村、社区"妇女之家"是实施强基固本工程、开展基层组织"示范"创建活动的重要内容，它有利于各级妇联切实履行自身职责，为基层妇女群众解难事、做实事、办好事，使"妇女之家"切切实实成为深受妇女群众信赖和热爱的温暖之家。

3."妇女之家"是妇联组织参与社会治理的重要平台

推进社会治理现代化是维护国家长治久安的重要举措，是提高我党执政能力和巩固党的执政地位的必然要求。长期以来，妇联利用健全紧密的组织系统，带领妇女群众参与社会治理。随着改革的深入进行和政府与社会关系的理顺，会有越来越多适合由社会组织提供的公共服务和解决的事项交由社会组织承担，这就需要妇联在发挥原有组织优势的基础上，积极承接政府转移出来的服务妇女儿童和家庭的部分社会职能，拓展“妇女之家”服务功能，从单纯为妇女儿童服务发展为全社会百姓服务，使“妇女之家”真正发挥政治上的桥梁纽带、业务上的龙头带动和日常管理上的服务平台作用。

四、来自“妇女之家”的启示

“妇女之家”实践提供了下列四个方面的启示：

1. 党和政府对妇女工作的高度支持

福建省不仅走在改革开放之先，各级党委和政府对妇女工作也是鼎力支持，特别是对发挥农村妇女作用的认识更是独到。基层党委理直气壮地认为，支持“妇女之家”发展是党应支付的执政成本，因为当今妇女已成为新农村建设的主力军，妇女工作做好了，家庭稳定、社会和谐，农村的各项工作就可顺风顺水，党的工作也就主动了。各级党委支持、妇联推动，让“妇女之家”成为广受城乡妇女欢迎、主动参与，并最后受惠的“温暖之家”。

2. 各级妇联携手共同打造风格各异的温暖之家

在“妇女之家”创建和示范工作中，福建省妇联争取省委省政府政策和经费支持，破解基层发展难题。制定操作手册，规范程序和具体指标，让工作从一开始就做到有章可循、规范有序、激励有力、督查有度。各地妇联结合实际，紧贴妇女需求，整合妇女学校、妇女儿童活动中心、维权信息服务站等资源，因地制宜开展各具特色的工作，充实“妇女之家”的活动内容，增强吸引力和凝聚力。

3. 以专业社工提升“妇女之家”参与社会治理能力

福建省近年来重视培育专业社工队伍，“十三五”期间，要实现每万人持证社工达到3人，民政和工青妇、残联等系统公益性事业单位，社会工作岗位设置比例不低于10%，按福建人口基数，这一数字十分可观。可以预见，未来由政府购买的专业社工将成为“妇女之家”的重要操手。福建省一些“妇女之家”的成功经验充分证明，运用社工专业力量，运用社会工作方法和经验，为需要帮助的妇女提供更加专业化、多样化、个性化的服务，最终会极大提升妇联参与社会治理的工作水平。

4. 妇联“枢纽型”组织引领使“妇女之家”焕发了强大生命力

“妇女之家”创建的最终目的是让党和政府的各项惠民政策、让妇联“三惠”思路能落地兑现。因此，以妇联为引领，尊重妇女的首创精神，充分发挥她们的主观能动性，使之在参与中快乐，在参与中受惠，在参与中成长，成为“妇女之家”的创建者、参与者、共享者，“妇女之家”才能永葆生机与活力。福建省“妇女之家”呈现出生机勃勃的良好态势，得益于在活动中涌现出来的不断壮大的志愿者队伍。她们是“妇女之家”的中坚力量，她们无偿提供的技术、时间、精力，增强了“妇女之家”的服务功能，诠释了“妇女之家”自我服务、自我分享的志愿精神，这也是“妇女之家”获得持续发展的真正动力。

Exploration of Women's Federation as "Pivotal" Social Organizations' Participation in Social Governance: Based on the Practice of Women's House of Fujian Women's Federation

Wu Hongluo Wang Jiesen

(Fujian Normal University, Fuzhou, 350108)

Abstract: As a "pivotal" social organization, the Women's Federation refers to the organizations that face women and children, lead other social organizations, jointly help and serve the groups of women and children, and play a "pivotal" role in the joint agreement. Taking the "Women's Home" in Fujian Province as the research object, this paper examines the social organizations represented by "Women's House", which are committed to safeguarding the interests of women and children, in promoting the cooperation between the government and women's social organizations, and continuously improve the efficiency of gender resource allocation and promote social organizations to participate in social governance with practical actions.

Key words: "pivotal" social organization; social governance; women's home; women's federation

职业发展理论视阈下的女村干部成长之路

——基于福建省125个样本的调查分析*

陈福英**

内容摘要：长期以来，村干部被认为是一种身份。随着"职业农民"兴起，村干部职业化也在悄然探索中。本文从职业发展理论的视角，结合福建省125位女村干部的调查数据，分析个人特质、动机、自我认知等因素对女村干部职业选择的影响；勾勒出这一群体在职业准备、职业成就、职业消退三个阶段中的成长与发展路径。提出从培育村干部职业意识、探索村干部职业发展制度、建立职业发展支持系统等方面的举措，以破解女村干部职业追求动力不足、职业发展起步晚、职业发展缓慢等问题。

关键词：职业发展；女村干部；成长困惑；发展对策

党的十九大提出实施乡村振兴战略，村干部是农村基层政权的领导者，也是乡村振兴实践的"领路人"，其"头雁"效应毋庸置疑。以往对村干部群体的研究主要集中于大学生村官，聚焦基层政权中女性领导者的研究鲜少，且多从女性权利参与视角加以分析。随着大学生村官制度的成功实践，也随着一些地方对"职业村干部"的探索初见成效，村干部选拔任用考评机制不断完善，村干部"职业化"也更好地契合了"职业农民"的培养与发展要求。因此，以职业发展理论视角分析乡村政权中的女性领导者，探求她们的发展道路，总结女村干部成长经验，不仅有利于完善推动农村女性政治参与的体制与机制，而且有利于以职业规划的长远角度来激发女村干部成长的内在动力，更加自觉地将自我发展融入到村务的管理中，提供助力乡村振兴的巾帼发展范示。

一、职业发展理论

"职业发展"研究始于19世纪末20世纪初的美国。经过一个多世纪发展，其主要从职业选择和职业发展两个方向进行探索，该理论不断丰富并日臻完善。

"职业选择"顾名思义是探求职业选择的影响因素，关注点在职业起点。美国学者弗兰克·帕森斯(Frank Parsons)认为，"准确了解自己，包括人格、能力、兴趣、资源、限制及其他

---

* 本文系福建省中国特色社会主义理论体系研究中心2019年度立项资助的"福建省乡村振兴中的女性作用"课题(2019ZTWTB006)阶段性成果。

** 陈福英，女，汉族，福建省妇女干部学校高级讲师，研究方向为女性心理和女性教育。

特质;懂得在不同的领域获得成功所需要的条件、优缺点、环境和发展前途;对于这两个部分事实相互关系的正确认知"①等三方面的因素明显影响职业选择。动力学派心理学家爱德华·S. 鲍丁(Edward S. Bordin)从个人内在动力与需要等潜在动态心理因素来考察对职业选择的影响,认为工作具有升华作用,当个体具有自由选择机会时,将会以自己喜好的方式获得既能满足心理需求又免除焦虑的职业。② 美国职业指导专家约翰·霍兰德(John Holland)指出,职业选择是人格的延伸,兴趣、刻板印象等会影响职业选择;相同的从业者,往往具有相似的人格和发展经历。③ 认知理论之父阿尔伯特·班杜拉(Albert Bandura)则提出,个人对自身能力的认知及工作效能的判断影响职业选择。④

"职业发展"理论侧重从动态的角度来看待职业问题,认为职业意识、职业选择、职业适应是一个连续的过程。多数研究将职业生涯划分为若干个阶段,并探求每个阶段的任务以及实现任务的手段与方法。如哥伦比亚大学心理学家、生涯辅导理论大师舒伯(Donald E. Super)以年龄为依据,将职业生涯分为成长、试探、决定、保持与衰退五个阶段,在此基础上,他还考察职业生涯发展阶段与角色的交互影响,勾勒出著名的"职业生涯彩虹图"。⑤ 美国心理学博士格林豪斯(J. H. Greenhaus)从不同年龄阶段职业生涯面临的主要任务切入,将职业生涯分为职业准备阶段、进入组织阶段、职业生涯初期、职业生涯中期和职业生涯后期等五个发展阶段。⑥ 考察职业发展动态过程,能清晰地描绘出个人职业成长与发展路径。

二、女村干部职业成长之路

目前,国内对女村干部研究的关切点主要集中在政治参与现状方面。任杰对全国百名女村干部分析发现,她们在从政过程中追求两性平等和谐的实际行动对于构建美好的、超越社会性别的乡村意义深远。⑦ 蒋爱群等认为,政策保障有力、熟人引荐、个人能力、家族支持推动了农村女性的政治参与。⑧ 蔡儿芳在 2012 年考察广西 45 个村委会的结果表明,虽然女村干部数量有所提高,但总量依旧不足、比例过低。⑨ 孟广宇、辛湲对黑龙江省女村干部

---

① [美]弗兰克·帕森斯. 职业选择[M]. 转引自俞文钊主编. 职业心理与职业指导[M]. 北京:人民教育出版社,1996:22-23.

② 卢荣远等. 职业心理与职业指导[M]. 北京:人民教育出版社,1996:32.

③ [美]约翰·霍兰德. 做出职业选择[M]. 转引自王韦韦,徐君. 霍兰德人格类型理论与成人职业选择[J]. 职教通讯,2010(10):9-12.

④ [美]班杜拉. 思想与行动的社会基础[M]. 转引自周文霞,郭桂萍. 自我效能感:概念、理论和应用[J]. 中国人民大学学报,2006(1):91-97.

⑤ 舒伯. 职业发展理论[J]. 美国心理学家,1953. 转引自谭彩虹. 美国女性生涯发展理论的历史演进[J]. 长江大学学报(社会科学版),2001(8):3-4.

⑥ [美]杰弗里·H. 格林豪斯(Jeffrey H. Greenhaus),等. 职业生涯管理[M]. 王伟,译. 北京:清华大学出版社,2006:125-128.

⑦ 任杰. 全国百名女村官调查报告:社会性别的视角[J]. 中国行政管理,2007(4):97-100.

⑧ 蒋爱群,曲艳慧,王晓明. 村两委中的女干部——基于全国七十个村庄的调查数据[J]. 中华女子学院学报,2010(6):81-85.

⑨ 蔡儿芳. 广西女村官现状调查及发展对策思考[J]. 中共南宁市委党校学报,2012(4):18-21.

的调查，尝试从制度、经济、思想意识和社会体系等因素来破解其成长发展的障碍。[①] 有鉴于上述研究的局限与启发，本研究以福建省的村党组织女书记、村委会女主任为样本，从职业发展理论的视阈来探究分析，以期勾勒出女村干部成长、发展路径，为推动女性政治参与、促进女村干部更好地成长发展提供建议与参考。

2018 年，福建省 14357 个行政村选举换届后，村党组织中，女书记 898 人，占村党支部书记总人数的 6.2%；村委会女主任 640 人，占村委会主任总数的 4.5%，其中书记、主任"一肩挑"的 293 人，实际这类女村干部 1245 人，与历届相比，数量已有明显提升。从职业发展角度解析和探求女村干部的成长与发展，或许能为破解女村干部人数少、比例低的问题提供新的视角和有益借鉴。本研究从全省村党组织女书记、村委会女主任正职群体中随机抽取 125 名(占 10%)作为样本，以"女村干部成长发展状况调查问卷"的定量分析为主，辅以深度访谈 7 位女村干部(其中，本次调查中的样本 6 人，包括村党组织女书记、村委会女主任、"一肩挑"女村干部各 2 人，样本之外不在任女村干部 1 人)，作为定性分析资料。基本情况见表 1，样本涵盖了全省所有设区市，具有一定代表性。

表 1　女村干部的基本情况(%)(N=125)

年龄				文化程度				职务			政治面貌			地理位置		婚姻状况			
30岁及以下	31～40岁	41～50岁	51岁及以上	初中	高中(含中专)	大专	本科及以上	村党组织书记	村委会主任	书记、主任"一肩挑"	党员	团员	群众	沿海	山区	未婚	已婚有配偶	离异	丧偶
6.6	26.3	53.9	13.2	19.7	30.3	40.8	9.2	30.3	54.0	15.7	86.8	6.6	6.6	40.8	59.2	4.0	92.1	1.3	2.6

(一)职业选择

职业选择是女村干部从私人领域进入公共领域的重要起点，是开启政治参与的关键环节。从职业起点考察进入村级组织的女村干部，发现在个人特质、动因、需求以及进入方式等方面有其特点。

1. 特质与职业选择

从霍兰德的相同从业者具有相似人格与发展经历这一观点出发，首先考察的是，何种特质有助于农村女性迈入村干部职业起点。围绕着女村干部个人特质进行分析，不难发现共性有三：其一，经济普遍独立，超过六成(60.5%)女村干部在进入村"两委"前拥有固定收入，并以自主经营居多(占 44.7%)(图 1)。职业选择后，虽有更加固定的村干部工作收入(村干部收入为主要收入来源的占 77.6%)，但多数(48.9%)仍继续兼顾自己曾经从事的项目，在经济上持续保持独立，且收入相对较高，约六成(63.1%)个人年收入在 1.5 万元以上，2 万元以上超过一半(51.3%)(图 2)。按照全省 2018 年农村居民人均可支配收入 17790 元的

① 孟广宇，辛湲．女村官成长路径研究——以黑龙江省为例[J]．学论，2015(3)：100-102.

标准,[①]多数女村干部的收入高于平均水平。其二,党龄普遍较长。党员中 5 年以下党龄的女村干部仅占 16.7%,10 年以上党龄的超过一半(占 62.1%),其中近四成(37.9%)党龄在 15 年以上。国外有研究认为,女性常将自己进入政治生涯的因素"归于女性榜样、顾问和其他她们为之工作过的女候选人"[②],即榜样或身边政治精英,尤其是女性政治人物对其同伴或周边亲人的政治行为具有相当大的影响。本研究虽未考察女村干部的入党经历,但调查显示,59.7%的女党员村干部表示家中主要亲人(如丈夫、父母、配偶父母等)是党员,98.5%是在本村加入党组织。据此可以推断:党员亲人的影响很可能触发了她们的入党动机,使其较其他女性更有意愿也更加主动加入党组织。在女党员普遍偏少的乡村(67.1%的女村干部表示本村的女党员数在 20%以下),党员身份也使得她们更加突出,更有机会得到村民和组织的青睐。其三,具备较强的亲和力。多数(71.1%)女村干部认为自己"非常符合""在村民眼里自己是一个随和的人"这一点。在注重人情文化的乡村,亲切、与人为善的特质为女村干部赢得了职业起点的筹码,对其步入职业起点具有一定作用。

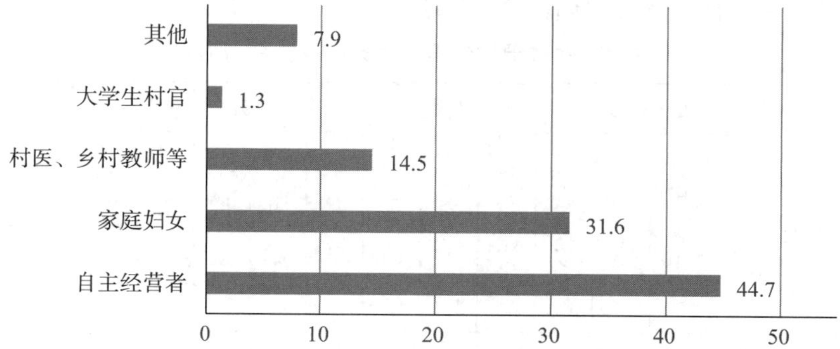

图 1　担任村干部前的身份(%)

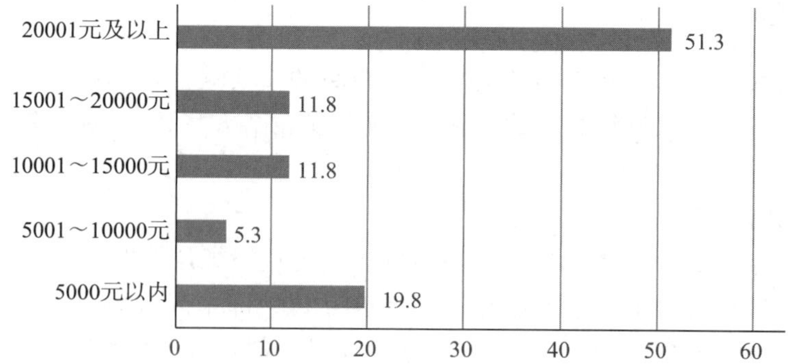

图 2　个人年收入(%)

2. 动因与职业选择

① 中国福建 .2019 年福建省政府工作报告[EB/OL].(2019-01-16)[2019-01-21].http://www.fjrd.gov.cn/ct/1140-145251.

② [美]罗伯特 . 沃森 · 安 · 戈登 . 倒计时:美国女总统[M]. 陈湘安,译 . 北京:新华出版社,2004:33.

从职业选择动因看，在职业选择初期，女村干部相对较被动，主要受到外力推动。追溯首次担任村干部的动因，如图3所示，“村民一致推荐、选举”被多数女村干部(64.5%)认为是最主要原因，其余依次为“回报乡亲、为村民服务”(29.0%)、“上级妇联组织动员”(21.1%)、“体现女性的自我价值”(21.1%)、“家庭、家族期望并支持”(5.3%)、“为女性争口气”(1.3%)等。由此可见，在职业选择的起点阶段，外在推动力量大于内生动力，村民推选、妇联组织动员等，都是促成女性走上村务管理岗位的主要推手。

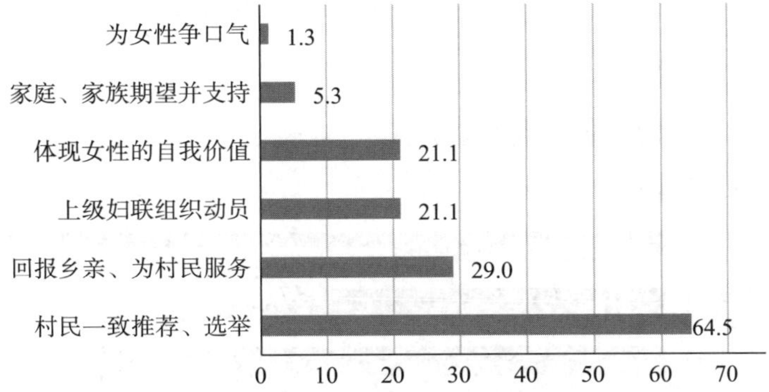

图3　第一次担任村干部的原因(%)

访谈也佐证了这一点。20世纪60年代初出生的A谈及自己职业选择时认为，90年代山区大部分村落交通闭塞、通信不便、村民日子拮据，不少青壮年劳动力外出，自己所在的村委会几乎瘫痪。作为村里为数不多的高学历者(大专)，镇领导多次找她谈话，抱着试试看的心态才参加了村主任竞选。生于70年代的B进入村委会则纯属偶然。2006年福建省村委会换届首次明确要求演讲，B与姐妹私下模拟玩笑时发现自己的演说才能，在姐妹们怂恿下成功竞选上村委委员，没想到第二届就高票当选村委会主任。而90年代出生的C当村干部，主要是受父亲的劝导。C的父亲一直担任村主任，对农村怀有深厚感情。得知即将大学毕业的C有机会选拔为大学生村官，便多番劝说学农出身的C到农村广大天地作为。

可见，在起点时期，多数女性将村干部作为职业选择的动因既不明确、也非自主，更多的是外力推动，才促使她们走进乡村政权，步入村干部职业起点。

3. 自知与职业选择

能否正确认知自我，对职业选择具有较大影响。本次调查采用5级评分方式，由女村干部进行自我评价，以此了解当选前后的状态。调查结果显示，女村干部普遍对自我认知清晰，且自我认可度高。如图4所示，女村干部认为自己与男性村干部相比最大的优势依次为：善沟通(32.9%)、讲原则(31.6%)、有爱心(19.7%)、有担当(10.5%)和能力强(4.0%)；认为村民最看重女村干部的品质依次为：讲原则(30.3%)、有爱心(26.3%)、有担当(23.7%)、善沟通(15.8%)、能力强(2.6%)。即女村干部与村民均认为她们的职业优势不在能力，而在于友善、细致、协作、沟通等非智力因素，这与国内外的许多研究认为，女性领导者在“柔性管理、沟通协调、亲和力等方面具有明显优势”①极为一致。女性对自身优势的觉知，不仅能够提升其职业选择的自信心，也更有可能在随后的职业成长中有意识地扬长避

① 王伟华．女性领导力评述[J]．领导科学，2010，(9)：30-32.

短。因此,在涉及沟通协调、化解群众矛盾等问题,女村干部的自我评价相当积极,认为"村民有困难总是第一个想到自己""村干部都愿意听自己的意见""敢于批评和制止村干部或村民的违规行为""主动向政府有关部门汇报沟通"等有助于提升女村干部在村民和村干部中的公信力和威信等方面的自我评价非常高,认为自己"比较"或"非常"符合的分别占97.3%、90.8%、89.5%、92.1%(见图5)。这些评价也印证了女村干部将爱心与原则、协调与沟通等取得较好平衡的事实。

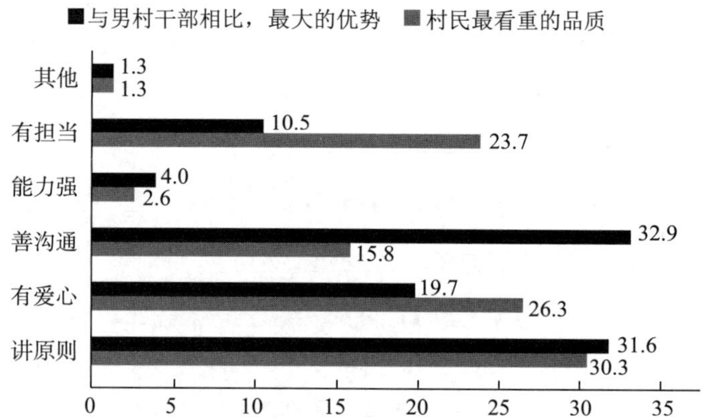

图4 女村干部的自我认知(%)

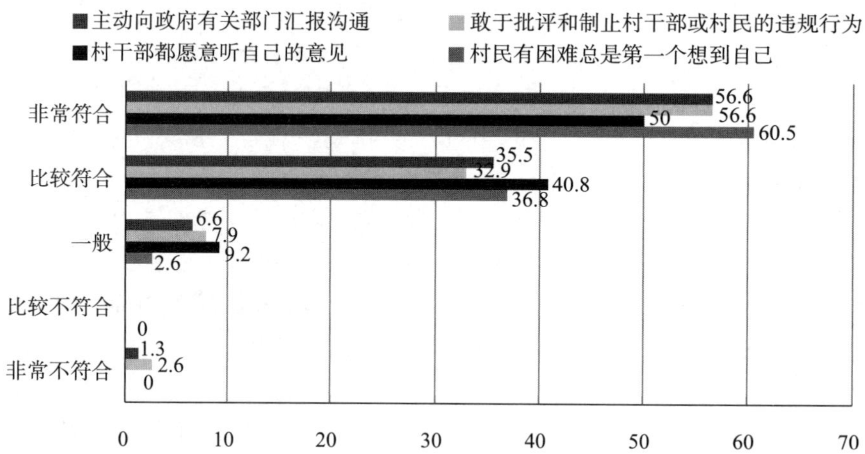

图5 女村干部的自我认知(%)

(二)职业发展

动态考察女村干部职业发展演进过程,可以看出职业发展大多经历三个阶段。

1. 准备阶段。普遍观点认为,农村女性政治参与意识较为淡漠,从这个角度来看,多数女村干部职业意识不太明朗。但不可否认,女村干部都曾在有意无意为今后的村干部职业发展做过储备。

调查中,60.5%在任正职村干部前,有在"两委"工作的经历,如担任村委委员(39.5%)或村妇代会主任/妇联主席(18.4%),只不过从职业起点到担任正职干部的间隔时间长短不一，短则一届、两届(占29.0%)，长则三届、四届甚至更长时间(占31.6%)。这个阶段由于能够介入到乡村公共事务中，女村干部与村民有更广泛的接触，人际交往圈子不断拓展，在解决村务过程中积累经验。在渐进式的发展进程中，逐渐锻造成经验型女村干部。这类女村干部年龄集中在41～50岁(占55.2%)，文化程度不高(初、高中占62.0%)，但党员占比高(96.6%)，且党龄长(党龄在10年以上占这类党员女村干部的60.8%)(见表2)。

来自山区的D就是渐进式发展、经验型女村干部的典型代表。高中文化的D略通医术，从外村嫁入本村后便担任本村村医。出于“女性自我价值体现”的强烈意愿，D争取到了村妇代会主任岗位，并很快加入党组织，但直到三届后D才摆脱“外嫁女”身份标签，成功当选村主任。谈及自身经历，D认为村医和妇联主席的身份使自己经常能与村民，尤其是姐妹们交心，赢得良好的群众基础。从第一次任职到担任正职村干部，将近十年，道路虽然漫长，但连任三届村主任至今，也是对自己最大的鼓励。

表2　渐进式经验型女村干部与直进式能力型女村干部比较(%)

	年龄				文化程度				党龄				
	30岁及以下	31～40岁	41～50岁	51岁及以上	初中	高中(含中专)	大专	本科及以上	3年以下	3～5年	6～10年	11～15年	16年以上
渐进式经验型	3.4	20.7	55.2	20.7	24.1	37.9	34.5	3.4	10.6	0	28.6	21.5	39.3
直进式能力型	14.3	42.9	39.3	3.6	25	25	28.6	21.4	26.4	10.4	26.4	21.1	15.7

相对于渐进式、经验型女村干部成长道路，直进式——直接担任正职的女村干部(占调查对象的39.5%)的发展更为快速和顺利。这部分女村干部看似没有明显的准备期，但仔细考察仍能发现，其准备期可以追溯到求学和创富阶段。不同于渐进式女村干部的经验积累，直进式女村干部以知识与能力储备的方式进行酝酿。她们普遍较年轻、文化程度高、能力较强。直进式女村干部中，年龄在40岁以下的占57.2%，大专、本科及以上文化程度占50%(表2)，收入在2万元以上超过六成(60.7%)，明显高于渐进式女村干部(这三项比例分别为24.1%，37.9%，41.4%)。

现年不到30岁的E，大学毕业后在村里担任小学教师时还并非党员，但村民希望有文化、有能力的人带领大家增收致富，高学历的她成为不二人选并成功当选村主任。已连任两届的E认为，虽然是直任村主任，但大学期间的学习和毕业后教学经历为自己的成长做了充分铺垫。可见，直进式女村干部的职业准备期与其求学创富期交融在一起。

为了进一步验证两类女村干部个人特质对职业准入是否存在影响，本文对数据进行Person相关显著性分析(表3)，结果表明：女村干部职业准入路径确实因年龄、政治面貌、党龄等因素而有所不同。

表3　女村官职业发展路径与个人特质相关性分析

	年龄	文化程度	个人年收入	政治面貌	党龄
职业发展路径	0.377**	−0.149	−0.211	−0.325*	0.463**
	0.004	0.267	0.115	0.014	0

备注：显著相关** $p<0.05$，* $p<0.1$

2. 成就阶段。舒伯的职业生涯发展阶段理论认为，长期从事某项职业而在该领域有一席之地的职业者，通常不会再考虑变换职业，而是力求保住这一位置，维持已取得的成就或地位。① 对多数农村女性而言，村干部是其职业顶点和终点，在这一岗位上作为情况直接影响能否连任。调查表明，处于职业成就阶段的女村干部，职业规划更加清晰，工作能力得到提升。

一方面，女村干部具有明确的发展意识。多数女村干部将自我发展融入到推动乡村整体的发展之中，超过八成对本村的发展有较清晰的规划，认为自己“非常”或“比较”符合“为本村发展制定详细的阶段目标和方向”的占 85.5%。在“整合村中资源带动当地发展”方面，女村干部的自我评价普遍积极，认为“非常”和“比较”符合这一点占 75%。(见图 6)另一方面，女村干部村务工作能力较强。尽管她们未把“能力强”作为自己任职的最大优势，但并不妨碍对自己履职能力的自信，近四成(38.2%)对“能提出新思路和新方法”做出 5 分评价，仅有 14.4%表示这方面的能力“一般”。认为自己“比较”和“非常”符合“很快抓住问题本质”的占 89.5%，这表明女村干部具有较强的逻辑思辨力。在上承政府、下启村民方面，女村干部也表现出较高的平衡水平，认为自己“非常”符合“很好地执行上级要求和任务，及时上情下达”的占了 76.3%，仅 2.6%的认为自己表现一般。(见图 6)

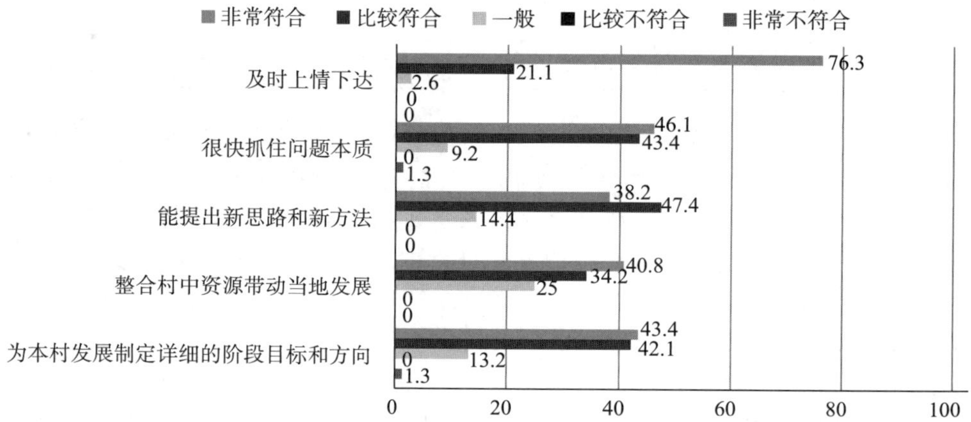

图 6　女村干部的自我评价(%)

处于成就阶段的女村干部面临较大压力。超过八成(80.3%)表示自己“比较”或“非常”符合“经常感觉有压力”这一项，仅 1.3%表示完全不符合，可见，工作压力是女村干部不可回避的现实问题。在诸多压力中，“村民的不信任与不配合”是女村干部面临的最主要压力(占 34.2%)，其余依次为“竞争对手宗族派系的干扰”(19.7%)、“以前村干的阻挠”(14.5%)、“‘两委’的不配合”(13.2%)等。面对压力，选择“自我排解(听音乐、散步等)”(占 32.9%)和“与班子成员倾诉”(30.3%)的居多，也有一部分选择“与朋友倾诉”，甚至也有人选择“寻求专业人士的帮助”(各占 13.2%)，而选择“与家人倾诉”的仅占 7.9%。这是否说明，家庭对女村干部的支持更多侧重于家务分担，精神层面的支持相对薄弱，其结论还有待于进一步考证。

---

① 张洪烈．舒伯生涯发展论的评析及应用[J]．云南财经大学学报，2010(4)：154-160.

值得一提的是，处于成就阶段的女村干部，尽管职业发展路径不同，但并未造成自我评价差异。除在“村干部愿意听你”的这一项，渐进式、经验型的女村干部有更高的评价之外，其余方面的自我评价两者趋于一致。

3. 消退阶段。任何职业都存在消退期，村干部职业也是如此。以往的研究主要关切如何将女村干部“扶上马”，再“送一程”，对其职业终点鲜少涉及。访谈发现，女村干部的职业消退路径有下列三种情形。

首先，自然消退。这类女村干部威望高、群众基础好、业绩突出并连任数届，但因年龄和身体原因无法连任，自然而然“退休”将为她们村干部的职业生涯画上圆满句号。

调查中的 A 已近 60 岁，连任六届村主任的她早已萌生退意，但村民一再挽留让她至今坚守在岗位上。访谈中 A 表示自己已在努力培养接班人，这届满，就可以退休享受天伦之乐。

其次，被迫中断。主要是一些年轻的女村干部因为家庭、外嫁、子女教养等原因被迫放弃连任；当然也有少数是因遇到更强劲的竞争对手而落选或被迫放弃。

再次，职业迈进。除大学生村官服务年限到期重新择业外，还有一些符合条件的女村干部考取当地乡镇部门岗位，实现职业发展上的“鱼跃龙门”。这也是多数女村干部最期盼的职业归宿。

访谈中的 F 并不在本次问卷调查样本之内，但却是重新就业的代表。F 之前连任 2 届村主任，但因所在村较为闭塞、教育资源匮乏，便把两个孩子送到县城读书。为了陪伴孩子，F 狠下苦功，2014 年考上离县城较近的乡镇岗位。F 的经历让其他访谈对象羡慕不已，纷纷表示这是最理想的职业归属，希望今后也能有机会实现职业上的迈进。

三、女村干部职业发展对策

与农村其他女性相比，作为乡村精英的女村干部，独立性强、经济较自主、群众基础良好、获得广泛认可，而党员身份进一步加大其在乡村政权体系中占有一席之地的砝码。但是，乡村政权竞争涉及诸多利益博弈，女性在竞争中总体处于弱势，导致女村干部职业起步较晚、职业发展缓慢。而村干部的职业出口狭窄、压力较大、职业吸引力不足，也造成农村女性职业追求动力不足、职业目标不够清晰、缺乏职业发展规划。这些问题反过来又制约了农村女性的政治参与，也限制了女村干部人力资源的进一步开发。因此，探索推动女村干部职业发展路径势在必行。

（一）培育村干职业的发展意识

受户籍制度影响，长期以来，农民一直被看成一种身份，而非职业。相应的，村干部只是身份而非职业，也是社会的普遍认知。随着时代变迁和户籍制度改革，农民将逐步走上职业发展之路。2017 年 1 月，农业部出台的《“十三五”全国新型职业农民培育发展规划》提出，到 2020 年全国新型职业农民总量超过 2000 万人的目标。农民职业化，由职业村干部引领职业农民参与乡村振兴也成为必然。

1. 将村干部为一项职业选择。要充分引导农村女性认识到，村干部也是一种职业，不仅具有相应的职业规范、职业标准、职业要求,而且具有相应的职业待遇、职业保障、职业前景,增加职业的吸引力。有意识地引导农村女性,尤其是农村优秀女性把村干部作为一项优先的职业发展选择,提前谋划、提早准备、长远规划,以改变女村干部职业发展起步晚、追求动力不足、目标不清晰的现状。

2. 加大村干部职业规划培训。以往扶持农村女性政治参与的培训主要侧重选前政策宣讲、选后能力素质提升,这种应急性培训成效相对有限、治标不治本。从职业发展意识入手,以职业发展规划培训为载体,不仅能将村干部的职业意识根植到农村女性的发展意识之中,而且使得职业素养、职业能力的培养始终贯穿于职业准备、职业成就、职业消退的全过程,增强女村干部职业成就动机、提升职业自信。此外,通过职业规划培训,也能为乡村女性后备干部提供储备。

(二)探索村干职业化发展路径

尽管村干部职业化还在发轫之始,但许多地方的探索表明,职业化对拓宽选人渠道、规范工作要求、提升待遇标准、增强干部素质、提升职业吸引力等方面具有积极的促进作用。

1. 建立科学规范的考评制度。我国实行村民自治制度,村干部职业化意味着考评与绩效挂钩,有可能增加工资待遇支出负担。但是,相对于乡村政权在承上启下方面所发挥的作用,职业化带来的效益显然要大于支出。要持续推进职业化的探索,建立规范的工作机制。女村干部受访时均表示,上级部门对村"两委"工作方式未作明细规定,多数村的工作方式相对松散,一些村干部甚至不住在本村,无法深入了解村情,影响本村的工作成效。因此,建立系统的工作机制尤其必要。除明确各个岗位工作职责外,还要对工作时长、工作报酬、考核评价、职务晋升明确规定,将工作态度、工作成效与工作报酬挂钩,更好地彰显女性"爱岗敬业"优势,增加女村干部"在其位、谋其政策"的工作积极性。

2. 拓展女村干部职业发展通道。各地普遍建立从村/居主干中招录乡镇街道公务员制度,这拓宽了村干部职业发展的上升空间,也延长了职业生命周期。尽管录取条件严格、竞争激烈,但打破村干部"农门"壁垒,对女村干部的激励效应巨大。参加过 2018 年全省招录考试的 G 表示,首次试水虽然失败,但今后自己会更加努力工作,让村民认可,以再次获取考试资格,争取实现身份转变。当然,在畅通职业发展渠道时,除逐步扩大招录的范围和人数外,还应具有社会性别视角,如制定女村干部的录取比例、素质考核标准等。

(三)构建职业发展的支持系统

女村干部职业压力大、疏通渠道有限,限制人才资源的进一步开发。完备的社会支持系统,能打消女村干部的职业顾虑,有利于营造良好的政治参与氛围。

1. 弘扬先进性别文化。乡村传统文化对女村干部的影响依然显著,55.3%的女村干部表示村民会因自己的性别而不配合工作,而村民的不配合不信任又是自己最大的工作阻力(34.2%)。这种性别眼光带来的阻挠,成为女村干部独有的压力来源,增加了工作心理成本,成为她们把村干部作为职业选择最重要的顾虑因素。因此,构建女村干部职业发展社会支持系统,从根本上是要改变乡村根深蒂固的传统性别文化,加大男女平等基本国策宣传力度,把性别平等意识作为文明乡风的重要内容,使两性平等、平权、和谐发展的观念成为乡村的主流价值。

2. 发挥女性群体优势。调查显示，来自女性群体的支持不可小视。女村干部 100%地表示女村民会更支持自己的工作，近七成(68.4%)表示“支持力度很大”；94.7%表示“两委”中的其他女村干部会更支持自己的工作，超过五成(52.6%)认为“支持力度很大”。这表明，乡村女性已逐渐摆脱家庭、家族利益的狭隘认知，惺惺相惜的女性群体形成合力，给予女村干部更大的认同与支持。因此，要特别重视和发挥女性群体资源，为女村民创造更多的参与机会、为女村干部搭建更大的工作平台，在提升女性群体凝聚力和向心力的过程中创建更加稳固的支持系统。

The Growth of Female Village Officials from the Perspective of Career Development Theory: Based on the Survey and Analysis of 125 Samples from Fujian Province

Chen Fuying

(Fujian Women Cadre School, Fuzhou, 350003)

Abstract: Village officials have been regarded as an identity for a long time. With the rise of "professional farmers", the professionalization of village officials is also quietly explored. From the perspective of career development theory and combined with the survey data of 125 female village officials in Fujian province, this paper analyzes the influence of personal characteristics, motivation, self-cognition and other factors on the career choice of female village officials. Outline the growth and development path of female village officials in the three stages of career preparation, career achievement and career fading. On this basis, this paper proposes measures to solve the problems of female village officials' lack of motivation, late start and slow career development from the aspects of cultivating their career awareness, by exploring the system of village officials' career development and establishing the support system for career development.

Key words: career development; female village officials; growing confusion; development countermeasures

性别与法律

Gender and Law

Women/Gender Studies

罗马、欧洲国家家庭法和继承法与中国民法典相关制度的借鉴*

[意]约勒·法略莉　雷春红**

内容摘要：家庭就像法律之海的岛屿，只能触及而不能穿透，这是意大利著名学者对家庭自治性的形象比喻。深入了解欧洲国家描述家庭自治性的素材，有助于充分理解家庭法的特殊性，遵循家庭的伦理规则，构建法律制度。家庭法是永远在变化的法，各国家庭法都在发生变革，中国民法典的制定即是典型例证。研究罗马社会家长如何管理家庭和罗马监护制度，比较分析中西方国家两性观念的差异，借鉴欧洲国家家庭法和继承法法律制度，以完善中国相关制度。虽然借鉴有所取舍，并存在如何本土化的问题，但对域外家庭法律思想和具体制度的比较分析，将为中国婚姻家庭法、继承法的研究和立法提供新的素材与独特的视角。

关键词：家庭自治性；罗马法；家庭法；继承法；民法典

一、家庭的自治性与家庭法的特殊性

“家庭是一个法律之海中只能触及而不能穿透的岛屿”，①这是意大利著名法学家、历史学家阿图罗·卡洛·杰莫洛(Arturo Carlo Jemo)②对家庭给出的一个形象的比喻。该表述发生在特殊的历史背景，即法西斯时期。③ 这位天主教自由主义者要强调家庭的自治性，在

---

* 本文是两位作者于2019年7月12日在浙江省法学会婚姻法学会主办的讲座讲稿基础上修改、整理而成，其中，约勒·法略莉教授完成部分，由雷春红博士根据其英文讲稿翻译和整理。

** [意]约勒·法略莉(Iole Fargnoli)(1972—　)，女，瑞士伯尔尼大学教授、意大利米兰大学教授、罗马侵权法学博士，研究方向为罗马法学。雷春红(1977—　)，女，汉族，广西南宁人，浙江工业大学之江学院(浙江省绍兴市，邮编：312030)副教授、法学博士，研究方向为婚姻家庭与继承法学。

① 阿图罗·卡洛·杰莫洛．家庭与权利[J]．卡塔尼亚大学司法研讨会纪事Ⅲ(1948—1949)，那不勒斯，1949：57.

② 阿图罗·卡洛·杰莫洛(1891—1981)，是意大利著名法学家和历史学家。在法学方面，他对教会法的贡献尤为重要。在历史学方面，他对意大利统一后国家和教会的研究具有奠定性的作用。主要著作有：《十七和十八世纪意大利政治作家中的国家和教会》《过去一百年来意大利的教会和国家》《现代国家的危机》等。

③ 在法西斯时期，家庭成了组织严密的男女角色僵化的体系。这是为该政权的人口政策服务的，该政策奖励那些结婚并生下许多孩子的人，同时惩罚那些逃避结婚生育的人，这就限制了个人的选择。1942年《意大利民法典》(第一版)即反映了这种家庭模式，在这种模式下，法西斯政权以及国家对家庭实施了严格的控制。

他看来，这种"自然社会"的问题应当由相同的成员来解决，而不受国家的干扰，因为这是一个先于法律而存在的实体，它更多地由道德和宗教调整而非法律。绝非巧合的是，《意大利宪法》第 29 条将家庭定义为一个自然社会，其自身的演变可以独立于法律，家庭有着自己的规则。

在古希腊，著名的希腊作家索福克勒斯(Sophocles)①的戏剧(悲剧)使得《安提戈涅》(*Antigone*)的神话流传至今。这是家庭关系与公法的第一次激烈碰撞的事例，是血缘、兄弟的爱与禁止安葬叛徒尸体的法律的冲突。面对因失去亲人的悲痛，以及维护家族的荣誉，这位勇于斗争的女性安提戈涅违反国王克瑞翁(Creon)禁止安葬叛徒尸体的法令，埋葬了她的哥哥波吕涅刻斯(Polinice)那撒满尘土的尸体。克瑞翁将安提戈涅关进地牢，而后她自尽了。安提戈涅是普遍规则(神法)中的女英雄，她遵从法律(神法)："不成文，不可变，永恒，它的存在不限于今日和昨日，但却是永久的。"所以，它超越人类的法则，成为自然法学派与法律实证主义之间论战的经典。克瑞翁违背了良知、人伦和亲情，酿成了妻离子散的悲剧。这反映出，家庭关系不仅受法律调整，而且伦理、习俗、宗教、文化观念等也介入其中，制定法不能违背家庭伦理、人类亲情、社会习俗、宗教、观念等。

罗马历史中，公法发挥的作用极其有限，公法干预私法领域更加受到限制。罗马时代，家庭的自治性体现在家庭由家父权统治和管理，家庭的一切事务均由家父管理和裁决，法律不涉及这一私领域。家父有权决定家庭成员的生与死；有权出卖新生儿，即出卖家子权(iusvendendi)。黑格尔在题为"哲学家沃勒松的世界观"("Vorlesungüber die Philosophie der Weltgeschichte")的演讲中，②强调罗马男性受到国家何等粗暴的管控，但他可以从对家庭成员实施的家父权中得到弥补。一方面，他是仆人；另一方面他却是一个暴君。在罗马，只有家父拥有财产和承担责任的能力，所有屈从于家父权的人，都在法律上被视为家父的"长手"(longa manus)，家子或奴隶购买的一切东西在法律上都属于家父。任何财产权利，包括对物权(in rem)、继承权、索赔权，都自动地归入家父的财产中。家父集中拥有家庭的财产，却不需要对他的家子的债务承担责任，除非家子的责任是因私犯(侵权行为)产生的，而这就是家父的个人责任了。但即使如此，家父有权交出他的家子，甚至对他实施最严酷的刑罚，包括死刑。

家父权很严酷，然而还是消灭了。罗马皇帝哈德良(Hadrian)断言，家父权的行使不能走出国家的控制范围。在第 14.2.9 节安东尼·皮乌斯(Antoninus Pius)规定，不能将孩子与他们的父母亲分离。更为进步的是，公共权力机构有权干预家父权的行使。生活费请求权的确立即是一个重要开启。安东尼时期，支付生活费由道义责任转变为法律责任，适用的是非常程序(Procedure extra ordinem)。还规定了，如果孩子有经济条件，他们有责任给父母亲提供赡养费。罗马皇帝马可·奥里利乌斯(Marcus Aurelius)强化了生活费请求权的规定。

随着家父权的消亡，家庭是以孩子为纽带的父母亲关系，家庭关系由法律调整，而且，每个国家的传统社会规则和文化得以吸收和延续。所以，没有一部法律能像家庭法那样，各个国家会有如此不同的规定。以同性结合的法律效力为例，许多欧洲国家已先后启动和完成

---

① 索福克勒斯(约前 496—前 406)，克罗诺斯人，雅典三大悲剧作家之一。他一生共写过 123 个剧本，如今只有 7 部完整地流传下来，其中以《俄狄浦斯王》最为出名。

② 1822—1823 年关于世界历史的演讲。

了承认同性结合具有法律效力的工作。挪威、瑞典、丹麦、冰岛、芬兰、荷兰、比利时、西班牙、葡萄牙、法国、英国、德国等国均已将同性婚合法化。比利时、葡萄牙、挪威等国家还修改法律，婚姻不再被界定为一男一女异性的结合，而是不论性别的两个人的结合。瑞士不承认同性婚，但2007年通过了同性伴侣法，同性恋者可以在民事登记处登记建立伴侣关系，登记的伴侣享有类似婚姻的大部分权利和责任，比如：伴侣双方享有家庭医疗保险、继承权、养老金税收权利和义务。而在意大利，这个90%天主教徒的国家，直到2016年2月25日，才通过了《同性民事结合法案》和《同居法案》。关于同性伴侣的收养问题，荷兰法律允许同性恋者结婚并收养子女。丹麦法律规定同性伴侣可以收养他们配偶的子女。而在芬兰、意大利、瑞士等国家仍被禁止，但2018年，瑞士政府决定修订民法典，引入同性伴侣收养继子女的规定。中国大陆立法迄今未承认同性结合，但台湾地区民事法律中，同性结婚已经合法化。

从上述古希腊《安提戈涅》的神话故事，以及罗马时代家父管理家庭一切事务可见，家庭的确如同法律之海的岛屿，法律对家庭关系的调整和规范发挥的作用有限，家庭法的制定要遵从家庭的自治性和家庭自身的规则。这对于中国正在制定的民法典，强调家庭的特殊性是很好的借鉴资料。虽然家庭法具有很强的本土性、民族性，但是，对于家庭的自治性和家庭法的特殊性是已形成共识的。鉴于此，婚姻家庭法规定在民法典中，但是，婚姻家庭法律制度的制定应遵循家庭伦理规则，体现亲属间的相互扶助、互敬互爱。与传统民法以权利为本，实现民事主体利益最大化的目标不同的是，家庭法要强调家庭成员间的利他性，为实现和维护家庭共同体利益，适当限制私个体利益，侧重于为了家庭成员的利益相互承担的义务和责任。值得一提的是，夫妻财产制度的设计、离婚的财产法律后果（包括夫妻债务）等规定，不能简单地援用一般财产法规则，导致婚姻家庭法的特性被财产法规则所掩盖，进而产生"离心离德"的消极后果。受中国传统观念的影响，围绕着房子问题产生一系列纷繁复杂的家庭纠纷，尤其是父母为子女出资购房，牵涉两代人利益的协调，需要在长辈的付出与夫或妻对家庭贡献的补偿之间寻求利益的平衡点。当父母与未成年子女利益发生冲突时，须优先照顾未成年子女的利益，不能从成年人的视角处理孩子的事务。司法实践中，家事纠纷的裁判和律师实务，基于亲情和伦理的考虑，多一些耐心和劝导，往往更有利于矛盾的解决。

二、中国民法典相关制度的借鉴与发展

（一）监护制度的借鉴和完善

对未适婚人的监护，早在古代习惯法和古罗马《十二表法》就有规定，这是对家父死亡或法律人格减损的处于青春期以下的孩子的保护方式，其主要目的是保护家族世袭利益，而不是为了未成年人的利益。从公元前2世纪开始，为未成年人设立监护被认为是无法避免的社会道义的要求。《阿提里法》(*Lex Atilia*)规定，最高裁判官和过半数的平民护民官可以为无监护人的当事人指定监护人。监护人有权管理被监护人的财产，通过授权整合、增强被监护人的能力。当被监护人将近青春期（成年）时，就可以在监护人的协助和同意下，自行完成法律行为。保佐是指对因特定原因而处于限制行为能力状态的人实行的扶助和保护。二者的区别在于，监护针对的是财产与人身，而保佐仅针对财产。

对此,中国民法典可从以下几个方面加以借鉴:

1. 宜扩大规定监护对象的范围

罗马法中的监护对象包括:(1)处于青春期的孩子,如果家父已经去世或没有结婚;[①](2)妇女,是指针对作为自权人的妇女实行的监护。保佐的对象包括:(1)精神病人;(2)浪费人;(3)不满25周岁的适婚男性和具备结婚自然能力的女性;(4)弱智者、聋哑人和慢性病者。后来,监护人与被监护人的范围不断扩大,监护人的职责和义务不断拓展,监护与保佐制度逐渐趋向同一。在后世大多数国家中,保佐制度被发展成为成年人监护制度。

《中华人民共和国民法通则》第16条第1款规定:"未成年人的父母是未成年人的监护人。"第17条规定:"无民事行为能力或者限制民事行为能力的精神病人,由下列人员担任监护人……"据此,监护对象是未成年人和无民事行为能力或者限制民事行为能力的精神病人。《中华人民共和国民法总则》(以下简称《民法总则》)扩大了监护对象的范围,《民法总则》第27条第1款规定:"父母是未成年子女的监护人。"第28条规定:"无民事行为能力或者限制民事行为能力的成年人,由下列有监护能力的人按顺序担任监护人……"据此,被监护人是未成年人和无民事行为能力或者限制民事行为能力的成年人。这就将失去生活自理能力的老年人纳入监护体系,适应了中国人口老龄化的实际情况。但是,对于过度挥霍财产、酗酒、吸毒、赌博成瘾的完全行为能力人,视力、听力、语言、肢体有障碍的、甚至成为植物人的成年人,特别是孤寡身体障碍者,同样也需要监护,中国现行立法没有规定是一大缺漏。中国民法典可以借鉴罗马法,扩大规定监护对象,将上述人群纳入监护体系。

2. 宜将监护与亲权的内容并列,分别立法

如前所述,罗马家父对家子享有生杀予夺的家长权,家父去世的,须为处于青春期的家子设定监护。罗马家长制消亡后,父母对于未成年子女的权利和义务称为亲权。大陆法系国家区分监护与亲权的概念、内容,分别立法。例如,《法国民法典》第九编"亲权"第371-1条规定父母对未成年子女享有亲权,"亲权是以子女的利益为最终目的的各项权利和义务之整体"[②]。第十编"未成年与解除亲权"则规定为父母均已去世或均"被剥夺亲权"的未成年人设立监护。[③]

中国《民法总则》采大监护的概念,将亲权内容纳入监护制度中,根据《民法总则》第27条第1款的规定,父母是未成年子女的监护人。而在《婚姻法修正案》又规定了亲权的内容,但没有使用"亲权"的概念。《婚姻法修正案》第23条规定:"父母有保护和教育未成年子女的权利和义务。在未成年子女对国家、集体或他人造成损害时,父母有承担民事责任的义务。"正在制定的中国民法典婚姻家庭编延续此立法模式。《民法典婚姻家庭编(草案)》(三次审议稿)第843条第1款规定:"父母不履行抚养义务的,未成年子女或者不能独立生活的成年子女,有要求父母给付抚养费的权利。"第844条规定:"父母有教育、保护未成年子女的权利和义务。未成年子女造成他人损害的,父母应当依法承担民事责任。"[④]

---

① 指未满12周岁的女孩或未满14周岁的男孩。

② 法国民法典[M]. 罗结珍,译. 北京:北京大学出版社,2010:114.

③ 法国民法典[M]. 罗结珍,译. 北京:北京大学出版社,2010:131.

④ 《民法典婚姻家庭编(草案)》(三次审议稿)[EB/OL]. (2019-11-01)[2019-11-08]. http://www.nwccw.gov.cn/2019-11/01/content_273865.htm.

然而，监护与亲权的对象、目的和内容并不相同，宜将亲权制度与监护制度并列，不应将亲权放在监护之下。如此，在立法体例上才更加科学、严谨，在内容规定上，可进一步分别加以明晰和完善。

3．监护监督制度的借鉴

罗马法将保护未成年人及其他社会弱者的利益看成是一种义务、一种社会公职，监护监督制度很健全。在古典时代，监护人可以进行所有方面事务的管理。从后古典时代开始，监护人超出被监护人财产的普通管理事务的行为需获得裁判官的批准，这种要求越来越频繁。在监护关系结束时，监护人被要求交还账户。对于有贪污行为的监护人，可对其提起“侵吞财产之诉”(actiorationibusdistrahendis)，他必须给予被监护人所受损失的双倍赔偿。还有一项特定的民众之诉（actiopopularis），由一部分民众提出，即监护人嫌疑之诉(accusatiosuspectitutoris)，对于有不法或欺诈行为的遗嘱监护人加以预见，无论其是故意或重大过失。这项诉讼后来也适用于其他类型的监护人。共和国末期，采取了一般行为：监护人诉讼。无论什么时候，监护人逃避履行监护公职，将被提起诉讼。为了更好地保护被监护人的权利，在罗马帝国时期，采取了一项新的更有效的保护措施。监护人向法官宣誓，将谨慎管理被监护人的财产，对于被赋予管理普通事务的权利，监护人都需小心谨慎行使，承诺保护被监护人的遗产。君士坦丁赋予被监护人对监护人的财产享有合法的抵押权，被监护人还被要求编制一份资产清单。在几个世纪的进程中，监护人的职责也在发生变化：古典时代，监护人对他恶意欺诈的监护行为负责；后古典时代，监护人对他的故意和过失监护行为负责。在优士丁尼法律中，监护人责任延伸到了具体过失，也就是说，监护人在照顾管理方面，缺乏像管理自己事务那样的谨慎和注意造成损害结果的，应对被监护人承担赔偿责任。

在中国，根据《民法总则》第36条第1款规定：监护人有下列情形之一的，人民法院根据有关个人或者组织的申请，撤销其监护人资格，安排必要的临时监护措施，并按照最有利于被监护人的原则依法指定监护人：(一)实施严重损害被监护人身心健康行为的；(二)怠于履行监护职责，或者无法履行监护职责并且拒绝将监护职责部分或者全部委托给他人，导致被监护人处于危困状态的；(三)实施严重侵害被监护人合法权益的其他行为的。只有严重损害被监护人权益时，才撤销监护人的资格。这主要还是由于亲权与监护不区分造成的，因为父母作为未成年子女的监护人，其监护人资格不能轻易被撤销。而对于父母以外的监护人，则不需构成严重损害被监护人权益时才撤销其监护资格。而且，对监护人损害被监护人利益应承担的责任没有规定，这是欠缺的。亦反映出对被监护人的保护意识不够强，制度的设计不够细致和完整。

根据中国《民法总则》第36条的规定，监护人实施严重侵害被监护人合法权益行为的，居民委员会、村民委员会、民政部门等组织或个人有权向人民法院申请撤销其监护人资格。个人和民政部门以外的组织未及时向人民法院申请撤销监护人资格的，民政部门应当向人民法院申请。根据《民法总则》第32条：“没有依法具有监护资格的人的，监护人由民政部门担任，也可以由具备履行监护职责条件的被监护人住所地的居民委员会、村民委员会担任。”据此，居民委员会、村民委员会，尤其是民政部门实际上承担着监督监护人的部分职责，但这些权利和职责的规定太有限了，并不是系统、完整的监护监督制度，无法有效、充分地保障被监护人的权益。可借鉴罗马法监护监督制度，设定或选定专门的机构，承担监督监护人的职责。制度设计包括监护监督人的选定、职责权限等;监督的形式包括定期走访、调查等,及时了解和掌握被监护人的状况。监护人须向监督人宣誓,保证认真、谨慎履行监护职责,维护被监护人的权益。通过宣誓仪式,增强监护人的责任感。监护监督机构发现监护人侵犯被监护人权益的,有权对监护人进行教育和训诫,必要时将被监护人与其分离,并担任临时监护人,保障被监护人的人身和财产安全。规定监护人因故意或过失(具体过失)造成被监护人人身或财产损害后果的,须对被监护人承担赔偿责任。监护监督机构有权提起撤销监护人资格的诉讼,有权代理被监护人向人民法院提起诉讼,要求监护人承担赔偿责任。

(二)确立子女利益优先原则,采"父母照护"的概念

自20世纪初以来,儿童作为权利主体被认识,国际社会普遍关注儿童的权利保护。1959年《儿童权利宣言》将"最大利益原则"确立为保护儿童权利的一项国际性指导原则。[①] 1989年《儿童权利公约》第3条第1款明确规定:"关于儿童的一切行为,不论是由公私社会福利机构、法院、行政当局或立法机构执行,均应以儿童的最大利益为一种首要考虑。"此规定对于确立儿童最大利益原则具有里程碑意义。

罗马家父权消亡后,近现代欧洲国家,父母对未成年子女均享有抚养教育的权利和义务,即父母照顾和监护(Parental care and custody),不再只是父亲一方的权力。20世纪中叶以来,欧洲国家改革父母子女关系法,更加强调父母对未成年子女的义务和责任。德国摒弃非婚生子女的称谓,确立子女最佳利益原则。1979年,德国《关于重新规定父母照顾的法律》采"父母照顾"以取代"父母权力"。[②] "在儿童权利应当受到普遍尊重的今天,'亲权'这样的字眼在德国的法律术语里甚至是被禁止使用的。"[③]英国《1989年儿童法》规定"父母责任",而不再采"父母权利"。[④]《法国民法典》虽然仍称为"亲权",但在具体内容上偏向于父母的责任。在瑞士,父权和夫权存在很长的时间,直到1988年《瑞士民法典》(特别是婚姻法)的修订才被抛弃。根据现行《瑞士民法典》第159条的规定,夫妻双方互相承担维护共同生活之幸福及共同抚养教育子女的义务。[⑤] 中国《婚姻法修正案》第2条第2款规定:"保护妇女、儿童和老人的合法权益。"《民法典婚姻家庭编(草案)》(三次审议稿)第819条第2款做了同样的规定。然而,这不是子女利益优先原则,或儿童最大利益原则,只是将儿童确定为弱者,给予更多的保护,并没有明确当家庭中成年人利益与儿童利益发生冲突时何者优先。《民法典婚姻家庭编(草案)》(三次审议稿)第821条之一规定:"收养应当遵循最有利于被收养人的原则。"第861条第3款规定:"……已满两周岁的子女,父母双方对抚养问题协

① 《儿童权利宣言》原则二规定:儿童应受到特别保护,并应通过法律和其他方面而获得各种机会与便利,使其能在健康而正常的状态和自由与尊严的条件下,得到身体、心智、道德、精神和社会等方面的发展。在为此目的而制订法律时,应以儿童的最大利益为首要考虑。《儿童权利宣言》原则七规定:儿童的最大利益应成为对儿童的教育和指导负有责任的人的指导原则;儿童的父母首先负有责任。

② [德]迪特尔·施瓦布.德国家庭法[M].王葆莳,译.北京:法律出版社,2010:265.

③ 德国民法典(第3版)[M].陈卫佐,译.北京:法律出版社,2010:487.

④ 英国婚姻家庭制定法选集[M].蒋月等,译.北京:法律出版社,2008:137.

⑤ 瑞士民法典[M].于海涌,赵希璇,译.北京:法律出版社,2016:63.

议不成的，由人民法院根据双方的具体情况，按照最有利于未成年子女的原则判决。”[①]这些规定并不是贯穿家庭法始终的子女利益优先原则，或称儿童最大利益原则。而且，《民法典·婚姻家庭编（草案）》（三次审议稿）第 861 条关于父母离婚后未成年子女直接抚养权的规定仍然是原则性的，过于简单。直接抚养权归属的规定与裁判，不仅在提法上给人以取得直接抚养权的父母一方才能得到孩子的印象，而且实际上创设了父母亲的权利。司法实践中，离婚纠纷案件一并处理未成年子女的抚养权问题，将之与父母亲的情感纠葛、财产分割、债务承担等一系列复杂的离婚问题混在一起，其重要性被忽略了。这些都是仍以父母利益为本位的体现。

笔者认为，顺应国际形势，中国民法典应确立子女利益优先原则，采用“父母照护”的概念，父母对未成年子女首先应是义务和责任。以此为立法的基本指导思想，细化父母对未成年子女的抚养、保护、教育等各项规定。摒弃“直接抚养”的提法，规定父母离婚后，未成年子女与哪一方共同居住更合适的判定。强调子女的心理、意愿和情感因素，规定 8 周岁以上的未成年子女与谁共同生活，应征求其意见，作为裁判的重要依据，而不只是“考虑”。对于有独立表达能力的未成年子女，即使在 8 周岁以下，也要听取其意见，父亲或母亲一方没有重大的妨碍事由的，应尊重未成年子女的意见做出裁决。

（三）修改和完善夫妻债务的规定

夫妻共同债务的确定和偿还问题的焦点是，如何平衡非举债一方配偶的利益与债权人的利益。2003 年，《最高人民法院关于适用〈中华人民共和国婚姻法〉若干问题的解释（二）》（以下简称《婚姻法解释（二）》）制定时，鉴于有些夫妻通过假离婚，恶意将夫妻共同财产转移给非举债的一方，以逃避债务，《婚姻法解释（二）》第 24 条的规定侧重于保护债权人的利益。其后，出现了债权人与举债一方配偶恶意串通，损害非举债一方配偶利益的现象。2018 年《最高人民法院关于审理涉及夫妻债务纠纷案件适用法律有关问题的解释》（以下简称《夫妻债务纠纷案件解释》）印发。根据该解释第 2 条的规定，为家庭日常生活需要所负的债务为夫妻共同债务。《民法典婚姻家庭编（草案）》（一次审议稿）没有规定夫妻共同债务的范围，在多方的呼吁下，《民法典婚姻家庭编（草案）》（二次审议稿）吸收了《夫妻债务纠纷案件解释》的规定，增加规定了夫妻共同债务的范围以及债权人的举证责任，即第 841 条：“夫妻双方共同签字或者夫妻一方事后追认等共同意思表示所负的债务，以及夫妻一方在婚姻关系存续期间以个人名义为家庭日常生活需要所负的债务，属于夫妻共同债务。夫妻一方在婚姻关系存续期间以个人名义超出家庭日常生活需要所负的债务，不属于夫妻共同债务，但是债权人能够证明该债务用于夫妻共同生活、共同生产经营或者基于夫妻双方共同意思表示的除外。”[②]《民法典婚姻家庭编（草案）》（三次审议稿）第 841 条的规定亦同。[③]

---

① 全国人大网.《民法典婚姻家庭编（草案）》（三次审议稿）[EB/OL].（2019-11-01）[2019-11-05]. http://www.nwccw.gov.cn/2019-11/01/content_273865.htm.

② 《民法典婚姻家庭编（草案）》（二次审议稿）[EB/OL].（2019-07-05）[2019-11-09]. http://www.civillaw.com.cn/zt/t/?id=35744.

③ 《民法典婚姻家庭编（草案）》（三次审议稿）[EB/OL].（2019-11-01）[2019-11-02]. http://www.nwccw.gov.cn/2019-11/01/content_273865.htm.

瑞士实行收入分享制，根据《瑞士民法典》第196条规定，收入分享制，包括夫妻各方取得的收入及各方的自有财产。[①] 对于夫妻共同债务，《瑞士民法典》第233条（共同债务）规定："夫妻任何一方以其自有财产和共有财产对以下债务承担清偿义务：1. 在家事代理和管理共同财产的权利范围内产生的债务；2. 如将共有财产投入到职业或经营企业的，或该职业、企业的收入归入共有财产的，因该职业或企业产生的债务；3. 夫妻另一方也应承担清偿义务的债务；4. 夫妻双方与第三人约定以共有财产清偿的债务。"[②]可以看出，其共同财产范围与中国现行规定的基本精神是相同的，所欠债务是因家庭生产经营和共同生活而产生。所不同的是，没有规定举证责任问题。

笔者看来，民法典是实体法，在实体法中规定举证责任的分配以及举证不能的法律后果是不恰当的。正因为如此，最高人民法院先后发布的几个司法解释都没达到平衡非举债一方配偶与债权人利益的目的。《婚姻法解释（二）》第24条将举证责任分配给非举债一方配偶，即夫妻一方能够证明债权人与债务人明确约定为个人债务，或者能够证明属于婚姻法第19条第3款规定情形的，属于举债一方的个人债务。但这是不可能完成的任务。2018年《最高人民法院关于审理涉及夫妻债务纠纷案件适用法律有关问题的解释》与《民法典婚姻家庭编（草案）》（三次审议稿）的规定，则把举证责任分配给了债权人，债权人能够证明该债务用于夫妻共同生活、共同生产经营或者基于夫妻双方共同意思表示的，属于夫妻共同债务。但这对于债权人而言，同样也是不可能完成的任务，夫妻俩过日子，他人如何得知？又如何完成举证？此外，《民法典婚姻家庭编（草案）》（三次审议稿）第841条第2款的表述前后矛盾："夫妻一方在婚姻关系存续期间以个人名义超出家庭日常生活需要所负的债务，不属于夫妻共同债务；但是，债权人能够证明该债务用于夫妻共同生活、共同生产经营或者基于夫妻双方共同意思表示的除外。"[③]分号前已明确"以个人名义超出家庭日常生活需要所负的债务，不属于夫妻共同债务"，但后面却又写"债权人能够证明该债务用于夫妻共同生活、共同生产经营……的除外"。既然债权人能证明，说明所负债务是用于夫妻共同生活的，这所负债务到底是还是不是用于夫妻、家庭共同生活，这句话的表述不严谨，逻辑混乱。

可见，在实体法中规定举证责任的分配及其法律后果，是问题的症结所在。应借鉴《瑞士民法典》，将此留给民事诉讼法，由法官在具体判案中根据"谁主张，谁举证"的一般规则，结合案情，分配举证责任和法律后果。鉴于此，建议删除《民法典婚姻家庭编（草案）》（三次审议稿）第841条第2款的规定。

（四）宜增加规定不完全收养制度

罗马家庭具有政治功能，血亲关系几乎不被保护，只是保护父系关系。所以，男性亲属关系至关重要。父亲权力如同政治权力的典型事例是收养。这是一个政治行为，而不是慈善之举，其目的是确保收养人后继有人，保障世系的持续。此外，还要缔结联盟和同盟关系。在罗马帝国时期，收养的方式非常重要，因为，许多皇帝不在他们的自然直系血亲中选择继

① 瑞士民法典[M]. 于海涌，赵希璇，译. 北京：法律出版社，2016：72.

② 瑞士民法典[M]. 于海涌，赵希璇，译. 北京：法律出版社，2016：81.

③ 全国人大网.《民法典婚姻家庭编（草案）》（三次审议稿）[EB/OL]. (2019-11-01)[2019-11-02]. http://www.nwccw.gov.cn/2019-11/01/content_273865.htm.

承人，而是收养一个他们认为最有能力治理国家的人作为王位继承人。完全收养的结果是被收养的儿子取得了家父(家庭首领)相同的社会地位，叫养父的姓名，加上他的亲生父亲的姓作为后缀。完全收养中，被收养的儿子与收养人的亲生孩子具有同等的法律地位，收养人对他取得所有与家父权有关的权力。被收养人与他的亲生家庭只剩下血亲关系，取而代之的是他在收养家庭成为父系亲属，享有作为他的正统继承人(heressuus)的继承权。而不完全收养产生的后果是，被收养的儿子只是依法取得收养人财产的法定继承权(ab inestato 无遗嘱继承的)，但不能成为正统的继承人，不能享有与家父相同的社会地位。

现行《中华人民共和国收养法》没有规定不完全收养制度，《民法典·婚姻家庭编(草案)》也没有规定，仅规定了完全收养制度。《民法典·婚姻家庭编(草案)》第 890 条第 2 款规定："自收养关系成立之日，养子女与生父母及其他近亲属间的权利义务关系，因收养关系的成立而消除。"中国收养立法过于注重被收养人的利益，轻视了收养人的利益，这无法适应中国人口老龄化的现实，即使有遗赠扶养制度，但孤寡老人的赡养不仅是经济上的，更需要有精神慰藉和扶助。所以有必要建立不完全收养制度，成年人可以成为不完全收养的被收养人，承担赡养收养人的义务，享有继承收养人遗产的权利。同时，其与亲生父母亲及其他近亲属间的权利义务关系，不因收养关系的成立而消除。

(五)制定规范同性结合关系的单行法

当前，同性结合在欧洲国家的社会生活中已经是件平常的事情。如前所述，许多欧洲国家已通过法案，将同性婚姻合法化或承认同性结合具有法律效力。但在中国，由于传统观念、社会意识等多方面原因，对此话题还比较隐讳，大众以异样的眼光看待同性恋人群。最近几年，人们更加开放地谈论这个话题。以知名性学家李银河为代表的学者，一直努力促使同性婚姻合法化的提案能被提交。这几年，有关这一论题的文章和论著也逐渐增多。笔者认为，对中国法律是否应规范同性结合这个问题需要有理性的认识。同性恋现象古今中外都有，同性恋者属于少数人群，但其权益是不能忽略的群体，由于在中国同性伴侣关系没有得到法律的保护，他们面临家庭暴力、遗产继承、收养子女等多方面的权利缺失。所以，法律有必要加以规定，即使民法典不加以规定，也应有单行法律，这才能体现法律的人性关怀。而且，让同性恋者建立和保持长期关系，可以减少性病的传播，减少同性恋者进入异性婚姻，避免婚姻悲剧的发生。同性结合不是主流，但也体现了婚姻的多元化。法律规范同性结合不是鼓励同性恋，而是体现法律面前人人平等。同性恋的产生也不是因为法律原因造成的，有太多的综合性因素，法律宜疏不宜堵，更不应回避。

(六)遗嘱的自由与限制——增加规定特留份制度

遗嘱继承在罗马法中占据着重要的地位，优士丁尼的《法学阶梯》将遗嘱继承的内容置于非遗嘱继承(法定继承)之前。遗嘱继承的规则优先于法定继承规则，这与罗马私法精神、以私法规则为主的背景紧密相关。然而，遗嘱自由也是有限度的，遗嘱继承中存在的一个问题是：被遗嘱所忽视的特定人是否应给予其某种形式的保护？这早在罗马法已规定了某些保护形式：一方面是正式的保护(a formal protection)，另一方面是关于强制性部分的法律(a law concerning mandatory parts)。正式的保护倾向于法律上亲属关系最近的继承人，如果遗嘱人想要将其排除在继承人之外，他就要明确表示，指名道姓地剥夺他们的继承权。例如,“我的儿子 Agus 不能继承我的任何财产。”在罗马元首制时期,关于强制性部分的法律形成。与遗嘱人亲属关系最近的继承人,如果被遗嘱所忽略或几乎没有提及,可以主张这个遗嘱是“无情的”,相应的诉讼是“逆伦遗嘱之诉”(违背责任的遗嘱之诉“querela inofficiositestamenti”)。通过这些方式,遗嘱人的遗愿可以被纠正。

采用特留份制度以限制遗嘱权的滥用,是罗马法学家的首创。特留份制度的设立,旨在限制完全的遗嘱自由,保护近亲属的继承权,平衡遗嘱人意愿与近亲属权益之间的关系。特留份的份额起初法律并没有明文规定,由裁判官根据具体情况加以确定。后来,仿照公元前40年的《法尔其第法》(Lex Falcidia)的规定(即遗嘱人所为遗赠,其总数不得超过全部遗产的四分之三),规定继承人的特留份为全部遗产的四分之一。后来,优士丁尼对其进一步完善,规定遗嘱人不得随意处置其遗产,特留份必须留作法定继承。有子女四人以下的,特留份为应继份的三分之一,有子女五人以上的,特留份为应继份的二分之一。

瑞士法律通过保障特定继承人获得特定的遗产份额以保护他们的利益,根据《瑞士民法典》第471条的规定:直系卑亲属的特留份,为其法定继承份额的四分之三;父亲或母亲的特留份,为其法定继承份额的二分之一;生存的配偶或登记同性伴侣的特留份,为其法定继承份额的二分之一。[①] 2016年,遗产制度开始修订,目前仍在进行。法定特留份可能修改为:配偶、登记同性伴侣为八分之一;直系卑亲属为四分之一;父母亲没有法定特留份额。这样的结果将更加自由地分配,也更加自由地决定谁将是继承人。

中国现行立法没有规定特留份制度,《民法典继承编(草案)》(二次审议稿)也只规定了必留份制度,即第920条:“遗嘱应当对缺乏劳动能力又没有生活来源的继承人保留必要的遗产份额。”[②]对学界讨论已久的特留份制度没有规定。然而,这两者是不一样的。根据必留份的规定,只有在继承人同时具备既“没有劳动能力”又“没有生活来源”两个条件时,遗嘱人才应当给他们遗留“必要的份额”,而且没有明确的数额限制,司法实践中由法官自由裁量。如果继承人有劳动能力,但由于失业或无业而没有生活来源,或者虽然没有劳动能力但却有其他人、国家或社会给他(她)提供一定的生活来源,遗嘱人就没有必要为他(她)遗留一定的财产份额,可以通过遗嘱剥夺该继承人的法定继承权,这显然是不公平的。因此,中国民法典有必要规定特留份制度。我们看到,瑞士正在修订民法典,修改特留份份额的规定,让遗嘱人有更多的自由分配的份额。所以,建议规定:遗嘱人的遗产的二分之一作为特留份份额,按照法定继承分配;另外二分之一由遗嘱人自由处分。

三、结论

罗马家父权制度和家长对家庭的统治权已被完全推翻了,家庭的概念发生了变化。在那时,家庭的支点是家父和婚姻,婚姻对于生育合法的孩子是必不可少的。今天,家父和婚姻都不再是家庭的基础,家庭的基础是以子女为纽带的父母亲关系。意大利宪法不规定婚

---

① 瑞士民法典[M]. 于海涌,赵希璇,译. 北京:法律出版社,2016:173.

② 《民法典婚姻家庭编(草案)》(二次审议稿)[EB/OL]. (2019-07-05)[2019-11-09]. http://www.civillaw.com.cn/zt/t/?id=35744.

姻权利,而是规定家庭权利。[①] 从这些简短的反思中,似乎可以归结出下列两方面事实:

(一)公权力与私领域的冲突未发生根本性改变

在罗马时代,家庭领域中公权力与私权利以一种范例的方式对峙。毫无疑问,法律干预在某种程度上有所增加,尤其是如果我们将之与罗马家父统治他的家子这样的情况相比较。可以说,今天的"岛屿"不再那么像个岛屿了。在中国体制下,立法干预家庭,私法领域和意思自治由法律加以规范。

就中国实际情况而言,法律调整家庭关系是多方面的,公权力对家庭的适当介入和干预也是必要的,这在 20 世纪五六十年代尤为突出。2016 年《反家庭暴力法》的相关规定调动政府机构、司法部门、学校、医疗机构、社会团体、自治性组织等各方力量,共同预防和制止家庭暴力,促使人们转变观念:家庭暴力绝对不是自家的"私事"。《民法典婚姻家庭编(草案)》(三次审议稿)第 821 条规定:"家庭应当树立优良家风,弘扬家庭美德,重视家庭文明建设。夫妻应当互相忠实,互相尊重;家庭成员间应当敬老爱幼,互相帮助,维护平等、和睦、文明的婚姻家庭关系。"即是社会主义良好的家庭风尚、社会主义核心价值观在家庭法上的体现和要求,"应当"的用词表明这些是家庭私人领域中的法定义务。毫无疑问,家务事是私人的事,但它不仅仅是私人的事,家庭的稳定离不开外部力量的维护和保障。但是,目前,在人们私权意识增强的情况下,国家公权力已经不可能像 20 世纪 50、60 年代那样过度地干预家庭生活。所以,政府相关部门、社会组织力量如何适当地介入家庭领域,有效处理和化解家庭纠纷,维护家庭中弱势成员的利益,促进家庭关系稳定与和谐,值得深入研究和探讨。

(二)家庭法是永远处于变化中的法

家庭法是一个永远在变化、发展的法,这可以从罗马经验中得以阐释,古代的家庭完全不同于奥古斯都时代的家庭。在罗马的千年历史中,削弱家父权威和公共权力对家庭的渗透和影响方面已经发生了巨大的变化。因此,今天,家庭在社会调整方面,先不论及其裁判规范,一直在不间断地变革中。正如希腊哲学家赫拉克利特(Heraclitus)[②]的著名格言:"人不能两次走进同一条河流","万物皆流"(Everything flows,希腊语:πάντα ῥεῖ),寓意世界上的一切事物永远都在运动变化之中。除了是法律之海的岛屿,家庭法也是法律河流中的岛屿,它是一部随着时间流逝而改变的法律。时代的精神(Zeitgeist)[③]改变了社会,法律如同社会的一面镜子,随着社会的改变而改变。

各国的家庭法律也在发生变革,中国民法典的制定即是一个典型例证。中国的婚姻家庭法律制度在顺应社会现实的需求发生变革,配偶权、儿童权利与利益、亲属权、离婚救济等

---

① 1947 年《意大利宪法》第 29 条:"共和国承认以婚姻为基础的自然结合——家庭——的各项权利。婚姻应以夫妻双方在道德上和法律上平等为基础,并应遵守法定的各种限制,以保证家庭的团结。"

② 赫拉克利特(Heraclitus),约公元前 540 年—前 480 年,古希腊哲学家,爱非斯派的创始人,朴素辩证法思想的代表人物。著有《论自然》一书,现有残篇留存。

③ 时代的精神(Zeitgeist)是鲁道夫·冯·耶林(Rudolf von Jhering)在《罗马法在其发展的各个阶段的精神》(第 3 卷)一书中的表述。"时代精神"表现为支配着罗马历史上某个时代的文化、精神、意识形态特征的无形力量。

相关制度需建立、修改和完善。非婚同居家庭、同性结合家庭虽然不是主流的家庭模式，但由此产生的法律、伦理等一系列问题越来越引起广泛关注。司法实践中，各地人民法院在积极探索建立独立的家事审判机制，设立家事法庭，开辟家事纠纷多元化解决路径。针对“类案异判”的现象，中国法院也不再局限于成文法传统，而是借鉴判例法国家的审判经验，建立人民法院案例指导制度，加快制定以指导案例为核心的案例适用规定，充分借助信息网络技术和大数据平台，实现案例指导工作的飞跃式发展。

时隔2000多年，罗马的私法精神和完备的民事法律制度仍然闪烁着光芒。中国对罗马家庭法律制度的借鉴有所取舍和发展，而对欧洲国家家庭法和继承法相关法律制度的借鉴也要考虑本土化问题。无论如何，域外法律制度比较分析是法学研究的一项基本方法，也是立法过程中的一个重要环节，为我们正在研讨的家庭法和继承法论题提供新的素材和视角。

The Reference of Roman Law and European Family and Succession Law to Relative Systems in Civil Code of China

Iole Fargnoli Lei Chunhong

(Italy; Zhijiang College of Zhejiang University of Technology, Shaoxing, 312030)

Abstract: The family is an island that the sea of law can only touch but not penetrate, this is a famous Italian scholar's metaphor for family autonomy. Learning more about the sources of family autonomy described in European countries will help us fully understand the particularity of family law, follow the family ethics rules, carry on the legal system design. The family law is always changing. Changes are taking place in the family laws of various countries, the formulation of the marriage and family chapter in Chinese civil code is a typical example. We'd like to research on how the father managed the family in Roman society and Roman guardian systems, compare and analyze the differences of gender concepts between China and western countries, learn from the specific family and succession systems in European countries so as to perfect Chinese relative law systems. Although we should make choices in the reference of Roman law and family systems of European countries, and consider how to localize them, a comparative analysis of family law thoughts and systems in foreign countries will provide new material and unique perspective for the research and legislation of marriage and family law in China.

Key words: autonomy of family; roman law; family law; succession law; civil code

从对抗夫妻到合作父母

——以父母责任为中心的亲子案件审执进深路径探析

黄冬阳　芦絮　方珺*

内容摘要：以家庭伦理为研究起点，从家庭社会学的视角分析离异家庭变化及其带来的各种问题，提出通过家事审执程序的制度化安排，用教育、治疗、惩戒等手段修复被破坏的家庭结构和家庭秩序。保障未成年子女利益最大化原则践行于家庭、社会的各个方面。本文分为四个部分：第一部分，以一起典型的对抗夫妻案例引出问题：高冲突夫妻关系的恶果首当其冲由子女特别是未成年子女承受，破坏稳定的社会秩序，成为社会治理难题。第二部分，从中国近现代传统家庭伦理和礼法秩序受现代制度冲击的现状找出问题根源：社会层面缺乏父母责任价值观的公序良俗。家事审判应承载价值传递功能，让对抗夫妻向合作父母转化。第三部分，在家事诉讼程序中引导对抗夫妻向合作父母转化，方法是在家事审执程序中进行父母责任教育和治疗性调解机制，从推进国家治理体系和治理能力现代化的角度探索解决家庭问题的司法改革举措。第四部分，对于正向引导失败的当事人，则应进行离异夫妻对于未成年人子女权利侵害行为的识别，尤其是离间行为的识别并介入保护。对于进入强制执行的案件，则通过构建崭新执行系统性制度，以推进离异父母重拾父母责任，确保未成年子女不因父母离异而完全丧失本应享有的健康成长空间。

关键词：合作父母；父母责任；社会关系类型；儿童权益最大化

引言：问题的提出

如果说走进法庭的婚姻是一场战争，那么深陷其中的孩子就是无处可逃的难民。夫妻选择以诉讼方式结束婚姻关系，却把法庭作为互相伤害的舞台，把孩子作为互相报复的工具。对抗甚至可以从诉讼延续到执行阶段中每次的孩子交接。每一年，都会有一些孩子惶恐无助、迷惘不安的眼神让法官记忆深刻。他们的耳中时常充斥着对父或母一方的负面评价，不得不在父母双方虚假应付、两边讨好，还必须在法官面前行使跟谁生活的“选择权”，却不知他们心中多想有一个不要父母离婚的选项。由此，我们不禁要问：在亲子案件①中，是

* 黄冬阳，男，1968年出生，福建省厦门市海沧区人民法院党组书记、院长；芦絮，女，1981年出生，厦门市海沧区人民法院家事审判庭审判员；方珺，女，1984年出生，福建省厦门市海沧区人民法院执行局审判员。

① 探望权、抚养权、抚养费及其他涉及子女的离婚案件等，在本文统称为亲子案件。

否应当把更多的目光从解决婚姻关系转移到孩子身上？家事立法和司法应当如何唤醒和强调父母责任？能否给予离婚家庭未成年子女更为周全细致的司法关爱？有鉴于此，本文尝试对因非理性离婚致子女陷入困境的问题进行探讨和研判，以父母责任为中心、以促进父母合作为目的展开考察，最终回答和解决：通过有别于普通民事诉讼的家事审执程序设计，促进离异夫妻以合作的态度面对离婚后子女的生活，以实现儿童权益最大化原则的具体落实。

一、直面：秩序紊乱、人伦失常

逻辑的尽头，不是理性与秩序的理想国。"如果女人是被隐藏在历史里，那么儿童则是被排除在历史外。"①在夫妻发生严重对抗时，大多数孩子难以持续维持与父母双方的正常关系，孩子的需求与父母需求产生冲突，当原应保护儿童的家庭功能发生严重障碍时，首先被牺牲的往往是孩子的利益。② 以下样本案例中的孩子小宝（起诉离婚时 3 岁），就是典型（如图 1，以下简称样本案件）：③

图 1　1 个离婚案件引发的 13 个各类型案件一览表

这长长的时间轴里覆盖了很全面的案件类型，在别处是故事，在法院却是严肃的命题。财产分清后，这对怨偶开始就小宝的轮流抚养问题相互追击。随着矛盾升级，在交接中竟发生林男要求孩子脱掉叶女给孩子穿的衣服，换上自己的衣服才能走出执行局的事件。林男教唆孩子给执行法官写信咒骂母亲，7 岁的小宝写道："我妈是婊子，我不愿意同她生活。下次她再来法院就直接把她抓起来坐牢吧。"而现实中，小宝却在父亲不在的场合对母亲表现

① 姚建龙．论英美国家对少年罪错的早期反应——童年社会学的领域[J]．法学杂志，2009(4)：40.

② 施慧玲，纪冠伶．离婚诉讼"先抢先赢"的实务经验叙事分析——兼论幼年子女最佳利益的司法裁量基准[J]．法令月刊，68(8)：83.

③ 案例详见：X 市 H 区(2015)民初字第 977 号民事判决书、X 市(2015)民终字第 4482 号民事判决书、(2016)民保令 1 号民事裁定书、(2016)执 014 号、(2016)执 907 号、(2017)执 64 号、(2017)执 873 号、(2017)执 963 号、(2017)执 1093 号、X 市 J 区(2017)行初 78 号行政判决书、X 市 H 区(2017)刑初 57 号刑事裁定书、X 市(2018)行终 12 号行政判决书、X 市 H 区(2018)民初 1666 号民事调解书、(2019)执 261 号民事调解书。

出不舍。卷入纷争的还有各自的关联家庭。林男为发泄不满，在其朋友圈鼓吹其与叶女妹妹小叶早有不伦关系，导致小叶的家庭生活出现危机。叶女在林男结交女友后，也教唆小宝破坏“后妈”的化妆品。其实，最受动摇的是人们心中的良知和社会秩序。“家事纠纷尽管表面上纯属私人之间的问题，但实质上与国家和社会的根本利益息息相关。因为家庭是社会的基本构成要素，家庭关系的稳定是社会安定的基础，家事纠纷如果得不到及时合理的解决，往往会酿成个人、家庭甚至社会的悲剧，转化为暴力的私力救济甚至复仇，对社会造成威胁。”[①]这个样本案例虽足够极端，但却绝不会是最后一个，矛盾随着诉讼进程、执行程序的推进而越发升级。究竟哪里出了问题？

（一）旁落的儿童权利

中国已告别了低离婚率时代，受离婚影响的孩子数量不断逐年增多。[②] 研究发现，父母离婚导致的家庭解体会对子女的学业和教育成就、情绪和心理特质、人际交往能力、亲密关系等多方面产生不良影响。[③] 中国家庭追踪调查[④]采集 2010 年、2012 年、2014 年的数据发现，父母之间存在的频繁争吵、家庭暴力等高冲突行为对子女有全方位、严重的负面影响。儿童在离婚事件中受到隐性及显性的权利侵害已是不争事实，但无论是公共管理还是法律法规依然把儿童当作由父母争夺、处置的“客体”，没有赋予其独立发声的诉讼主体地位。

（二）缺位的立法规范

婚姻家庭法制建设是法制系统中的基本建设。[⑤] 我国现行《婚姻法》只有 51 条，关于离婚后父母子女的关系仅有 3 个条文规定，且均是抽象弹性条款。条文过少、规定太粗的立法现状“不仅掏空了法律的公共理性，而且直接损害了司法的公共理性”。[⑥] 一方面导致当事人的行为指引规范空白，另一方面导致权利判断标准长期缺位。若完全将家庭视为私域，不关注婚姻家庭的社会功能，就会导致国家对于婚姻家庭关系及家庭教育规范干预不足，从而走向家庭政策的另一个极端：漠不关心、无所作为。

（三）偏差的司法程序

家事纠纷具备不同于一般民事诉讼的特点，具有显著的身份性、伦理性和感情性。然

① 张乃根．西方法哲学史纲[M]．北京：中国政法大学出版社，1997：302.

② 根据最高人民法院《中国司法大数据专题报告之离婚纠纷》，2014 年至 2017 年法院受理的离婚案件总数为 512 万件，96％涉及子女抚养问题；根据中华人民共和国民政部的统计公报，2014 年至 2017 年在民政部门登记离婚的总数约为 1329.6 万件。据此推算，4 年中约有 1500 万个孩子受离婚影响，实际数量会更多。

③ 张春泥．当代中国青年父母离婚对子女发展的影响——基于 CFPS2010—2014 的经验研究[J]．中国青年研究，2017(1)：6.

④ 中国家庭追踪调查(CFPS)，是由北京大学“985”项目资助、北京大学中国社会科学调查中心执行的中国家庭追踪调查项目的简称。

⑤ 马忆南．中国婚姻家庭法的传统与现代化——写在婚姻法修改之际[J]．北京大学学报(哲学社会科学版)，2001(1)：62.

⑥ 吴英姿．司法的公共理性：超越政治理性与技艺理性[J]．中国法学，2013(3)：70.

而，我国却没有独立的家事审判程序，很多案件的当事人在开庭陈述、法庭辩论后，矛盾都会达到顶峰。处理家事事件的场所成为谎言的角斗场、法庭辩论变成互相指责的战场。几乎没有家事案件的当事人在开庭之后心平气和地走出法庭，并期许双方纠纷就此解决。更为糟糕的是，法官在离婚诉讼中发现侵害儿童财产权利和人格权利的行为，总苦于没有启动儿童权利保护的制度。

二、探源：重拾责任、修复损伤

离婚导致的夫妻对抗不仅伤害子女、破坏家庭，更对社会秩序产生极大冲击，这些问题应从社会根源探根寻源。“家庭是传统和现代性之间斗争的场所”，①旧的家庭伦理发生动摇，而新的家庭秩序指引却尚未建立。因夫妻对抗而产生家庭问题、社会问题的案件，应该让对抗双方认知责任、履行责任，做合作型父母，修复岌岌可危的亲子关系，重新建立稳定的社会秩序。

（一）从传统“服从”向现代“平权”的家庭伦理转型

中国传统家庭伦理主要是儒家伦理原则，《孟子・滕文公上》解释“伦”为：“父子有亲，君臣有义，夫妇有别，长幼有序，朋友有信。”这五伦中，家庭中的父子、兄弟和夫妇是家庭伦理中的基本关系。夫妇之伦为人伦之始，丈夫处于统治地位，妻子对丈夫是顺从的、附属的。父子之伦为传统人伦核心，“父慈子孝”是父子关系的基本准则。然而即使在中国古代社会，夫妻关系、父子关系，仅靠儒家思想的倡导性规范，也不能使社会无纠纷，这就必须在伦理道德之外确立适当的行为准则——“礼”。礼在古代社会是人们必须遵守的规律，是人们行为、处世的基准准则。西汉董仲舒提出“德主刑辅”，引礼入法，再至中华法系主要代表《唐律》被称为“一准乎礼”。礼教中心的法律体系通过法律儒家化的过程实现并建立完善。在礼教中心下，中国古代形成了注重人伦、强调关系和谐的家庭伦理观以及中华法系特有的各项家事制度。

近代辛亥革命以来，中国婚姻家庭结构发生三次大的冲击而苦无招架之力：20 世纪初家庭制度的批判、1976 年以来家庭情感的政治运动、改革开放 40 年来家庭责任的经济性入侵。② 中华人民共和国建立之初面对着大量社会问题，尤其是封建家长制、男尊女卑、三从四德等封建主义婚姻家庭和传统习俗。1950 年《婚姻法》强调婚姻自由、男女平等、妇女解放，形成了社会主义婚姻家庭文化。③ 1978 年国家开始实施改革开放政策，自由竞争、个人主义等成为主流价值观，急剧增长的生活压力，全面、深刻、广泛地影响了婚姻家庭关系、家庭结构、家庭功能和家庭生活状况。婚姻关系核心更看重个人感受，如情感契合、平等尊重、

---

① 郑曦原，李方惠．通向未来之路：与吉登斯对话[M]．成都：四川人民出版社，2002：147.

② 孟宪范．家庭：百年来的三次冲击及我们的选择[J]．清华大学学报（哲学社会科学版），2008，23(3)：133.

③ 刘继同．当代中国婚姻家庭政策历史经验、结构特征、严峻挑战与发展方向[J]．人文杂志，2018(4)：101.

忠实互助和人格独立，满足双方生理、心理多方面需求。随着自由主义、个人本位等思潮的影响，个人自我意识的增强，虽使得自我价值的实现更加容易，却也在一定程度上削弱了个人在家庭和社会中应承担的责任。

中国从古代至近代的家庭伦理文化与现代制度之间出现了鸿沟，使得我国的婚姻家庭关系发生了深刻的变化。责任规范的缺失导致家庭问题越来越多通过诉讼解决，并不断衍化社会问题。然而，家庭问题势必要放在社会问题的背景下讨论。最高人民法院在本次家事司法改革中已强调：应从传统中国文化中汲取营养，建立一套既有传承又符合新的社会现实的家庭行为规范。①

(二)从情感中心的伙伴型关系向责任中心的合作型关系转化

社会学领域通常将社会关系划分为四种类型：伙伴型关系、契约型关系、强制型关系和冲突型关系。在正常的家庭生活中，夫妻是伙伴型关系，维系基础是情感和信任。当二者其一发生动摇时，伙伴型关系就可能向其他社会关系类型转化，且最可能转为冲突型关系。儿童心理发展学根据争吵频率、沟通是否充满压力、能否配合改变日程、对于孩子的话题能否理性沟通等参数，将离婚后父母相处模式按照程度递进划分为四种类型：水火难容的敌人、愤怒的合伙人、合作的伙伴、完美的搭档，并将后两种类型归为良性离婚。其后续追踪研究结果表明，经历良性离婚的父母子女都从理性处理后发关系中受益，反之则受损，②如图 2。

从敌人到搭档的转化，需经由双方自律或经过一定程序他律实现。实现转化最好的中介手段是填补知识空白、心理建设与治疗、责任认知与负担。因此，合作父母并非是仅仅对关系的静态定义，还是一个动态评价机制。合作状态是离异双方内部关系的描述：双方在离异之后，在子女生活安排、教育发展、与另一方的情感沟通、抚养费支出等影响子女重大利益的事项上应本着配合、鼓励、善意的态度面对。评价机制则是法院对于双方是否合作的评价，属于外部关系。法院评价父母是否释放合作态度，应通过建立父母责任评价清单实现，如表 1。

---

① 最高人民法院咨询委员会副主任杜万华在“德州杯”家事审判论坛上的总结讲话中特别提到：“在审理家事案件时如何明确家庭成员的角色、规范家庭成员的行为？……现在好多当丈夫的不知道怎么当丈夫，当妻子不知道怎么当妻子，当儿子的不知道怎么当儿子，当女儿的不知道怎么当女儿，各自的行为规范是模糊的。下一轮改革应该要通过审理家事案件把这一类规范予以明确、宣扬，予以实施、推广。这样才能构建和谐家庭。”(孟详刚.家事审判研究——“德州杯”家事审判论坛优秀论文选[C]. 北京：人民法院出版社，2018:15.)

② 邓林园等．离婚对儿童青少年心理发展的影响：父母冲突的重要作用[J]. 心理发展与教育，2016(32):262.

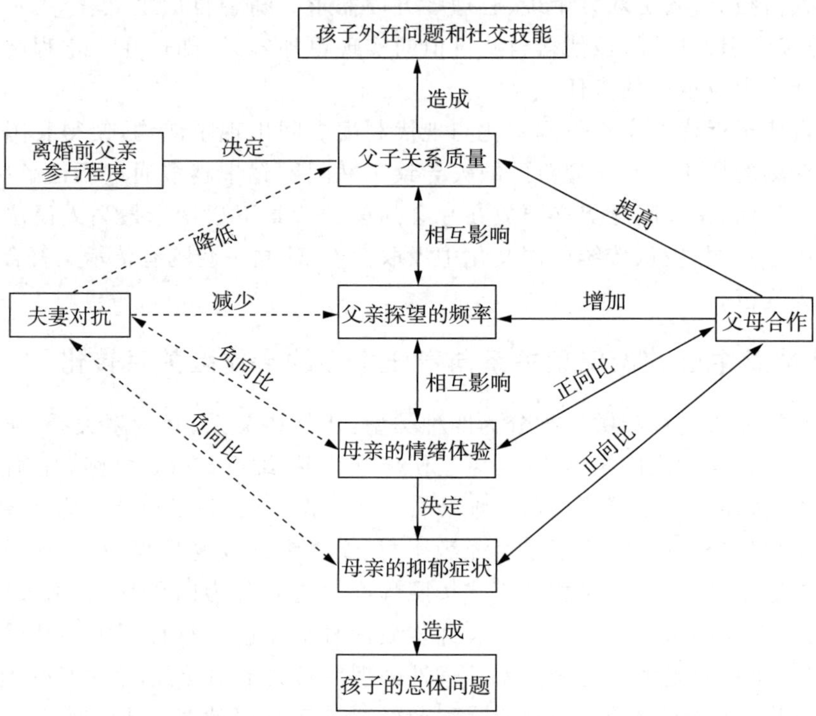

图 2　以母亲抚养父亲探望为例，说明离婚后父母养育方式对双方及儿童的作用机制

表 1　进入司法程序的父母责任正负面清单及后果

父母责任	内容
正面评价	1. 尊重子女意愿； 2. 愿意接受和配合调查，如实向法官陈述子女生活、就学现状，与对方共享子女信息； 3. 不向子女传导对方的负面评价等离间行为； 4. 主动加强子女与非直接抚养人的直接联系和互动； 5. 妥善运用抚养费，与对方共享信息； 6. 未与对方协商不携带子女离开现住所长期居住或离境。
负面评价①	1. 阻挠或以不当方法妨碍调查； 2. 对于配合对方实施探望权做虚伪承诺，以骗取抚养权； 3. 隐匿子女、将子女拐带出国、不告知未成年子女所在等行为； 4. 有离间行为灌输子女不当观念，恶意诋毁他方以左右子女的意愿； 5. 不接受法官提出的双方和解会面方案； 6. 不试行抚养探望的和解计划； 7. 不履行支付抚养费； 8. 不向生效法律文书确定的直接抚养人交付子女； 9. 不配合协助对方探望、履行轮流抚养义务； 10. 离婚后通过各种全媒体渠道发布诋毁他方的言论或在亲友圈对他方进行恶意评论，人为制造“对抗”氛围的。

① 部分参见邓学仁．善意父母原则之内涵与落实[J]．台湾法学杂志，238:101-103.

续表

父母责任	内容
清单意义	1. 正面评价行为可认定为合作父母； 2. 负面评价行为会被认定为非合作父母； 3. 上述清单中的行为直接影响抚养权归属和探望权实施频率。

三、转化：促进合作、恢复秩序

对家事纠纷而言，事前预防比事后诉讼更有利于家庭和谐与社会稳定。合作型关系构建，首先应在家事诉讼之前增设父母责任教育程序，构建以平复情绪、修复亲子关系为主要内容的治疗性调解机制。治疗性调解机制还兼识别“危机婚姻”与“死亡婚姻”之功用：对于危机婚姻，采取修复夫妻关系的理念；对于无法挽救的婚姻，则应转变治疗方向以促进亲子关系得到更好安排，把劝“和好”转为劝“合作”。

（一）父母责任教育：推动离异父母从无知到良知

为了推进对抗夫妻向合作父母角色转化，应当对父母在离婚后的行为规范、后果告知、对子女的影响等方面进行责任教育。实施父母责任教育的目的在于促进父母与子女关系良性发展，降低离婚夫妻的冲突，实现离婚后共同合作和养育。因内容具有教化性，形式设计应以直观、易接受为主，可采用较符合诉前责任教育特点的视频、问答式指南或手册为载体。父母责任教育应当是所有亲子案件进入司法领域前必须为之的课程，应在审判和执行阶段连贯进行，但在不同阶段各有侧重。审判阶段重在建议离婚夫妻双方接受父母责任教育以促成双方理性思考离婚事宜，关键在于修复。执行程序的父母责任教育则应当侧重父母职责，尤其是离婚后的父母责任，更多的是强制告知。在接受父母责任教育后，还应对其学习效果进行验收，以父母问卷测试形式进行，测试结果成为哪一方更适合抚养的参考依据。父母责任教育的形式如图 3。

图 3　父母责任教育的形式和内容

（二）治疗性调解：助力离异父母从和好到合作

裁判的牙齿咬不痛离婚夫妻相互伤害的手。法院作出的生效裁判虽可通过强制执行的方式得到兑现，但却无法缓解当事人对立的关系。从全球家事纠纷处理模式看，将离婚纠纷解决的重心转为还原离婚后父母子女关系，以综合处理为原则，强化整合法学、心理学、社会学等相关学科资源进行多元化解，已成为现今家事法的主要方向。美国学者戈尔丁曾说：全面治疗是解决家庭矛盾的最佳途径，它可以调和冲突双方的个性和人格，消除纠纷产生的根源。① 治疗性调解是以修复亲子关系为主要内容，以儿童利益为中心的替代性纠纷解决机制，它通过非对抗方式协调父母关系，以协助父母挣脱争议的泥淖，理性制定离婚后的子女生活计划。治疗是系统工程，需多主体共同会诊，方能抓住要害，对症下药，各主体作用如图4所示。

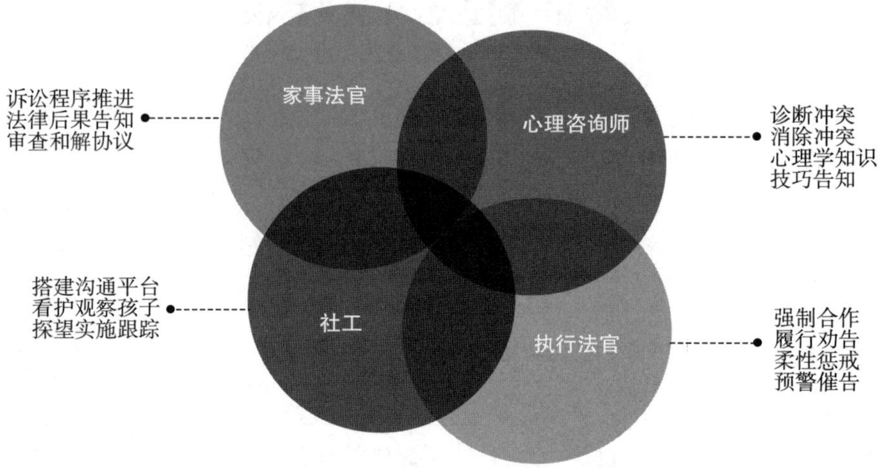

图4 角色分工图

因该程序聚焦于“治疗性”，心理咨询师介入治疗性调解尤为重要。如果把问题家庭视为患病家庭，心理咨询师则是做出诊断的医生。他运用专业技能，与当事人建立信赖关系，并在与当事人沟通中，通过双方陈述的琐碎家庭生活细节及对对方的评价等，发现病灶。法官则是程序控制者、利益平衡启发者以及法律后果教育者。在心理咨询师通过专业评估抓住病灶并明确双方心理需求后，法官可帮助双方辨清争议、分析利弊、评估履行的自律性，围绕问题引导双方自行达成操作性强、后续冲突少的协议。有的案件还需要社工的加入，社工在子女需要陪同时出面予以陪伴并建立信任关系，以发现孩子真实的想法。在父母双方尚无法沟通时，社工则可发挥桥梁作用进行信息传递，消除沟通障碍。再如一些特殊案件的执行，还需社工陪同执行。法官、心理咨询师、社工相互配合，促进自律性协议的达成及抚养、探望权的履行，在当事人不履行协议进入执行程序时，执行法官亦与心理咨询师和社工分工合作。治疗性调解流程如图5：

① [美]戈尔丁. 法律哲学[M]. 齐海滨，译. 北京：生活·读书·新知三联书店，1987：224-225.

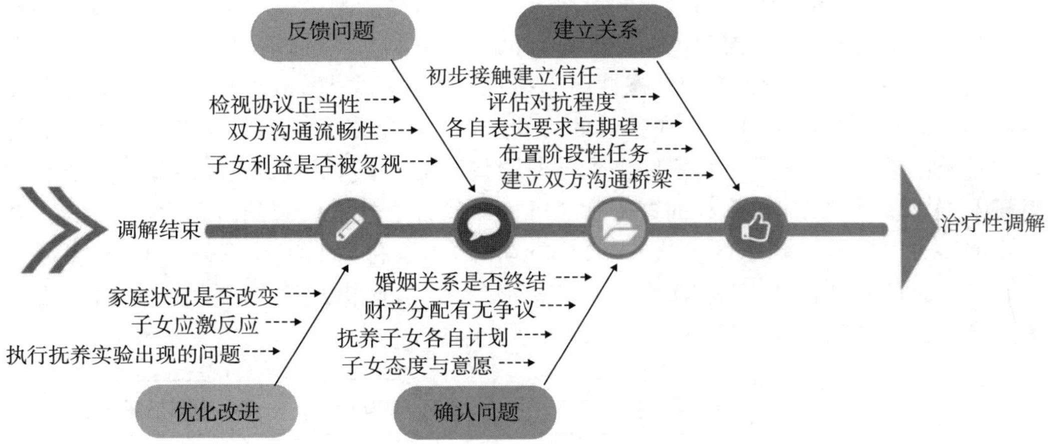

图 5　治疗性调解流程图

四、惩戒：识别离间、强制合作

家庭地位的不平等要求法院对弱势群体给予特殊保护，这是司法实现实质性正义的价值追求。然而，因受父母冲突左右，子女很容易受到同住一方的影响和压力。对抗夫妻对子女进行心理压迫最突出的表征则是离间与裹挟，以达到对另一方进行报复的目的。更体现不合作的表现是在进入执行程序后，父母刻意阻断子女与另一方保持密切联系。因此，当法院发现执行过程中，父母存在离间行为的，应当由公权力以强制力介入保护。

（一）分类识别：辨析对抗程度及恶意离间行为

根据对抗程度，离异夫妻可分为轻度、中度和重度对抗三种冲突类型。[①] 轻度对抗是双方均愿意就孩子抚养问题进行协商，需在帮助下总结问题、找到最佳方案。中度对抗是指双方矛盾积累较深、沟通渠道不畅通，就抚养权争夺意愿强烈，但经过教育可以转变态度。重度对抗是指双方因矛盾过于激烈，抗拒对话或会面，难以就任何问题进行协商，且存在相互攻击、报复等行为，经过多元化解机制难以促成其会面商谈。分类的意义在于，根据双方对抗程度不同，投入不同的司法资源，采取不同的“治疗方式”，在中、重度对抗夫妻中关注发现可能产生的离间行为。

父母并不必然维护儿童权益，为了儿童最大利益，公权力机关理应介入。[②] 当前社会对未成年人遭受遗弃、虐待等权利明显受损的行为高度重视，且第三人通过与子女接触也比较容易发现异常。但如样本案例中小宝所受到父亲言语挑唆、施加心理压力等离间行为，但却未引起重视。未成年人享有与父母及其他亲属交往的权利，[③]离间通常来说是一个心理学

---

① 王大任等．关于父母冲突的研究综述[J]．辽宁师专学报(社会科学版)，2003(4)：92-93．

② 夏吟兰，林建军．人权视角下儿童国家监护制度的构建[M]//夏吟兰主编．从父母责任到国家监护——以保障儿童人权为视角．北京：中国政法大学出版社，2018：333．

③ 薛宁兰．我国亲子关系立体的体例与构造[J]．法学杂志，2014(11)：39．

范畴的概念，但在司法领域依然可见其身影。按照离间行为对子女影响的轻重，可将离间行为按照程度分为主动离间、被动离间与病态离间。子女对父母的亲近与结盟行为实际上是子女接受离婚后一方直接抚养的状态并与直接抚养人主动靠拢，故可称之为主动离间；而被动离间和病态离间则产生自子女在父母的持续洗脑、言语诱导与精神压迫中被动接受的结果。主动离间情形下，子女内心依旧需求与非同住人构建亲子关系，也较容易修复。被动离间对子女损害较为严重，且在对抗夫妻角色下极易从普通的被动离间转化为病态离间，暨指父母亲的一方以明示或默示的沟通、观察或行动等方式，利用不实或不公平证据，侵蚀子女对他方父母亲的爱和信任。① 在识别出病态离间行为后，应由国家公权力介入，矫正直接抚养方对子女的心理伤害。如图 6：

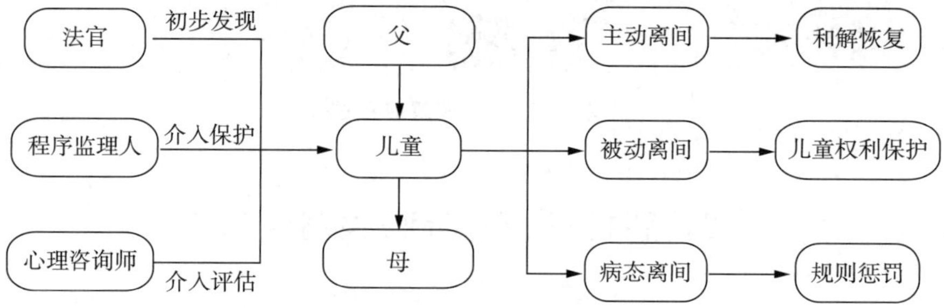

图 6　离间行为识别路径

(二)强制合作：从柔性圆融到强制靠拢的执行路径

执行程序应从两个方面入手：一是采用柔性劝说和间接强制措施抑制仇恨并释放善意，引导对抗夫妻承担父母责任，将关注焦点转向实现子女利益；二是运用执行威慑力对非善意父母进行惩戒与警示，对病态离间子女的父母进行训诫与规制，强制推动对抗夫妻靠拢，履行合作具体事宜。

1. 从履行劝告到前置和解。执行法官不宜直接采取强制执行措施，应搜集审判期间的相应信息以了解该家事案件整体情况。并先通知各方当事人到案做履行与否、时间及计划、子女状况、会面可能性等信息调查。以期实现如下目的：①对家事纠纷做整体了解，便于执行过程中制定计划及应急方案；②对涉案父母是否为对抗夫妻，填录父母责任评价清单；③对与子女同住人是否存在病态离间行为进行初步诊断，把握真实的子女意思；④给予离异夫妻缓冲时间，引导其认识合作之益与对抗之损。随后应组织离异夫妻双方进行强制的执行和解，促使各方当事人认清当前形势，明了拒不执行之法律后果。通过促成两相对抗之夫妻会面商谈，法院可观察和判断谁相较之为非善意父母，引导父母聚焦子女权益，就抚养费支付、子女抚养及探望等具体内容拟定执行计划，或形成短期试行方案。

2. 从间接执行到直接执行。如一方父母有能力拒不执行探视、交付抚养等行为，可采取从轻到重的间接执行措施。值得注意的是，在采取拘留措施时，执行法官应进行综合评估，可选择将子女委托其他可靠亲属（或作为执行当事人父或母另一方）、就读学校及儿童福利机构等进行临时观照。拘留期间，子女的托管费用应由被拘留人承担并可由法院强制扣

① 洪远亮．简析会面交往的离间现象及司法因应之道[J]. 法学新论，21:73.

划。直接执行的方式暨直接由法院将子女带离同住人。在采取强制交付子女措施时，则可参考台湾地区在《强制执行法》中确立的“取交”[①]的直接执行方法。在“取交”时，应当拟定执行计划，同时可请求警察、医疗、学校、社工等相关部门予以协助，在执行过程中安抚子女情绪，并注意其人身安全。[②]

3. 从预警催告到追究刑责。执行预警催告制度可将拒不履行探望、交付抚养或支付抚养费可能面临的罚款、拘留以及追究刑事责任等法律后果告知行为人；明确行为人在执行程序中做出的阻拦、离间、暴力抗拒及其他各种不利子女利益的行为，将被执行法官评价为非合作父母，按照父母责任评价清单进行数次行为评价后，执行法官将向家事审判庭提交《非合作父母行为报告》，作为将来变更抚养权的备案登记。当对抗夫妻已经以抗拒执行的方式损害未成年子女利益时，则应当被规制与惩戒。尤其对妨碍子女交付、多次拒不履行交付或探视行为，且经罚款、拘留后仍不改正的应当认定为拒不执行，追究其刑事责任。

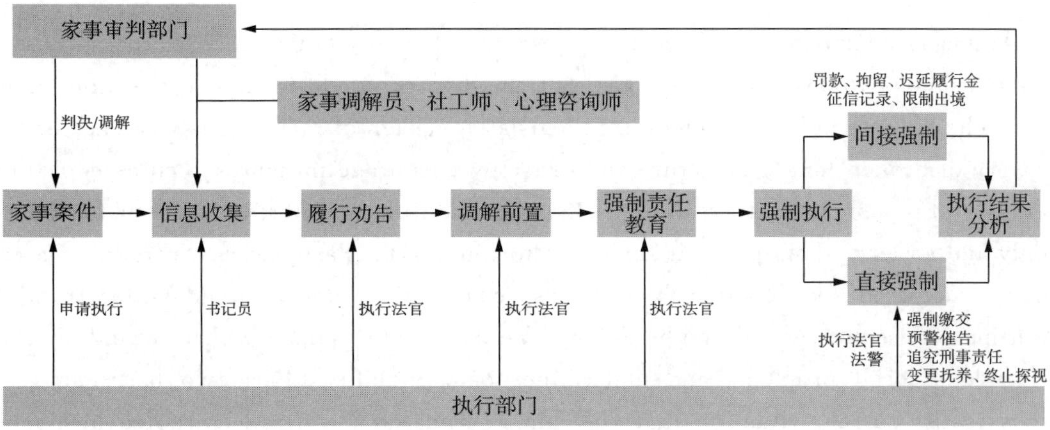

图 7　亲子案件审执流程图

结　语

“万物皆有裂痕，那是光进来的地方。”[③]家庭破裂的儿童需要社会更为温暖的光照。而事实上，父母对于子女养育模式以及父母之间冲突类型的科学研究，一直未走出社会学、心理学和教育学领域，更未正式进入法学的研究范畴。考虑到我国的国情，通过教育、宣传而唤醒离异父母合作抚养孩子的意识，进而上升为立法规范、具化到司法活动中，从而真正实现儿童权益最大化原则，还有很长的路要走。陷入高冲突离异父母旋涡中的困境儿童，是家

① 台湾地区《强制执行法》第 128 条第 3 款规定，执行名义，系命债务人交出子女或被诱人者，除适用第一项规定外，得用直接强制方式，将该子女或被诱人取交债权人。

② 台湾地区《家事事件法》第 195 条规定，以直接强制方式将子女交付权利人时，宜先拟定执行计划；必要时，得不先通知债务人执行日期，并请求警察机关、社工人员、医疗救护单位、学校老师、外交单位或其他有关机关协助。前项执行过程，宜妥为说明劝导，尽量采取平和手段，并注意未成年子女之身体、生命安全、人身自由及尊严，安抚其情绪。

③ 出自加拿大歌手、诗人莱昂纳德·科恩的《颂歌》。

庭问题和问题家庭在审判实践的浓缩体现。孩子所依赖父母的,并不是生活的一部分,而是全部。① 家事司法如何回应现实需求,已是改革的重要命题。我们不但要在个人的今昔之间筑通桥梁,而且在社会的时代之间也得筑构桥梁。② 但我们坚信,在全社会共同努力下,"离婚不单亲,爸妈爱还在"将不会是父母离异儿童不可触及的梦想。

From Fighting Couples to Cooperative Parents: A Research Centered on Parental Responsibilities

Huang Dongyang　Lu Xu　Fang Jun

(People's Court of Haicang District, Xiamen, 361026)

Abstract: This paper starts with the research of family ethic and has a perspective of family sociology to discuss the changes that the divorce would bring and questions might raise. The authors hold the opinion that legislative design of marriage law can achieve the recovery of broken family structure and order by encourage measures such as education, therapy and punishment, to realize the maximization of the interest of minor children in family and society. This paper is divided into four parts. Part one has introduced a case study of divorced spouse: the children, especially minor ones, would suffer from the upsetting consequences of high-conflict family relationship, which would become tremendous social problems and undermine social stability. Part two has manage to discussed the current situation that the family ethics and codes deep-rooted in Chinese history has undertaking the shock of modern civilization. The authors have sorted out the several reasons and discover the fundamental one: there are no such values as parents' responsibility in our society. The trials of family cases should convey such values that cooperation between parents rather than confrontations. Part three has introduced some specific regulations on parents' cooperation by education and therapeutic mediate in trials and executions. Part four has focued on parents who refuse to cooperate. The authors put emphasis on the recognition of those young victims who suffer the maltreatment from their parents, especially in regards to behavior that coming between children and one parent. With regard to cases under execution, the court should take responsibility to build a new execution system that provides compulsory measures to parents in order to obtain healthy environment for children.

Key words: cooperation between parents; parents' responsibility; social relationship types; maximization of the children interest

---

① 费孝通．乡土中国生育制度[M]. 北京:北京大学出版社,1998:122.

② 梁治平．法辨:法律文化论集[M]. 桂林:广西师范大学出版社,2015:19.

家事纠纷规范解决:示范证据的价值与提倡

泉州市鲤城区人民法院家事诉讼示范证据研究课题组*

内容摘要:鲤城法院作为最高人民法院部署家事审判方式和工作机制改革试点工作的试点法院之一,所进行的家事示范证据改革,系立足于根据家事当事人争议焦点,对各个案卷类型进行划分,然后确定待证事实,再根据待证事实罗列证据事项,针对该类型案件提供完整证据要素清单的示范举措,已取得初步成效。本文将从家事诉讼示范证据体系预设展开,从示范证据的指导性、实体性、体系性三个方面界定作为预设前提的家事诉讼示范证据,继而从家事证据可视化角度就待证事实认知示范、证明责任认知示范、证据能力认知示范、证明力认知示范四个内容分析证据示范体系,并就家事诉讼中的举证责任分配、示证说服、证明不能后果、案件事实认定等难点进行证据证明示范,从而尽力完成规范意义上的示范证据体系化改革内容设定。

关键词:家事诉讼;示范证据;证据可视化

一、问题意识与研究切入

最高人民法院于2016年5月11日召开家事审判方式和工作机制改革试点工作视频会议,全方位部署推进试点改革工作,整个改革的主导方向有二:一是试点法院以构建以非讼调解社会联动模式为改革重点,强调对情感危机的情绪性安抚和调处。但法院调解在钝化社会矛盾、妥善解决转型时期各种复杂纠纷方面的同时,也潜藏了片面追求调解结案存在诸多局限和不足,滋生了胜诉方实体权利的一定程度放弃的“廉价正义”问题,家事诉讼作为最后的救济手段,其维护当事人合法权益的功能无法得到最大化实现,也降低当事人对法律的信服感,法治权威在婚姻家庭领域深受动摇,并伴生出“讼累”“耗费”“迟延”等问题。二是各试点法院以强化家事诉讼当事人的诉讼权利、调动诉讼双方的积极性为改革目标,但与之配套的证据制度改革却未引起重视,导致支持权利的证据体系未能联动上述权利面向的保障,反而在家事这一因熟人关系去法律化的场域内,出现“证据稀缺”而掣肘上述权利实现的改革难以自洽问题,并影响了家事诉讼改革的实效。

---

* 泉州市鲤城区人民法院家事诉讼示范证据研究课题组负责人陈慰星,法学博士,华侨大学法学院教授、国际学院副院长;课题组主要成员如下:李清坝,鲤城区人民法院院长;苏墨祥、许少波、曾佳扬、吴志婷、辜伟隆、郭昕婕、王飏溦、蔡晓莲、丁晓、郑英好,均为鲤城区人民法院法官。

作为试点法院之一，泉州市鲤城区法院（以下简称鲤城法院）地处海丝起点的文都泉州核心地区，不仅根深于闽南传统文化家庭价值观的影响，也深受泉州改革开放背景下各种新的观念的冲击。鲤城法院于 2014 年开启了家事纠纷专业化审判之路，家事审判的整体社会效果直接影响和谐社会的构建。泉州鲤城法院为适应新形势下新的审判需求，提高审理家事案件的效率和专业化，以家事审判方式和工作机制改革试点法院为平台，探索独具特色的闽南家事和解文化，并在此基础上，针对前述现代家事司法的调判痛点，正在进行家事示范证据的改革探索。通过发布证据示范名录、创建典型性案例链接、提供触摸屏解说等具体改革措施，为个案当事人和社会公众提供直观的家事诉讼要素式指引，已取得初步成效。本文所聚焦的鲤城法院推行家事诉讼示范证据制度改革，就其改革目标而言，在于如何破除片面追求调解结案的固化思维，将“法律规范化解决”作为处理家事诉讼纠纷的主导方式，通过家事诉讼证据示范，降低证明成本、提高诉讼效率、规范事实认定、提高裁判准确性，克服家事证据运用困难带来的审理困境，推进家事证明司法能动机制。

毫无疑问，这种积极前探的尝试，在于对全国正在如火如荼开展的家事诉讼司法改革的一种反向思考。鲤城法院的家事示范证据改革，立足于根据家事当事人争议焦点，对各个案卷类型进行划分，然后确定待证事实，再根据待证事实罗列证据事项，针对该类型案件提供完整证据要素清单的示范举措。鉴于其取得成效，本文并未考虑落脚于对示范证据清单改革单向度的证成性分析，抑或是在价值层面完成其正当性的论证，而将就完整的示范证据改革所应指涉的完整内容予以勾勒，并就家事诉讼中最为“难断”的争点证明诸多面向予以回应，从而完成规范意义上的示范证据体系化改革内容设定。或许，这种示范证据式的思想式样，本身也就是当下热烈的司法改革中一种值得尝试的“沙盘推演”，并循向一种更具整全性的家事司法改革顶层设计。

二、家事诉讼示范证据体系预设展开

（一）作为预设前提的家事诉讼示范证据界定

在具体的实践中，家事诉讼示范证据被设定为法院为克服家事诉讼案件举证难、查清事实难、审理难等问题，对内容庞杂的家事案卷进行梳理，对争点各异的家事诉讼纠纷作出类型化划分，明确家事诉讼类型案件的争议待证事实，结合家事纠纷特殊性和家事审判工作经验，归纳家事纠纷中涉及的各个诉讼要素，针对各类型家事诉讼案件的待证事实，进行证据类型展开和证据事项罗列，并向社会公众发布，完成直观的“要素式”示范。从其具体的特征来看，主要有如下几个方面：

首先，示范证据的指导性。基于家事诉讼示范证据的制定和发布机关所具有法律地位上的权威性，以及家事诉讼示范证据将晦涩抽象的法律规定转化为直观具体的运用示范的过程中所体现出的法理上和学术上的权威性，家事诉讼示范证据体现出特有的指导性。其指导性包括两个层面：一是，家事诉讼示范证据通过对类型案件待证事实和举证责任的确定，罗列相对应的证据事项，指引家事当事人在家事纠纷发生后有目的性地、有针对性地进行证据收集，并在诉讼活动中提供充分、完备、适格的证据，证明其诉讼主张，说服法官完成认定;指引家事当事人审验对方当事人提供的不利于己的证据,进行质疑和责问,针对对方当事人的主张事实提出有效的反驳和辩解。二是,家事诉讼示范证据规范审判职权对诉讼活动的介入。法官在家事诉讼过程中的任务就是进行适当的法官释明,引导当事人针对待证事实进行举证和质证,并且通过证据运用完成对案件事实的认定,最终适用法律明确当事人双方权利义务的归属。在这一系列活动中,需要对法官职权的行使进行制约和监督,充分发挥家事诉讼示范证据的指导性,完成对法官释明和法官认证的规范。

其次,示范证据实体性。涉及当事人双方实体权益争议的实体法事实,是家事诉讼中最主要的证明对象,需要当事人运用证据加以证明。家事诉讼示范证据作为指导诉讼主体在证明活动中正确运用证据的工具和手段,其实体性就体现在两个方面:一是家事诉讼示范证据的功能。即指引家事诉讼当事人双方对涉及实体权益争议的实体法事实展开证明,规范法官明确家事诉讼纠纷的实体权利义务关系。二是家事诉讼示范证据的价值。即查明案件客观真实,追求司法实质公正。

最后,示范证据的体系性。家事诉讼证明活动由取证、举证、质证、认证等环节构成主线,法官释明与心证公开贯穿其中。家事诉讼示范证据的示范内容和运用规则涵盖家事诉讼证明活动的各个环节,构成完整的体系。随着家事诉讼证明活动的推进,家事诉讼示范证据逐步完成了对证据运用的示范,包括待证事实确认示范、当事人举证示范、法官释明示范、法官认证示范,家事诉讼示范证据运用规则也相应地完成了体系上的构建。

衔接上述三大诉求,完整的示范证据体系应涵盖待证事实确认示范、当事人举证示范、法官释明示范和法官认证示范四个部分。待证事实确认示范就是把待证事实以直观生动的实物或范本的形式展现给当事人,使当事人对家事纠纷事实的认识凝结在对待证事实的具体内容上,明确了当事人收集证据的范围,限定了举证的范围,限定了裁判认识的视域。举证责任确定,关系到原告与被告起诉和答辩时各需主张哪些要件事实,通过当事人举证示范将当事人的举证责任分配清楚,极大地为当事人举证提供便利。而法官释明示范则规范法官释明的标准和程度,法官以询问、告知等方式向证据能力较低的当事人释明具体案件需要证明的对象、所需的证据种类及相关事实的证明程度,弥补当事人在诉讼能力中的不足。法官认证示范,法官的认证部分应通过在裁判文书中以心证公开的方式进行确认,示范性"认证"内容公开,形成典型的证据示范,可以为法官裁决案件提供参考和指引。示范证据改革在司法效果上致力于实现从家庭情感干预到法律要素指引的转变,克服家事诉讼案件举证难、查清事实难、审理难等问题,为推进家事诉讼改革提供研究路径,促进家事诉讼纠纷最终的有效解决。

(二)家事证据可视化:证据示范的体系分析

1. 待证事实认知示范

在我国家事诉讼司法实践中,大多数家事当事人普遍法律认知水平较低,缺乏专业的法律知识,容易将案件事实与待证事实两个概念相混淆,错误理解了二者的联系与区别,而取证和举证又是以待证事实作为证明对象,故对待证事实的认知偏差无疑会增加当事人的证明成本,阻碍家事诉讼证明活动的推进,影响家事诉讼案件审理的公正和效率。鲤城法院既有的示范证据清单,就是对这一问题提出的基层司法回应。

在我国证据法学理论中,待证事实不同于案件事实。案件事实较为抽象和模糊,是对法律规定的行为构成的综合判断;而待证事实则对应于具体和明确的证明对象,不同的待证事实指向不同的证明方向。待证事实是案件事实中需要当事人或法官运用证据予以证明的事实,即待证的案件事实。要查清案件真相,必须将案件事实进行拆解,将待证事实与已知事实和已证事实作区分,运用证据对待证事实予以证明,最终才能使案件事实变得清晰明了。

家事诉讼中,当事人对家事诉讼案件待证事实的认知错误主要表现为,略过对家事诉讼案件事实的拆解过程,直接将抽象模糊的案件事实等同于具体明确的待证事实作为诉讼证明的对象,这一逻辑错误导致证明方向的偏差,造成证明对象的模糊。家事诉讼示范证据对当事人法律认知的指引,第一步就是对待证事实确认的示范,以纠纷内容的不同为标准对家事诉讼案件进行类型化划分,再通过对诉讼主张事实、实体要件事实和争议事实的判断分析,完成待证事实的确认,指引家事当事人在各类型家事案件中准确定位特定的证明对象,明确证明方向。

2. 证明责任认知示范

不论是证明责任性质的理解,还是证明责任术语的采用,目前学界均存在相当程度的混乱,主要是由于证明责任及相关术语极具高度抽象性,容易基于主观认知偏差而对术语的采用做出不同的选择,进而对其概念、性质和分配产生不同的理解,引发歧见并争论不止。在法学专家云集的理论研究领域尚且如此,对于普遍缺乏法律专业素养的社会公众来说,更是容易先入为主地依其字面意思产生片面甚至偏离本质的误读。

将这一问题具体到家事诉讼个案中,不难发现,证明责任相关理论的高度抽象性和由此引发的误导性,使得家事诉讼当事人难以基于正确的认知而做出正确的选择,由此引发了证据不充分或证据不完整等问题,严重阻碍了家事诉讼证明活动的有序、高效进行,不利于案件客观真相的查明和矛盾冲突的厘清,加大了家事审判的难度和成本,当事人的权益往往难以得到有效的保护,纠纷难以得到公正的解决。

鉴于家事纠纷所涵盖的内设逻辑要求纠纷的解决应更具温情的偏向,以及满足血缘关系或生活上的紧密型与情感性所期盼的融洽关系,①基于这一观点,较宜在家事诉讼中实行有限的辩论主义。有限辩论原则即法院可依职权斟酌当事人未主张的事实,法院完全不受当事人主张事实和提供证据的约束。通过家事诉讼示范证据要素清单将法院依职权可能要求提供的证据予以示范,更好地指引当事人提供证据。通过对家事诉讼纠纷的类型化划分,归纳各类家事诉讼案件可能存在的争议焦点,明确待证事实,示范证明主体、证明对象、举证事项、证据形式和举证不能的后果,指引家事诉讼当事人针对己方提出的对己有利的争议事实运用证据予以证明,或者反驳对方提出的对己不利的诉讼主张,为当事人固定证据、保存证据、收集证据做出示范,指引个案当事人和社会公众在操作层面上形成对双方证明责任更为直观的理解与认知,指引当事人举证证明,预设当事人举证不能可能承担的不利诉讼后果。

3. 证据能力认知示范

证据能力是指某种事实材料能成为诉讼中的证据以认定案件事实的资格和条件。② 为维护家事诉讼当事人的实体权利,确保审判的公正性,只有具备关联性、合法性、客观真实性

---

① 齐树洁,邹郁卓. 我国家事诉讼特别程序的构建[J]. 厦门大学学报(哲学社会科学版),2014(2).

② [日]兼子一,竹下守夫. 民事诉讼法[M]. 白绿铉,译. 法律出版社,1995:100.

的证据才能作为定案根据,具备证据能力是作为家事诉讼证据的先决条件。由于家庭纠纷的隐蔽性和复杂性,家事诉讼相比一般民事诉讼,在证据收集方面已存在很大困难,加之双方当事人作为提供证据的主体,往往缺乏专业的法律知识和熟练的诉讼技能,且普遍存在举证证明的迫切心理,导致家事案件中采用暴力、胁迫、利诱等不当手段获取证据、伪造证据、证人做伪证的比例偏高,法官在面对这些混杂的证据材料时,需耗费大量时间和精力才能完成争点整理和证据认定,无形中增加了诉讼成本。而且,法庭辩论通常也是围绕证据展开的,证据材料的混乱往往也会导致双方辩论的混乱,降低了审理效率。

家事诉讼示范证据通过常见证据类型展开和证据事项罗列,使得家事证据能力的认定具有可预测性,引导家事诉讼当事人对证据关联性、合法性、客观真实性形成正确的认知,指导当事人从证明诉讼主张、维护实体利益的目的出发,尽量收集提供适格证据来论证自己的观点、反驳对方的主张,说服法官形成内心确信并作出对己有利的结论。

4. 证明力认知示范

通过调查证据方法而感知的材料叫作证据材料。证据材料对认定要件事实能否起作用的影响力叫作证据力或证据价值,亦即诉讼证据的证明力。[①] 法官作为家事诉讼案件的裁判者,除了需要完成证据材料的收集调查工作,还必须审查当事人双方提交的证据材料,判断各个证据材料对认定待证事实的影响程度和作用力。

在家事诉讼司法实践中,证据是否具有证明力的关键在于是否与待证事实具有事实上、法律上和逻辑上的关联,证明力的大小、强弱由关联性的紧密程度决定。一般来说,如果家事诉讼证据与家事诉讼案件待证事实之间的联系紧密,能够有力证明待证事实,则该证据的证明力较强,在家事诉讼中所起的证明作用也较大;反之,则证明力较弱,证明作用也较小。在家事诉讼证明活动中,由于文化水平和法学素养的局限,当事人尤其是处于弱势地位的妇女、未成年人、非婚生子女、老人等,往往缺乏正确的法律认知,不能保证所提交的证据材料的证明力。

家事诉讼示范证据指导当事人形成正确的证据证明力认知,通过发布各类型家事案件的证据要素清单,引导当事人准确把握证据资料证明力的大小,对各个证据材料对证明案件待证事实的影响力做出正确的判断和比较,并有针对性地、高效率地进行证据的收集,进而提高当事人的举证能力、节约当事人的诉讼成本。

三、家事诉讼示范证据证明示范

如果说上述的证据示范,更多是面向当事人提供关于案件事实的法化规范理解以及涵盖于法院释明权范畴内,指向涉及案件证明什么(待证事实)、由谁证明(证明责任)、如何有效证明(证据能力与证明力)的可视化说明,则有必要在司法改革的闭环,沿循在具体司法证据示范过程中,还需要观照的具体举证责任分配的示范公开,而非单纯将其局限在法官释明的维度,以避免其主观性可能存在的适用不一问题,以此延伸到证明的后部,包括说服责任与证明不能后果的晓谕,也同样可以借由动态的证据示范体系予以明示,并最终落脚于对案

① [日]兼子一,竹下守夫.民事诉讼法[M].白绿铉,译.法律出版社,1995:100.

件事实的认证示范，防止心证公开的个案化造成的当事人对裁决结果的“认知错愕感”，或者说是一种事后的心证公开后落差。

(一)举证责任分配示范

“鉴于法院有限的人力、物力，为提高程序的效率，仍应将一定的证据收集、提出任务分配给当事人。”①因为“只有当事人才是推动诉讼进行和案件真实发现的原动力”。② 举证责任的确定，是家事诉讼当事人进行司法证明活动的重要前提。举证责任的分配，直接关系到法官裁判的结果。家事诉讼示范证据以诉讼要素清单为载体，对举证责任的分配进行了示范。家事诉讼要素清单相比一般民事司法活动中的“举证通知书”，更具备示范家事诉讼当事人举证责任分配的指引机能。家事诉讼纠纷的类型化划分、各类型家事诉讼案件待证事实的归纳、哪一方当事人对该待证事实具有举证责任、家事诉讼证据类型的展开、常见证据事项的说明等问题，均得以详细、具体、直观地体现在示范要素清单上。这种“要素式”指引的功能，既体现在使家事纠纷主体在纠纷发生后能够有意识地、及时地进行证据固定和证据保存，掌握完整、充分的证据资料，为进行家事诉讼证明活动做准备，又体现在当家事纠纷进入诉讼场域后，能够于起诉状和答辩状中有选择地、有针对地提交所掌握的证据资料，以查明案情澄清家事纠纷发生的因果关系，使家事纠纷得到正确的解决。

另外，家事诉讼示范证据的举证责任分配，弥补了民事诉讼一般证明规则与家事诉讼特殊性的冲突，结合家事案件纠纷的特点，重新审视了家事案件的举证责任分配规则，并对特殊案件当事人的举证责任进行特殊的分配。由于家庭生活的隐秘性和家事纠纷的隐蔽性，加之当事人之间信息不对称、诉讼能力差距大等问题普遍存在，相比一般的民事诉讼，家事诉讼证据的收集本就存在很大的难度，若在确认亲子关系、确认收养关系，追索赡养费、抚养费、抚育费等案件中，机械适用“谁主张，谁举证”的举证责任分配规则，要求未成年人、老年人等弱势群体承担举证责任且达到“证据确实充分”的证明标准，否则将承担败诉风险，将阻碍诉讼证明活动的顺利进行，加大案件事实查明的难度，甚至产生与案件客观真实相矛盾的审判结果，与家事诉讼“发现客观真实，追求实质公正”的价值取向相背离。

(二)示证说服示范

家事诉讼中，法院不得逾越当事人主张的诉讼标的范围而为突袭性裁判，禁止法院就当事人未主张的诉讼标的进行审判。③ 示证说服，指家事诉讼当事人针对特定的待证事实，向法庭出示证据并予以证明，以说服法官达到内心确信并将其主张的事实认定为案件事实，最终形成对其有利的诉讼结果。示证说服的内容是特定的待证事实，示证说服的标准是法官的内心确信。由于家事诉讼当事人尤其是弱势群体的法律认知和诉讼技能的局限，在证明活动中完成示证说服存在困难。家事诉讼示范证据对当事人的示证说服提供指引，通过证

---

① 邱联恭．处分权主义、辩论主义之新容貌及机能演变——着重评析其如何受最近立法走向所影响及相关理论背景[J]．民事诉讼法之研讨(九)，2000：308-309.

② 唐力．辩论主义的嬗变与协同主义的兴起[J]．现代法学，2005(6).

③ 许士宦．离婚请求之诉讼标的选定及其裁判基础之事实证据收集(上)[J]．月旦法学教室，2014(137).

据要素清单、诉讼要素表等形式，示范类型家事案件的待证事实和足以使法官达到内心确信的证据事项，指引当事人收集证据并以此进行示证说服。简单来说，就是告知当事人对于类型家事诉讼案件，为证明特定的待证事实，应当出示哪些证据材料，才能使法官达到内心确信，进而实现诉讼目的。

例如，根据家事诉讼示范证据，在婚姻纠纷案件中，为证明“登记一方存在欺骗对方，或者在结婚时弄虚作假，骗取《结婚证》”的待证事实，以符合离婚诉讼中“夫妻感情确已破裂”的实质要件，当事人应当出示的证据资料有：被伪造或涂改的户口簿、身份证、婚姻登记证书或其他证明材料（包括结婚证、离婚证、死亡证明、法院判决生效书、法院调解书、照片等）；或是在婚姻登记时，故意隐瞒当事人无民事行为能力或限制民事行为能力，骗取婚姻登记的相关证据；或是冒名顶替或使用他人身份信息骗取婚姻登记的相关证据；或是隐瞒婚姻史办理婚姻登记的相关证据；或是未如实填写婚姻登记的相关声明书等。通过提供以上示证说服内容，证实过错方确实存在欺骗或者弄虚作假，从而进一步证实夫妻感情确已破裂。

家事诉讼示范证据为当事人提供了具体的示证内容及证据事项，使得当事人可以更有目的性地收集对己有利的证据材料，完成诉讼主张的证明，说服法官形成内心确信并作出对己有利的案件事实认定结论和裁判结果。

（三）证明不能后果示范

家事案件倡导法院职权探知，但并不代表司法能动的无度，司法裁判的克制与理性在家事案件中同样需要贯彻。[①] 日本学者谷口安平主张：“辩论原则与职权探知原则尽管不同，在后者的支配下当事者也不能完全免除在前一原则下所负担的责任。在当事者不积极地从事主张或举证等诉讼活动就可能招致不利后果这一意义上，家事审判等较特殊的程序同样具有当事人主义的性质。”[②]证明不能后果，即客观证明责任，是整个证明责任制度最为核心和本质的内容。在家事争点司法证明过程中，证明不能后果的确认和归属，直接关系到双方当事人的实体权利和义务的分配，直接关系到案件客观真实的发现和司法实质公正的实现，是家事诉讼特有的价值取向的直接体现。

家事诉讼示范证据对证明不能后果的示范体现于，根据纠纷内容的不同，对家事诉讼案件进行类型划分，归纳各类家事诉讼案件对应的各个待证事实，厘清争议法律关系，明确客观证明责任的分配规则的适用，进而确定证明不能后果及其归属。家事诉讼作为特殊的民事诉讼，明确和规范当事人双方的诉讼证明不能后果，既能形成证明不能后果的内容和归属的可预测性，有助于家事诉讼裁判结果的接受程度的提升，避免涉诉信访问题频发，又能强化当事人的证据意识，促使当事人积极收集和运用证据，推动家事争点司法证明活动顺利进行。

（四）案件事实认定示范

案件事实认定，指针对客观存在的事实，案件当事人双方完成各种证据材料的出示并进行充分陈述后，由法官对此形成法律判断和内心确信，并通过语言或文字的形式表达出来，

---

① 张海燕．家事程序法研究——家事诉讼证据规则的反思与重构[J]．政治与法律，2018(11)．

② [日]谷口安平．程序的正义与诉讼[M]．王亚新，刘荣军，译．中国政法大学出版社，2002：77-78．

作为裁判的依据。由于婚姻家庭纠纷的隐蔽性和复杂性,在家事司法实践中,困难的不是法律规范的寻找和适用,而是案件客观真相的还原,争议焦点主要集中在案件事实,当事人双方的攻击和防御也主要是围绕案件事实展开。正确认定案件事实是明确权利义务关系、维护司法实质正义的前提。然而,由于家事诉讼的举证困难,案件事实的认定与案件真相的发现并非易事。

家事诉讼示范证据对家事诉讼案件事实认定的规范,是通过对家事案卷材料进行大数据分析,归纳出各类型家事诉讼案件中当事人的主张事实,并经法律构成要件的涵摄形成主要事实,完成案件事实认定的第一阶段;再通过将主要事实经是否存在争议的筛选形成待证事实,完成案件事实认定的第二阶段;最后根据证据运用规则消除待证事实的不确定性,最终形成裁判事实,完成案件事实认定的第三阶段。家事诉讼示范证据为案件事实认定规则的运用提供了一种示范性的路径和模式,指导法官形成一种确定性认识,促进案件事实的认定更接近于案件真相,实现实质公正。另外,家事诉讼示范证据规范了案件事实认定的过程和标准,为诉讼参加人和社会公众提供了一个客观的参考依据来评价认定主体和裁判结果的公正性,从而减少他们对家事审判的疑问与责难。

在家事身份类案件中,当事人对诉讼标的无处分权,法院对真实事实的追求被自然化,①故当事人自认的事实不能直接被法院认定为裁判事实,而仍需通过证据予以证明。而各类型案件是否适用关于当事人自认的规定,情况不一,可以根据示范证据规则予以列明。这也衔接起家事诉讼示范证据对法官自由心证的示范,就是通过构建家事纠纷认证规则体系,在完成家事诉讼案件类型化划分的基础上,对各类型案件中的各个独立的证据提供责任、证明规则、证明能力、举证不能后果等要素的具体性审查判断及其依据进行最大程度的详尽的预测,得以弥补家事法官在个案中运用逻辑规则和经验法则时可能存在的缺陷。

申言之,在家事诉讼中,对于证据能否被采纳的问题,法官应当根据证据能力认证规则进行审查、判断、认定并阐明理由;对于证据能否被采信的问题,法官也应根据证明力认证规进行审查、判断、认定并阐明理由。法官既要对已经被法庭采信并且作为定案根据的证据作出说明,也要对那些因具真实性、合法性、关联性而被法庭采纳但却未被采信的证据作出说明,阐明其未被作为定案根据的理由。只有让当事人对法官认证的过程、结果、理由和依据产生认知和认同,才能强化家事诉讼司法信服感,发挥诉讼作为家事纠纷解决之最后途径的定纷止争作用。

四、未竟的结语

毫无疑问,泉州市鲤城区人民法院正在试行的家事诉讼示范证据改革,将是在现行的家事纠纷改革的方向主要是着眼于调解现代化与社会治理模式创新的独特尝试。在客观承认了家事纠纷处置方式强调对情感危机的情绪性安抚和调处的用处之外,着力解决了家事案件判决的比率上升带来的法院职权干预的家事审判的困境;并切实回应普通民众对于婚姻案件事实认知和诉讼证据的运用关切,以改变他们囿于获得专业法律服务不足时,收集证据

① 张卫平. 民事证据法[M]. 法律出版社,2017:120.

时漫无目的，费时费力，甚至对待证事实混乱，不懂得保存证据的不利诉讼局面。鲤城法院的示范证据改革，可以让民众直观、有形地了解该类型案件的证据实物要求。这既可以作为法官释明的工具和依据，也可以指引当事人，便于当事人的理解诉讼程序，促进法律规范化解决，以此发挥同类案件的证据示范功能，推进家事诉讼证明司法能动机制。

在社会综合治理创新的维度，结合了家事证据证明体系的整全性示范证据改革体系，还将因为其直观的表达而重新打通司法专业化嵌入社会认同体系的新通道。原因在于，家事诉讼本身就是去对抗性和轻竞技化的特殊司法场域，但是其纠纷所涉及的法律关系又因为叠加人身权或人格权等特殊内容，并交织在复杂的社会关系网络中，而难以简单地径行"唯法律判定"的"法化解纷"。当然，这并非再次滑向调解进路的改革往复，而系针砭于上述法化解纷的单向性，即这种法化造成的司法突袭，更多是在家事当事人认知法律能力的落差语境下形成的，而示范证据恰好是在于为纾缓这种落差而提供了化难为易的证据基础，将精深的专业法律知识以简易明了有形证据方式展示给双方当事人，能够充分地让双方当事人在信息平等的基础上进行诉讼，促进民众对精深专业法律知识的可视化理解，进而有利于当事人之间武器平等原则的实现。同时，证据示范的展示拉近法院裁判与民众可接受度。法院的裁判是民众了解案情审判依据的重要方式，通过示范证据，民众事先能够预测并了解举证不能的问题。同时，法官也依据示范证据依法判决，这就形成对法官的外在约束，增强自由裁量权行使的透明度，有利于当事人的监督，防止自由裁量权的滥用。民众通过示范证据可以直观地比对，对案件的具体事实与法律规定是否相符合要进行对比分析，提高民众的可接受程度，有利于家事司法从源头真正做到服判息诉、实现公正。

"未有和气萃焉，而家不吉昌者；未有戾气结焉，而家不衰败者。"家事示范证据改革以其前置于诉讼对抗的司法理性示范和直观可视化的解纷权威投射，形成了家事纠纷解决中独特的优势，也许正在家事司法现代化路上的鲤城法院实践样本，创设了呼应当事人规范解决家事纠纷的有益样本，并提供可能在中国家事诉讼改革中阙如的"法化"家事司法选项。

Normative Settlement of Family Disputes: Value and Advocacy of Demonstration Evidence

Research Group on Demonstration Evidence of Family Proceedings by the People's Court of Licheng District

(People's Court of Licheng District, Quanzhou, 362000)

Abstract: As one of the pilot courts for the Supreme People's Court to deploy the trial of family trial methods and working mechanisms, the Licheng Court has carried out a family demonstration evidence reform based on the dispute focus of the family parties, dividing each file type, and then determining the facts to be proved. The model initiative to provide a complete list of elements of evidence for this type of case, based on the list of evidentiary matters to be substantiated, has achieved initial results. This paper will start from the premise of the family litigation demonstration evidence system, and define the family litigation demonstration evidence as the premise from the three aspects of the guiding, substantive, and systematic aspects of the demonstration evidence. Then, from the perspective of family evidence visualization, we analyze the evidence demonstration, demonstration of proof responsibility, demonstration of evidence ability, and demonstration of proof power of evidence demonstration system. In order to complete the systematization reform content of the model evidence in the normative sense, we demonstrate the evidence proof in the family litigation, the distribution of the burden of proof, the persuasion of evidence, the inability of proof, and the determination of the facts of the case.

Key words: family litigation; demonstration of evidence; evidence visualization

人身保险法律制度的社会性别分析

何丽新*

内容摘要:以社会性别视角审视人身保险法律制度,克服性别歧视和偏见,真正反映和支持男女两性的利益和需求,体现对经济弱者和公序良俗予以特别保护的保险法伦理精神,重视男女两性处置危险方式的差异,充分考虑不同的社会性别分工而产生的不同保险需求,在意外险和健康险中设置有社会性别视角的保险险种,保障男女两性之间的保险利益的平等性,将人身保险合同的自杀条款、年龄条款、年金条款等平等适用于男女两性,以达到人身保险法律制度保障男女两性的实质平等。

关键词:人身保险;社会性别;实质平等

保险是源于"我为人人,人人为我"团体共济目的而产生的转移风险和分散风险的极其有效的危险处理方式,虽以投保人与保险人协商订立保险合同规制彼此权利义务关系,但保险具有安定个人和稳定社会秩序的功能。在保险事故发生前,保险可以消弭或减少发生保险事故的恐惧;在保险事故发生后,保险可以填补因保险事故发生所产生的损失或责任,保障被保险人或其遗属的生活。① 为维护被保险人的合法权益,保障保险合同交易的公平合理,规制保险经营行为所涉的社会责任,引导保险市场秩序的发展,以保险关系为调整对象的保险法规范较大程度地体现为严格的强制性和至善的伦理性。但保险法的伦理性,不能仅仅地停留在为防止道德危险,要求保险合同的当事人以"最大诚信善意"订立和履行保险合同,其伦理性的实质在于保险法律制度的公平和公正。保险法的社会性别分析,提供了衡量保险法制度规范公正性的尺度,利于反映和支持男女两性实质平等的利益和需求,克服性别歧视和偏见,全方位地完善多目标的保险法律制度。

一、社会性别理论审视人身保险的立法价值

保险法作为调整和规制保险事故的处理方式的法律,长期以来,特别是在20世纪中期之前,女性特有的独特价值观、遭受的特殊危险和面临的具体问题和困难,都很难反映在法律规范之中。但法律从来不是性别中立的,它倾向于代表那些有决策权的群体的观念和利益。公共领域和私人领域的传统划分,蕴含着男性活动于经济、政治等公共领域而女性更多

---

* 何丽新,女,厦门大学法学院教授,民商法专业博士生导师。

① 刘宗荣. 保险法:保险契约法暨保险业法[M]. 台北:台湾元照出版有限公司,2016:4.

地以家庭为活动领域的事实，由于女性长期在社会公共事务决策中处于边缘化的弱势状态，她们的关注和利益易于被忽视，而社会活动中的风险转移而形成的保险法律实际上是被社会化了的男性利益的代表，缺乏女性的视角和经验，从而使保险制度和规范的概念、目的、本质、价值及适用都受到深刻影响。法律规范要实现性别平等，应尊重性别差异和个体差异，考虑不同性别以及同一性别群体中不同个体的愿望和需求，顾及法律规范对不同性别的影响，设置确保事实上性别平等的权利与义务。① 因此，保险法也如其他法律一样，存在隐蔽的性别问题。对保险法尤其人身保险法律制度的社会性别分析，有利于揭示所掩盖的性别歧视和性别盲点，分析性别不平等背后所隐藏的法律制度支持系统，以真正地实现保险法的公平性和公正性。

(一)实质公平下经济弱者的倾向保护

公平是法律奉行的基本价值观，保险法同样遵循公平原则。从整体上分析，投保人处于保险法律关系的弱势地位，主要体现为交易信息的不对称和交易力量的悬殊。保险双方的交易信息的不对称需要公平合理的交易平台，保险人履行说明保险条款和投保人如实告知义务等都是追求公平的体现。我国保险法为限制保险人利用专业知识和经济实力上的优势地位损害投保方的利益，改变投保方处于明显弱势的保险交易秩序，体现保险法对实质公平的价值追求，侧重保护处于弱势地位的投保方利益，2009年《保险法》及最高人民法院《保险法司法解释(一)》《保险法司法解释(二)》《保险法司法解释(三)》都将维护被保险人的合法权益置于突出的地位，如弱化投保人告知义务、规范保险合同格式条款、强化免责条款说明义务、限制保险人的合同解除权、增设不可抗辩规则、明确保险理赔时限等等，为保护和实现投保方的合法权益和基本需求发挥了重要的作用。

但是，保险领域弱者保护制度，不仅仅局限在交易信息的弱势失衡的干预和规制，而是为维护风险社会实质公平进行全面的制度安排。随着保险覆盖范围的扩大和对社会经济渗透程度的加深，保险的公共性质进一步加剧，保险转移和分散风险的功能进一步强化，保险法的公益性和社会性在社会福利的提升层面得到彰显。男女两性平等是充分保障社会福利的基础，社会性别因而进入公共决策手段，法律制度就此亦越来越多地体现出对性别关系的高度关注。可是，尽管社会的发展，女性财产地位不断提升，但男女两性拥有的财产权利的数量与质量在一定程度上仍存在差异。许多实证显示，在土地、食物、教育资料等方面的分配，男人/男孩比女人/女孩更多得益。② 同时，“男主外、女主内”的社会性别分工，强化公私领域的隔离，加重女性对家庭的依赖，母亲和妻子在照料家庭工作中的家事劳动难以体现社会价值。保险法下的经济弱者的保护，不能仅仅停留在为避免保险人的信息优势地位而损害处于弱势的保险消费者的利益成为公共政策干预保险合同自由的基础，而且应充分考虑由于男女两性的财产地位的实质不平等所导致缔结保险合同的基础的不同。

人身保险虽不是社会财富的再分配的路径，但是能有效地转移和分散风险，在被保险人的健康或意外事故发生时，对因保险事故而导致生活陷入困境的一方给予及时的经济补偿，或于意外事故发生时，毋庸顾虑其身后之生计，使受益人生活有所保障。但是，在女性因自

① 刘明辉．社会性别与法律[M]．北京：高等教育出版社，2012：27.

② 谭琳，杜洁等．性别平等的法律与政策[M]．北京：中国社会科学出版社，2008：41.

身财产状况而只能维持正常生存或日常生活的情况下，就无力亦无法具备经济实力向保险公司购买保险单来保障人身安全或转移人生风险，基此，同样处于弱势的保险消费者中，男女两性还暗含着不公平的保险合同缔约基础。保险的本质是提供一种保护，从社会性别的公共政策出发，在保护弱势被保险人的同时，更应关注经济弱势方特别是女性的保险权益的维护。保险法在保障女性的日常生活和表达女性的利益需要等方面应做出必要的制度安排。比如：我国目前尚未有法律法规和司法解释对人身保险权益的分割予以规定，对于经济强势一方利用其所占有的夫妻共同财产支付保险费而将人身保险权益占为己有或转移给其所指定的第三人为受益人，这种以保险作为“婚内洗钱工具”而隐匿转移夫妻共同财产的行为，应引入社会性别视角，肯定人身保险权益属于夫妻共同财产离婚分割范畴，以分割保险现金价值为基础，裁决保单归属于被保险人一方并相应补偿另一方配偶，而对以夫妻共同财产擅自投保导致“婚内洗钱”的行为，则通过限定受益人范围的方式予以解决，以实现保险法的实质公平正义。

(二)公序良俗中两性人格的平等保护

保险作为一种集合众人财力化解个人风险的制度，是以最小代价为条件尽可能满足分散风险的社会需求，是一个涉及大多数人利益、具有公共利益性质的产业，体现出服务于公共利益、安定社会的功能。[①] 我国《保险法》第 4 条明确规定，从事保险活动必须遵守法律、行政法规、尊重社会公德，不得损害社会公共利益。现代保险发挥社会功能日益强化，公共政策介入保险合同进一步强化，保险不能成为滋生道德风险、危害公共利益的温床。因此，对保险合同效力的评价，不仅考虑保险双方当事人的意思自治，而且应考虑社会伦理和社会秩序。任何危害社会公共利益，对公共福利存在不良影响，或者破坏公序良俗，保险合同的效力应给予否定性的评价。我国《民法通则》规定了公序良俗的一般条款，《民法总则》第 8 条更强调，民事主体从事民事活动，不得违背公序良俗。因此，对于损害社会公益和社会道德秩序的法律行为，即使缺乏相应的禁止性法律规定的，法院也可直接以违反公序良俗为依据判决该行为无效。[②] 在保险中，违背两性平等，有损女性独立人格和社会价值的“女性商品化”的保险合同应认定为违反公序良俗而无效。

在公序良俗中，独立人格权是基础，是任何民事主体固有的权利，也是民事主体的必备权利。[③] 人格权的客体是人格利益，人格利益体现的是精神利益，男女两性均具有独立的人格，其自身价值和地位应充分且平等地予以尊重。保险法若缺乏社会性别视角，对男女两性的生理特征，对在长期的社会发展中形成的性别偏见以及男女两性的传统社会地位、角色等缺乏性别分析，尽管中立的法律没有明显歧视女性的规定，但受制于传统性别分工和偏见，保险制度规范不可避免地遗留着男权社会的痕迹。在现代社会的某些保险产品的设计中，过分强调男女两性的生理差异，女性滋生为依附于男性而成为“物化”的商品。根据某网站一份关于各类“奇葩”险的统计列表显示，存在诸多与两性相关的创新险种，例如看球喝高险、足球夜猫子险、吃货险(足球)、足球流氓险、球友运动险、外出看球险、看球折腾险、世界

---

① 谢冰清．公共政策介入保险合同的正当性研究[J]. 求索，2016(9).

② 梁慧星．民法总论[M]. 北京：法律出版社，2012：51.

③ 王利明，杨立新，王轶，程啸．民法学[M]. 北京：法律出版社，2017：282.

杯遗憾险等等似乎专为男性而设；而厨娘关爱险、防小三险、美颜险、痛经险似乎专为女性而设。2017年7月4日，保监会印发《关于开展财产保险公司备案产品专项整治工作的通知》，把创新不规范、炒作概念和制造噱头、设计偏离保险本源等产品作为整治重点。这些新险种是否涉嫌性别歧视或违背公序良俗，值得深入研究。例如阳光寿险推出的“防小三险”，以丈夫作为投保人，以妻子作为受益人，在因第三者侵害婚姻关系而导致离婚时，妻子可以根据保险合同的约定获得60%～100%的夫妻共同财产权益，这是将婚外性行为作为承保标的，严重违反公序良俗。只有在遵循公序良俗下，在法律的制定和实施中具有社会性别视角，才能充分尊重男女两性间的人格平等，消除制度规范设置中的不平等，以社会性别平等角度来践行男女两性实质平等的法律保护。

二、因男女两性差异而设置独具特性的保险险种

(一)男女两性处理危险的方式各异

危险或风险是保险存在的前提。从男女两性而言，危险的处理方式多样：(1)回避危险。女性普遍比男性存在更强烈的忧患意识，更敏感地意识到危险的到来，但多数女性比男性缺失果敢，更容易回避危险。遗憾的是，并非所有的危险都可以回避，有时回避某一种危险可能面临另一种危险。因此，保险成为人类应对危险的极其有效的方法。(2)危险自留。某些男性愿意冒险，因过于自信或疏忽大意而对危险估计不足或没有预防导致危险自留，或者认为危险损失微不足道或有足够的承担能力并愿意承担这种风险。这种危险自留方式，导致在危险事故发生时，无法化解或分散危险造成的损失，只能自负损害。(3)危险控制。女性更加谨慎，努力将损失发生的频率和程度控制到最小化，包括防止损失和减少损失。因此女性较男性在面临危险时，更加注重防止危险的发生和避免损失的扩大。(4)危险转移。保险是危险的转移方式，是将危险或风险从投保人或被保险人转由保险人承担，是危险的再分配形式。

从数据分析，根据保监会、中保协等网站的统计信息显示，目前国内关于保险业的统计数据主要包括保险费收入、保险赔付、资金运用、资产规模等信息，极少以男女两性为视角，以投保人数或缴纳保费的性别比例为内容的统计报告。台湾地区存在相关的统计数据，据台湾地区寿险公会统计，男性成年投保率低于女性，主要是因为男性对保险的认识及信任度比女性要低，是男性的经验和视角作出了处置危险的选择导向。① 因此，从不同性别的人群持有商业人身险保单的情况来看，女性持有保单的数量总体上多于男性。

① 彭祯伶．男性成年投保率低于女性[EB/OL]．(2017-04-09)[2017-12-28]．http://www.chinatimes.com/cn/newspapers/20170409000080-260205.

各年龄层及性别投保寿险比率

年龄层	男		女	
	投保人数	投保率(%)	投保人数	投保率(%)
0～14	83.2	50.85	75.6	50.23
15～19	48.7	65.10	43.8	63.70
20～39	262.5	73.72	268.1	77.48
40～59	257.0	71.59	290.6	78.71
60～64	48.9	64.98	57.5	71.77
65～	69.7	48.65	91.5	54.68
总计	770.0	65.70	827.1	69.97

注：投保率为该年龄层投保人数除以该年龄层总人数。
资料来源：寿险公会　　单位：万人　制表：彭祯伶

可见，男女两性就危险处理方式各异，女性更多地倾向回避危险和控制危险，男性更多地自留危险和克服危险。但就危险处置方式，保险则是通过大数法则处理危险的一种最佳方式。保险，是将危险转移给专业的保险人承担，保险人通过向投保人收取保险费，建立保险基金，当被保险人发生保险事故时，对其予以补偿或赔偿，而保险合同就是被保险人或投保人与保险人之间缔结的以转移和承受危险为目的的协议，保险因此具有固定损失和心理保障的功能。危险带给人心理上的不确定可以通过保险在一定程度上得以消除。一旦发生危险，补偿损失的数额是确定的。① 保险的目的主要在填补因保险事故所遭受的损失，将少数人不幸的意外损失分散于社会大众，使之消化于无形，从而实现社会的安定。② 人寿保险还存在以保障生活为目的，通过定期给付保险金而达到保障被保险人及其遗属的生活。因此，应该说，保险成为男女两性处理危险的最有效的路径。

(二)因社会性别差异而设置不同的保险险种

男女由于不同的社会性别分工而产生不同的保险需求。男女两性的平等，并不是轻视女性的特殊生理和心理特征，无视男女的生理差别。由于女性在承担生儿育女和家务劳动方面付出较多，在承担人口再生产和家事劳动的责任没有减轻的情况下，就意味着在相当程度上加重女性的职业负担和社会责任。性别正义要求尊重男女生理差别及其所决定的社会角色和功能差别，承认男性和女性在各自领域各具优势。在保险领域，以社会性别论实现两性实质平等，应改变不平等的社会性别关系，不能将男性的需求假设为唯一标准，要重点满足女性现实的特殊的利益需求。

1. 男女职业不同下的意外险。意外伤害保险是投保人和保险人约定的，在被保险人遭受意外伤害或由此而致残疾、死亡时，由保险人承担给付保险金责任的人身保险。意外伤害保险的承保范围是外来的、突发的、剧烈的事故造成的被保险人伤害、死亡或残疾。在意外伤害保险中，每个被保险人遭受意外伤害的概率和其年龄之间的关系并不大，并未呈现逐年

---

① 韩长印，韩永强．保险法新论[M]. 北京：中国政法大学出版社，2010：6.

② 覃有土．保险法概论[M]. 北京：北京大学出版社，2001：2.

增大或减少的趋势。[①] 因此，被保险人没有年龄限制，但被保险人职业和行为具有限定性，因为被保险人职业或行为与危险程度直接相关。保险人通常通过保险合同的约定来限制被保险人的职业及其行为，避免被保险人从事危险行为，以减少意外事故的发生。我国保险实务中，通常把被保险人的职业根据其可能遭受意外伤害的危险系数的大小予以区分进而确定不同的保险费率，如机关事业单位的人员因为发生意外伤害的可能性较小，所以这些职业的保险费率较低；而从事井下采矿、海上钻探、航空执勤等行业人员由于发生危险的可能性大，所以这些工种的保险费率高。男女两性在社会分工中，由于生理差异和体力不同，从事的工种亦有所侧重，从事高度危险行业如上述的采矿、海上钻探、航空执勤等，多是男性，发生意外事故的概率显然高于女性，因此，社会性别理论下的意外险，应重视男女两性因职业不同而导致保险事故发生的概率不同，依据不同的职业风险设置不同的意外险的承保范围。但是，值得注意的是，在意外保险中，被保险人斗殴、酗酒等，被保险人流产、分娩等，被保险人因整容手术或其他内、外科手术导致医疗事故，被保险人从事潜水、跳伞等探险等高风险运动都属于除外责任范围，通常不列入意外险的承保范围，以防止男女两性以生理上差异而故意追求或制造保险事故的道德危险。

2. 因女性分娩而产生的健康险。健康保险是指保险人在被保险人发生疾病、分娩以及由此残疾、死亡时，依据约定给付保险金的一种人身保险合同。健康险适用于被保险人因病理状况造成疾病而发生的身体上的能力欠缺，由被保险人自身的非先天原因而引起，保险人对被保险人由健康状态而转入不健康状态而承担保险责任。在健康保险下，女性分娩视为身体健康发生问题，保险人对女性分娩而遭受残疾或死亡的而给予保险赔偿。这种将分娩视为疾病同等对待，将分娩认为是属于内在的身体变化所致，而非外部因素所引起，是社会性别理论在人身保险领域的典型的体现。但健康保险中的分娩，主要是基于女性在生育上救助或医疗所必需，承保范围的对象仅限于女性，而不适用于男性。而在社会保险中，男性也存在以其配偶分娩而领取生育给付的机会，从社会性别理论出发，在健康险给付保险金时，也应充分考虑男性因配偶分娩生育而产生的误工、照护等支出。另者，社会保险中的生育保险是指妇女劳动者因生育或者计划生育而暂时丧失劳动能力时，给予必要物质帮助的一种社会保障制度，如对生育者给予收入补偿、医疗服务和生育休假等。[②] 此是针对女性劳动者因怀孕、分娩而暂时中断履行劳动给付义务时，依法有权从国家和社会获得经济补偿和物质帮助的社会保险险种。[③] 但该险种的保险对象是就业职工，不包括家庭妇女，其潜在作用是鼓励妇女就业，只有就业才能得到生育保险。[④] 这样，家庭妇女因生育而产生的残疾、死亡的风险只能通过商业保险予以保障，健康险在实现该保险保障功能时，应平等对待所有的女性因分娩而产生的生育风险，以充分实现保险在社会治理，甚至在人口再生产的价值和功能。

同时，女性特有的疾病也应纳入健康险的承保范围。据不完全统计，有 40% 的女性患有不同程度的妇科疾病，而已婚女性的发病率更是高达 70%。社会性别视角下的健康险，

---

① 韩长印，韩永强．保险法新论[M]. 北京：中国政法大学出版社，2010：163.

② 谭琳，姜秀花．社会性别平等与法律研究和对策[M]. 北京：社会科学文献出版社，2007：301.

③ 叶姗．社会保险法[M]. 北京：高等教育出版社，2006：84.

④ 潘锦裳．中国生育保险制度的历史与现状[J]. 人口研究，2003(2).

应根据女性的生理特点和社会特点专门设计相关的保险产品：①女性专用型保险：专用型保险是指专门针对女性生理特征设计的相关保险产品，保障发病率较高且医疗费昂贵的女性常见疾病，如将女性高发的原位癌七个部位的病变纳入保险保障，基本涵盖了最常见的妇科疾病，如乳腺癌、子宫颈癌、子宫内膜癌、卵巢癌、绒毛膜癌等，这些都是女性发病率较高的疾病，在保险产品中应归入承保范围。②母婴保险：该险种主要保障对象为孕期妇女与新生儿。怀孕是女性最为重要的人生阶段之一，孕期保障至关重要。妊娠意外风险虽然原因很多，但多数不太符合人身意外险的保障范围，因此有必要就此设置母婴保险。母婴保险最大的特点就是对妊娠疾病进行保险金给付予以保障。以某保险平台推出的母婴卫士产品来说，既保障母亲又保障孩子，既可以对孕期疾病（如羊水栓塞、胎盘早期剥离等高发疾病）予以保障，又可以将新生儿先天畸形（如唇腭裂等）纳入保障范畴之内。此外，不问流产原因，也能进行保险赔付。此极大地保障了在怀孕期间的母婴的人身风险。因此，专门作为主险销售的母婴险，主要针对妇女孕期并发症与新生儿疾病进行保障，而部分母婴保险则属于附加险，通常在女性购买健康险或人寿险后附加投保，保险期限相对较长，能有效地分解女性在孕期分娩而产生的健康风险。③一般性保险产品中突出女性需求。如在一般性不分性别的储蓄型保险中，保险产品的设计上突出可以"女性尊享"的理念，增加一些免费女性体检、美容健身场所打折等附加优惠。

三、男女两性之间的人身保险利益分析

保险利益是投保人对保险标的具有法律上承认的利益。在人身保险上，保险标的体现为人的寿命和身体，人身保险利益的目的在于投保人对被保险人存在法律上的利害关系（亲属关系或信赖关系），防范投保人利用人身保险进行投机或谋财害命而获取不当利益，维护被保险人的人身安全利益。[①] 因此，正由于人身保险标的为被保险人的寿命和身体，只有以被保险人为中心，才能有效避免道德危险的发生。从性质而论，人身保险利益虽不是纯粹的财产性权益，但也是一种满足人们需要的具有经济价值的权益，应该说是围绕着人身保险主体的身份而产生的，是能够以货币衡量价值大小的各种人身或财产权益的集合。人身保险涉及的保险利益因保险险种的不同呈现出复杂多样的特点，而当涉及的投保人、被保险人和受益人与不同家庭成员身份发生联系时，又出现更加错综复杂的情形。性别视角的人身保险利益更应建立在男女两性在人格上的完全平等的基础上。

各国保险法关于人身保险利益，采用不同的原则。但本人对自己的身体或生命存在保险利益，世界各国保险法基本做出一致的规定。而投保人以他人的生命或身体为保险标的，是否具有保险利益？有的以利益原则，以投保人和被保险人相互间是否存在金钱上的利害关系或者感情为基础的利害关系或其他私人间的利害关系为判断依据来识别保险利益的存在；有的采用同意原则，不论投保人和被保险人之间有无利害关系，均以投保人应取得被保险人的同意为判断依据来识别存在保险利益；有的以利益和同意兼顾为原则，如我国《保险法》第52条规定："投保人对下列人员具有保险利益：（一）本人；（二）配偶、子女、父母；（三）

① 邹海林．论保险利益原则及其适用[J]．中外法学，1996(5)．

前项以外与投保人有抚养、赡养或者扶养关系的家庭其他成员、近亲属。除前款规定外，被保险人同意投保人为其订立合同的，视为投保人对被保险人具有保险利益。”

1. 本人：任何人对自己的生命或身体，有无限的利益，投保人以其本人为被保险人订立的保险合同，任何人均不得否认保险合同的效力。只有男女两性看作独立自主的人，才能成就男女的人格、尊严和权利的平等。男女两性均有权以自己的生命和健康为保险标的来获得人身保险保障，不能将女性视为男性的依附而丧失女性独立平等的法律地位，更不能在现实的家庭物质资源有限的情况下，妻子为保障丈夫的社会活动和事业成功而在家相夫教子导致丧失自我的“支配权”，成为“夫贵妻荣”依附对象，不能自主其意愿进行人身保险。

2. 配偶、子女、父母：在家庭结构中，父母、配偶和子女是最为常见的家庭成员。这些核心家庭的家庭成员之间存在亲属、血缘以及经济上的利害关系，投保人以家庭成员的身体或生命为保险标的，彼此之间存在保险利益。从社会性别论，家庭成员之间的保险利益是相互的，既包括夫对妻，也包括妻对夫，既包括父母对儿子，也包括父母对女儿。这里的子女包括婚生子女、非婚生子女、养子女和形成抚养关系的继子女，父母包括生父母、养父母和形成抚养关系的继父母，无论家庭成员的性别如何，投保人对其上述家庭成员享有保险利益。但注意的是，人身保险以被保险人为中心，对于投保人以死亡为给付条件而订立的保险合同，除父母为其未成年子女投保外，未经被保险人的书面同意和认可保险金额的，保险合同无效。被保险人同意权是尊重被保险人的人格权和意思自治的体现，其意在于将道德风险的大小交由被保险人自行判断，通过被保险人对投保人的投保动机及保险金额进行控制，以尊重个人的“自主决定权”，达到阻却“谋财害命”道德风险的发生。①

特别值得说明的是，夫妻关系是如此的紧密，以至于推定两人之间不会发生谋财害命的事情，夫妻中的一方对另一方的健康或生命拥有保险利益。但妻子对丈夫存在保险利益，丈夫对妻子也存在保险利益，并不意味着男性或女性是另一方的从属者或附属物。承认男性和女性的人格完全平等，消除任何形式上的基于性别的歧视，是实现社会性别正义的核心内容和重要标志。② 当然，离婚导致自然终止夫妻之间的保险利益关系。但有学者提出，婚姻当事人通过离婚，法院判决或双方协议一方向另一方支付赡养费，这就创造出彼此之间存在“法律上承认的利害关系”，类似于债权人对债务人的生命拥有保险利益。③

3. 其他家庭成员、近亲属：如祖父母、外祖父母、孙子女、外孙子女、兄弟姐妹等，这些“其他家庭成员或近亲属”以与投保人之间有扶养关系或赡养关系为前提，投保人才存在保险利益。若没有形成扶养关系或赡养关系，则不存在保险利益。人身保险合同是投保人用以转嫁被保险人的生命风险和身体风险的一种法律手段，在给予被保险人本人防范危险和救济损失的同时，被保险人的生命延续对家庭成员具有巨大的物质利益和精神利益，被保险人死亡后，被其扶养或赡养的人将失去经济来源进而失去生活保障，家庭成员对于被保险人死亡存在经济支出和精神痛苦的损失，实质上是隐藏在家庭成员的身份关系之后的经济利

---

① 樊启荣．死亡给付保险之被保险人的同意权研究——兼评我国《保险法》第 56 条第 1、3 款之疏漏及其补充[J]．法学，2007(2).

② 孙文恺．法律的性别分析[M]．北京：法律出版社，2009：7.

③ [美]小罗伯特·H. 杰瑞，道格拉斯·R. 里士满．美国保险法精解[M]．李之彦，译．北京：北京大学出版社，2009：122.

益关系，人身保险为被保险人所在的家庭提供一定的弥补损失的保险保障。因此，无论是来自男性血亲还是来自女性血亲，只要与投保人存在扶养关系或赡养关系，就存在保险利益。从性别角度分析，这些家庭成员或近亲属彼此之间存在抚养和赡养关系，投保人对被保险人的持续生存拥有经济利益，不再局限女性需要男性抚养了，是不分性别的家庭成员或近亲属之间，均存在彼此的保险利益。

4. 同意他人投保的被保险人：被保险人是人身受保险合同保障且享有给付保险金请求权的人，是人身保险合同的重心，是承保危险的承受者。因此，为明确人身保险中保险利益的有无，尊重和保护被保险人的人格权，各国保险法都对被保险人的同意权进行了相应的规定。我国《保险法》也规定，虽不属于上述的家庭成员或形成扶养关系和赡养关系的近亲属，但只要被保险人书面同意订立保险合同，不论投保人和被保险人相互间有无亲属关系或扶养（赡养）关系，均视为投保人对被保险人有保险利益。从性质上分析，人身保险权益具有专属性，并不是资本性保险，与财产保险属纯粹的商业行为不同，存在强烈的伦理性，除防范道德危险外，还应维护被保险人的人格权。正是基于保障人格权的不受侵害，应让被保险人知悉并决定是否愿意以自己的生命身体作为保险合同之标的，此被视为被保险人对自己人格权的处分。在人身保险合同中，以被保险人的寿命、身体为保险标的，这就涉及人格权中的生命权、身体权和健康权的范畴，无论男女两性，基于被保险人同意权的运用，投保人与同意投保的被保险人之间形成人身保险利益。保险法赋予男女两性平等的被保险人同意权，不仅是私法自治理念的体现，更是对被保险人人格的尊重。

四、人身保险合同特有条款对男女两性的适用

由于人身保险以人的生存或死亡为保险金支付条件来实现对生老病死的保险保障，因此，人身保险合同对被保险人或受益人的权益予以特殊的保护，存在不同于财产保险合同的特性条款。

（一）自杀条款

自杀条款是人身保险合同中的特有条款之一。为了避免道德风险的影响，各国的保险法都将被保险人的自杀作为保险人免责的法定或约定事由之一。但自杀是一种社会不可避免的现象，被保险人自杀，并非都是图谋保险金，也可能是因为其他原因，根据死亡率计算的保险费率已经包含有自杀的因素，[①]因此，没有必要将被保险人自杀一概归于除外责任。人寿保险尤其死亡保险的主要目的在于保障受益人的利益。在被保险人生前，受益人多是依靠被保险人提供经济来源的人，如果自杀一概不负担支付保险金的责任，必然损害受益人的利益，且大数法则在编制生命表时已经考虑了自杀的因素，从保险的诚信原则出发，应考察投保人购买保险与其自杀行为的时间间隔，对自杀事故的保险金赔付规定一个时间限制，既能适当防止道德危险用以保护保险人的利益，又能保障受益人或被保险人家属不致因被保

① ［美］肯尼思·布莱克，哈罗德·基珀．人寿保险（第12版）（上册）［M］．洪志坚等，译．北京：北京大学出版社，1999：39.

险人自杀而不能正常生活。这样的自杀条款在社会公序良俗之公益的维护与保险受益人之私益的保护之间找到平衡点，是人寿保险立法史上一项伟大的制度创新。[①] 因此，世界上晚近的各国保险立法大多规定，被保险人在保单生效或复效后的2年内自杀的，保险人不负给付保险金责任；但自杀发生在2年以后，保险人则承担给付保险金的责任。

从社会性别分析，男性自杀率高于女性，男性是自杀的重点预防和研究对象。男女两性自杀率的比值在2.4～4.1倍之间，即男性的自杀率是女性的2～4倍。从生物学分析，女性雌激素比男性高，从而降低自杀率；从心理学分析，男性遇到的社会压力和应激比女性为多，故自杀率较高。从年龄分析，5～74岁，男性自杀率随年龄而升高，大约在40岁左右为最高状态。[②] 因此，社会性别视角下的人身保险制度分析，应对男性给予特殊的关爱和保护，保障男性生活愉悦和自由发展。尤其在现今社会，多数男性仍承担家庭抚养的重担，保险人因发生被保险人自杀事故以拒绝支付保险金的方式而惩罚死者，已没有任何实质意义，对大多数自杀者而言，自杀行为都是不得已而为之。不能因被保险人自杀死亡而导致保险受益人失去经济保障。被保险人自杀后，不仅给家庭成员造成精神上的伤害，而且会使其家庭经济陷于困境有时甚至是绝境。[③] 因此，既然男女两性的生命表或死亡率已将可能发生的自杀事故计算在内，那么，无论是承担抚养重担的男性，还是情绪敏感的女性，发生自杀行为多数不是故意制造追求保险金的道德危险，被保险人自杀后的保险受益人（通常是被保险人的家庭成员）的权益就成为重点保障对象，因此，保险人对被保险人的自杀行为不能绝对免责，我国《保险法》第44条规定，被保险人在保险合同成立二年之内自杀的，保险人不支付保险金，但应按照保险合同的约定返还保险现金价值；在二年之后自杀的，保险人应支付死亡保险金。

（二）年龄条款

人身保险根据其保障责任范围分为人寿保险、健康保险和意外伤害保险，每个人身保险产品特别是人寿保险对被保险人的年龄都有一定的限制。被保险人的投保年龄是确定寿险费率的重要依据，也是承保时用以测定危险的一个因素。[④] 以成年人为承保对象的人寿保险，一般要求被保险人在投保时的年龄必须满16岁或18岁。同时，由于一周岁以下的儿童死亡率较高，以少年儿童为承保对象的人寿保险，一般要求被保险人在投保时的年龄必须满一周岁等。高于或低于承保年龄最大限制的，保险公司都会拒保。且，在不同年龄阶段的死亡概率和生存概率是不同的，一般而言，死亡的概率随着年龄的增长而逐年增大。因此，投保人申报的被保险人年龄不真实，并且其真实年龄不符合保险合同约定的承保年龄最大限制的，保险人可以解除合同。而投保人申报的被保险人年龄不真实，致使投保人实付保险费少于应付保险费的，保险人有权要求投保人补交保险费，或按照实付保险费与应付保险费的比例支付保险金。

有统计数据表明，男性的平均寿命比女性的平均寿命短，多数国家的男女两性寿命差异

---

① 樊启荣．保险法诸问题与新展望[M]．北京：北京大学出版社，2017：394.

② 喻东山．男性自杀率和男女自杀比与年龄变化的曲线拟合[J]．中国行为医学科学，2004(2).

③ 傅廷中．保险法论[M]．北京：清华大学出版社，2011：111.

④ 温世扬主编．保险法[M]．北京：法律出版社，2003：364.

在3～8岁之间。在人寿保险领域，多数保险公司向男性被保险人收取的保费高于女性被保险人，而在年金保险中，因女性的寿命长，向女性被保险人收取的保费高于男性被保险人，此是否构成性别歧视？就商业保险而言，保险人依据被保险人的风险水平的不同而将其区分为不同的群体，并分别向其收取不同的保险费，这样的保险费与被保险人的风险水平相对应。因此，虽然男女的平均寿命有所差异，但人身保险合同对男女两性的承保年龄的最高或最低限制不应存在歧视性的不同规定，人寿保险是以人的生死为保险事故，当发生保险事故时，保险人对被保险人或受益人履行给付保险金的责任，因此，无论死亡保险还是生存保险或两全保险，其保险所承担的人身风险的"准入"年龄和"退出"年龄都是按照生命率的大数法则计算的，不存在男女两性的性别差异问题。即使是由保险金给付期间而确定的终身死亡保险，以被保险人的生存作为保险金的支付条件，因男女两性的平均寿命存在差异而导致保险金支付的数额总额存在不同，但亦不能因女性寿命长而在同等条件下每年缴纳更多的保险费，因为在"终身死亡保险"下，保险人应承担短寿的风险，其损失分担方式由长寿的被保险人分担，按照每年被保险人的死亡人数作为保险费决定方式，其生命表类型是以可使用最高年龄为99岁的生命表。① 因此，即使男女两性平均寿命存在差异，亦不能因年龄问题而存在性别歧视性规定。

(三)年金条款

我国的社会养老保险的年金保险制度采用"个人领取养老金的权利与缴费义务相联系"方式进行，在面临人口老龄化、少子化及政府财政负担过重的情况下，人们在社会养老保险之外，还以商业保险的形式强化个人养老计划。从商业保险角度，年金保险是一种生存保险，是在被保险人约定生存期间，一次或多次给付定额或增额的保险金。年金保险属于以提供老年生活费需要为特点的险种，以被保险人届满一定年龄仍然生存作为给付保险金的条件，其目的在于保障被保险人晚年生存期间的生活费用。因此，个人可以利用年金保险安排自己的养老及子女的教育，企业可以利用年金保险安顿员工退休。

年金保险虽然在性质上属于生存保险，但也可约定以被保险人死亡时给付保险金，这样从支付首期年金开始，只要被保险人生存，保险人即按照保险合同的约定给付年金直至被保险人死亡为止，而被保险人死亡的，这时的保险金的受益人往往是被保险人的子女或其他家庭成员，年金保险又成为死亡保险。因此，享有年金保险金请求权的主体有二：被保险人本人和被保险人之外的第三人。在以被保险人为年金请求权主体的情形下，被保险人的生存期间为年金的给付期间，此导致保险人就年金保险与传统的人寿保险所承担的风险有所不同，一般的人寿保险在于预防被保险人过早死亡而对受益人(或依赖被保险人的其他人)产生的风险，而年金保险在于预防"过久生存的风险"，即"延年益寿"的风险，也就是由保险人承担长寿的风险，损失分摊方式由短寿的年金受领人分摊，以预计每年被保险人的生存人数作为保险费决定方式，以可使用最高年龄为115岁的生命表为生命表类型。② 而男女平均寿命存在差异，女性普遍因寿命较长而领取比男性总额更高的年金，那么，女性是否需要缴纳保险费的年限更长、缴纳更多的保险费呢？

---

① 余志远．人寿保险与索赔理赔[M]．北京：人民法院出版社，2002：8.

② 余志远．人寿保险与索赔理赔[M]．北京：人民法院出版社，2002：8.

以满足养老需要的年金保险，一般从女性55周岁和男性60周岁开始领取年金，如某《年金保险条款》第5条规定："年金开始领取年龄分为55周岁和60周岁两种，投保人可选择其中一种作为本合同的年金开始领取年金。"①但是，男性平均寿命少于女性5年左右，领取年金的年龄却晚于女性5年，这么一减一加，男性领取年金的平均年限比女性少10年。男女两性因领取年金的年限差异是源于男女退休年龄的规定，而我国关于退休年龄的规定最早见于1951年颁布的《劳动保险条例》。退休年龄事关每一个家庭和每一个公民，与公民的福祉和幸福感相关，也维系着社会的稳定和安全。② 我国法律对男女退休年龄的规定的不同，直接影响女性年金的保险保障权。从社会保险而言，养老年金保险的确定与缴费年限有关，缴费年限越长，养老年金水平越高。而女性相比于男性提前5～10年退休，意味着相应缴费年限的减少，从而只能享受打折的养老年金。当初法律规定男女不同的退休年龄，很大程度上是出于对女性的照顾和保护，但这种差别对待在社会保险上对男女两性均构成保险保障权利的消减和不利。从商业保险而言，保险费的支付与年金的给付之间构成人身保险合同下的对价关系，不存在投保人缴纳更多的保险费以获得相同的保险金，或在缴纳相同保险费的情况下向其给付不同数额的保险金。因此，无论社会保险还是商业保险，要实现男女两性的年金给付的实质平等，不仅仅是简单地消除因男女平均寿命差异而产生的年龄歧视，更多的是以年金保险充分保障男女两性老有所养。

五、两性实质平等下人身保险制度的完善

鉴于法律制度已赋予女性与男性平等的法律地位，法律制度对性别关系的调整随着人类社会的发展而不断强化的现实，性别正义是性别平等的应有之义，不仅在保险法中追求"同等者同等对待之，不同等者不同等对待之"的形式平等，而且保险法律制度还需要将男人、女人分别以男人或女人的方式对待，实现家庭成员之间保险利益的性别平等性，避免因男女两性平均寿命的不同而带来人身保险权益的差异，充分保障男女两性的实质平等。

Gender Analysis of the Legal System of Personal Insurance

He Lixin

(The School of Law, Xiamen University, Xiamen, 361005)

Abstract: In order to overcome gender discrimination and prejudice, truly reflect and support the interests and needs of both men and women, and embody the ethical spirit of insurance law that gives special protection to the economic weak and public order and good customs. This paper examines the legal system of personal insurance from a gender

① 韩长印，韩永强．保险法新论[M]．北京：中国政法大学出版社，2010：173.

② 林嘉．退休年龄的法律分析及制度安排[J]．中国法学，2015(6).

perspective, attaches importance to the differences in the way men and women deal with risks, and fully considers the different insurance needs arising from different gender division of labor. To achieve the legal system of life insurance to ensure the substantive equality of men and women. Insurance types with a gender perspective are set up in accident insurance and health insurance to ensure the gender equality of insurance interests, and the suicide clause, age clause and annuity clause of the personal insurance contract are equally applicable to both men and women.

Key words: personal insurance; social gender; substantive equality

反就业性别歧视研究：从形式平等到实质平等[*]

许金金　李　杰[**]

内容摘要：形式平等与实质平等是平等中的两个层面。在形式平等已经大体实现的背景下，仍然存在性别刻板印象、性别歧视，因此不能仅仅停留在法律规定上的平等，而需在一定程度上从机会平等过渡到实质平等。观之我国劳动就业领域，尽管已经形成较为完备的保护女性权益的法律体系，但是，现实中仍然存在就业机会不平等、职业性别隔离等不平等现象。不论这些现象产生是何种原因，均应采取一定对策予以消除。我国探索本土反就业性别歧视、实现实质平等之路时，应当借鉴域外反就业性别歧视法律制度和有利于女性职业发展的家庭友好制度的经验。

关键词：形式平等；实质平等；反就业性别歧视

引　言

平等是人类发展中的一个理想目标。其中，男女平等也备受关注。马克思曾引用傅立叶的话说：妇女解放的程度是衡量普遍解放的天然尺度。妇女的地位是衡量一个民族文明程度的最大尺度。[①] 性别平等问题关乎国家发展问题。男女平等是否实现，体现了一个社会的发展程度，也体现着人类的文明程度。《中华人民共和国宪法》（以下简称《宪法》）第 33 条第 2 款规定："中华人民共和国公民在法律面前一律平等"，第 48 条规定："中华人民共和国妇女在政治的、经济的、文化的、社会的和家庭的生活等各方面享有同男子平等的权利"，"国家保护妇女的权利和利益，实行男女同工同酬，培养和选拔妇女干部"。《宪法》将男女平等确立为一项宪法原则，标志着我国男女平等原则的正式确立。国际条约也对男女平等作出了规定，联合国《墨西哥宣言》第 1 条规定："男女平等是指男女的人的尊严和价值的平等以及男女权利、机会和责任的平等。"这一规定强调了男女在尊严、价值、权利、机会和责任方

---

* 本文是福建省社科规划项目 2019 年度项目和福建省中国特色社会主义理论体系研究中心 2019 年度课题"大数据背景下的妇女组织与妇女工作"（2019ZTW TB005，项目主持人：蒋月，厦门大学法学院教授）的阶段性研究成果。

** 许金金（1996—），女，汉族，江西乐平人，厦门大学法学院 2018 级硕士研究生，主要研究方向为劳动与社会保障法、性别与法律；李杰（1997—），男，汉族，四川达州人，厦门大学法学院 2019 级硕士研究生，主要研究方向为婚姻家庭法与继承法、性别与法律。

① 马克思、恩格斯、列宁、斯大林：论妇女解放[M]. 北京：人民出版社，1953：7.

面的平等。欧盟委员会对于性别平等的定义及其2010年《妇女宪章》的该定义的修正为："在获得机会、资源、利益或服务分配方面，没有出现以性别为基础的歧视。"[①]

习近平总书记强调要坚持男女平等的基本国策，要求在制定法律、制定政策、编制规划、部署工作时充分考虑两性的现实差异和妇女的特殊利益。总书记强调维护妇女合法权益，把中国发展进步的历程同促进男女平等的发展历程紧密融合，推动妇女和经济社会同步发展，创造有利于妇女发展的环境，构建和谐包容的社会文化。那么，我国目前在何种程度上实现男女平等了呢？在劳动领域存在哪些性别歧视？又应如何规制？本文探讨这些问题，以厘清形式平等与实质平等，并以反就业性别歧视的视角窥探我国实现实质平等之路。

一、平等与歧视

实现男女平等首先要理解和掌握男女平等的内涵。

(一)男女平等的内涵及外延

由我国宪法及国际社会对于男女平等的定义来看，男女平等的内涵应当包括：尊严平等、价值平等、权利平等、机会平等和责任平等；男女平等的外延则主要表现在社会、经济、政治、文化和家庭生活五个方面；同时男女平等要求不得以性别为基础的歧视。就其内涵而言，两性尊严平等是价值、权利、机会和责任平等的必要前提，价值平等是另外四者的理论基础，两性权利平等则是男女平等的核心，机会平等是其他四种平等的实现途径，责任平等则是必然要求。而从其内涵和外延的关系上来看，男女尊严、价值、权利、机会和责任平等要在社会、政治、经济、文化和家庭生活方面才能够得以体现，任何领域的性别歧视都会导致男女平等的不完整，也会影响其他领域男女平等的实现。[②]

可以说，男女是否在社会、经济、政治、文化、生活等方面享有平等的权利和机会，是男女平等是否实现的具体体现。有学者认为"男女平等的核心内涵就是男女的权利和机会平等"。[③] 有的学者认为男女平等的内涵不包括"结果平等"或"结果均等"。[④] 笔者认为男女平等应该包括权利平等、机会平等和结果平等。只是这一结果平等并非要求结果均等，而是男女平等最终需要实现的目标，应当理解，男女平等并不否认男女在客观上的生理差异，男女平等并不主张男女相同，它是在承认和尊重两性差异下的平等，并且针对妇女的特殊权益给予特别关照。在尊重男女差异的前提下，实现性别和谐，实现求差别的平等，最终实现实质平等。

---

① European Commission. A Woman's Charter[EB/OL]. http://ec.europa.eu/commission_2010－2014/president/news /documents/pdf/20100305_1_en.pdf，2010. 转引自杨菊华，王苏苏．国际组织性别平等指数及其对中国的启示[J]. 妇女研究论丛，2018(4)：12.

② 李晓静，王云兰．男女平等概念新说[J]. 南昌大学学报，2005(3)：48.

③ 中国特色社会主义妇女理论研究课题组．论男女平等、妇女发展与性别和谐[J]. 中华女子学院山东分院学报，2010(1)：2.

④ 谭琳．男女平等的理论内涵与社会推动：基于中国现实的讨论[J]. 妇女研究论丛，2002(6)：8.

(二)形式平等与实质平等

1. 形式平等。形式平等是平等待遇的原则:同样的人应得到同样的对待,这种对待应根据他们的实际特征而非基于刻板印象做出的假设。这一原则既可适用于个体,这一个体寻求基于个人特质获得对待的权利可被视为个人自治权;也可适用于集体,其成员寻求与其他类似团体中成员的同等待遇。使问题成为形式平等的原因在于,这一要求限于与另一个类似的个体或集体有关的待遇,而不会延伸至对某些特定的实质性待遇的要求。① 这一要求与亚里士多德的平等观一致,也即要求同样的人同等对待,不同的人不同对待。事实上,这种同等对待的模式最终带来的可能只是形式上的平等,因为它未必能够充分考虑男女生理上和社会性别方面存在的不同。形式平等仅能够保证机会平等,但现实中的机会会向具有优势的群体倾斜,资源和利益的分配进而也就会有利于这一群体;而弱势群体在竞争的过程中,容易被边缘化,不同群体之间的利益出现更大分化,男女平等也就难以实现。

2. 实质平等。实质平等则要求结果上的平等,要求政策法规的效果能够给男女带来同等的结果,而不致产生歧视性影响。坚持男女实质平等,要求男女地位平等、人格与尊严平等、权利与机会平等、责任和义务平等,以及结果和利益平等,要求男女在政治、经济、文化、社会和家庭生活等各方面享有平等的权利,同时强调国家保护妇女依法享有的特殊权益,对妇女权益予以特殊的保护。② 一定程度上,结果平等是采取差别原则的方式,纠正和补偿女性长期以来受到的歧视和不公平待遇,给予其一定的优先享有的利益,以帮助其更好地参与特定领域,进而消除一定领域的社会文化因素差别,以保障结果上的平等,实现实质平等。

3. 形式平等与实质平等的关系。形式平等在人们对平等的理解和伸张中不可或缺,任何对平等的要求和关于平等的主张都需要"相同的人相同对待"的形式原则的支撑。形式平等虽不能确保实质平等,但没有形式上的平等,实质平等便无从谈起。在对形式平等的具体化过程中,确定"在哪一方面相同的人在哪一方面相同对待",并对此在实践过程之中的运用进行说明和论证,形式平等就过渡为实质平等。③ 而实质平等也不意味着不顾生产力的发展水平而跳跃成各方面的完全平等,实质平等是与生产力发展水平相适应的,实现实质平等是一个循序渐进的过程。

追求平等,不仅要追求在法律上的形式平等,更要实现现实生活中的实质平等。就前者而言,我国目前形成了以《宪法》为根据,以《妇女权益保障法》为主体,包括其他国家法律、行政法规、地方性法律法规以及对我国生效的妇女人权公约等在内的女性权利保障的法律体系,可以说基本已经实现了法律上的形式平等;而对于后者的实现,尚需多方面努力,才能不断消减和避免男女不平等的实际存在,直至完全消除该现象。"平等是社会主义法律的基本属性,是社会主义法治的基本要求"。④ 女性依法享有与男性平等权利,然而,随着女性在法

---

① Bartlett, Harris, Rhode. Gender and law: Theory, Doctrine, Commentary[M]. Aspen Publishers, 2001:117.

② 李明舜,党日红.科学构建体现男女实质平等的新时代婚姻家庭制度[J].妇女研究论丛,2018(3):6.

③ 王元亮.论形式平等与实质平等[J].科学社会主义,2013(2):44.

④ 中共中央宣传部.习近平总书记系列重要讲话读本(2016年版)[M].北京:学习出版社,2016:89.

律上实现越来越多的形式平等，“形式平等与实质平等之间潜在的紧张状态也就愈发显露了出来”。[①] 这个问题一定程度上源于法律制度中性别意识的缺失和偏差，而这种缺失和偏差可能会导致现实中的不平等甚至是性别歧视。

（三）性别歧视与性别刻板印象

在《消除对妇女一切形式歧视公约》（以下简称《消歧公约》）中，第1条对于“对妇女的歧视”作出了定义，是指“基于性别而作的任何区别、排除和限制其作用或目的是要妨碍或破坏对在政治、经济、社会、文化、公民或任何其他方面的人权和基本自由的承认以及妇女不论已婚未婚在男女平等的基础上享有或行使这些人权和基本自由”。应当注意的是，虽然关于性别歧视的第一观感多数人都会认为是针对女性的，但是我们也应该认识到性别并不等同于女性，性别歧视也不等同于歧视女性；对于男性的性别歧视也是可能存在的，不能一概而论，将性别歧视等同于对女性的歧视，否则会固化女性的弱势地位。

《消歧公约》将性别歧视定义如下：对于某一性别的群体的人权和基本自由存在差别对待、排除限制、妨碍破坏，使之不能与另一性别的群体享受平等待遇。歧视首先意味着存在差别对待，而之所以成其为歧视系因为该种差别对待没有法律上的正当化理由，属于不合理的、违反平等原则的行为。

按照马克思主义观点，妇女受压迫、受歧视现象，是人类历史发展到一定阶段的社会现象。“在阶级社会，男女不平等是整个社会不平等的重要构成要素，男性对女性的绝对统治也使一般的史前期的男女社会地位差异上升为对抗性矛盾，表现为男性对女性的绝对统治与压迫。”[②]而社会现象延续了几千年，至今仍然不乏性别歧视的行为。男女平等要求对于男女平等尊重，反对性别偏见和歧视，反对将妇女视为男性的依附与附属。男女的客观差异处于男女平等的考量范畴之内，不能以二者之间的差异作为判断两性能力高低、优劣的标准，性别差异更不能成为性别歧视的正当化事由。任何仅仅以性别为标准区分人的社会地位和从事社会活动的能力的观念和行为都违背男女平等，[③]甚至构成性别歧视。

传统的性别刻板印象不仅对女性存在偏见，也会在一定程度上限制男性，对于两性的发展都具有负面影响。实现实质平等，推动性别和谐，不仅有利于女性权益的保护和实现，也有利于减轻男性的压力，使得“家庭主夫”也不会让人觉得奇怪，促进男女的全面发展。在现实生活中，存在很多对女性的刻板印象，诸如男强女弱的固化观点，认为女强男弱的女性是另类；也有物化女性的行为，认为无法生育或者不能生育的女性就是不完整的个体，仅将女性作为生育功能的载体。而在就业领域中，对女性更加存在形形色色的性别刻板印象，乃至性别歧视。

---

① 王郁芳．形式平等还是实质公正：法律制度的性别分析[J]．山东女子学院学报，2013(4)：50.

② 中国特色社会主义妇女理论研究课题组．论男女平等、妇女发展与性别和谐[J]．中华女子学院山东分院学报，2010(1)：2.

③ 谭琳．男女平等的理论内涵与社会推动：基于中国现实的讨论[J]．妇女研究论丛，2002(6)：6.

二、反就业性别歧视的典型案例

国际劳工组织《关于就业和职业歧视公约和建议书》指出，就业歧视指根据种族、肤色、性别、宗教、政治观点、民族、血统或社会出身所做出的区别、排斥或优惠，其结果是取消或有损于雇员在就业或职业上的机会平等或待遇平等。顾名思义，就业性别歧视就是在就业领域的性别歧视，包括“在招聘、求职、录用、劳动条件、薪酬、晋升、劳动福利等所有与劳动或工作有关的条件、项目和场所中”，[①]仅因雇员的性别就对其进行不合理的差别对待，而不考虑其实际的工作能力，进而导致机会或待遇的不平等。从以下案例中可以窥知一二。

(一)多萨德诉罗林森案[②]

本案中，亚拉巴马州法律规定，要成为惩教机构的惩教顾问，体重须在120磅至300磅、身高须在5英尺2英寸至6英尺10英寸。罗林森作为被上诉人因为体重未达到120磅而应聘失败。罗林森起诉称该法律规定的最低身高体重要求违反了1964年《民权法案》第7章和宪法第十四修正案的规定，属于性别歧视。地区法院认为，5英尺2英寸的要求将排除全美33.29%的18岁至79岁之间的女性，而仅仅会排除1.28%的相同年龄段的男性，这一规定对于不同性别的应聘者造成不合理的差别影响。上诉人称身高、体重要求对于工作执行是至关重要的，且因为狱警工作的特殊性，女性从事该职业可能会诱发其他犯罪而危及女性自身人身安全。

法院认为，将女性排除在“接触性职位”之外，明显是基于女性的性别歧视她们，由于某项工作对于女性而言比较危险而将女性排除在外是不可行的，因为对于女性自身风险不能构成性别歧视的正当化事由。也有法官认为，监狱的危险来自于监狱本身的硬件设施，而无关狱警的性别。并且上诉人“囚犯可能会因为女狱警是女性而攻击她”的言论，本身就蕴含着“即无论女性有意还是无意，都是诱人的性对象”的谬论，尽管法律规定本身是出于对女性的保护，但其出发点的客观效果确是对女性的偏见和惩罚。因罪犯可能造成的犯罪行为而剥夺女性就业的权利，是本末倒置。

本案构成差别影响歧视。由于男女生理差异，男女的身高、体重必然会存在一定差别；若雇主将同一身高、体重标准不区分地适用于男女两性，这种看似中立的规定可能会对男女造成不成比例的差别影响，而在此影响中，女性处于不利地位。

(二)美国汽车工人联合会诉江森自控公司案[③]

在本案中，被告江森自控公司是一家电池制造公司，在电池制造过程中工作人员可能会接触到铅，而这种接触会造成健康风险，其中包括对怀孕女性雇员所怀胎儿造成伤害的风

---

① 蒋月．美国雇佣法禁止性别歧视的实践及其启示[C]//詹心丽主编．妇女/性别研究．厦门：厦门大学出版社，2016：98.

② Dothard v. Rawlinson，43U.S. 321(1977).

③ UAW v. Johnson Controls，Inc，499 U.S. 187(1991).

险。被告公司原本仅是警告女性雇员，并要求女性雇员签署已受告知的声明。在其女性员工怀孕时血液中铅含量达到美国职业健康与安全管理局（OSHA）指出的临界值时，被告改变其雇佣政策，规定具有生育能力的女性不得从事接触铅的工作，并且将“有生育能力的女性”界定为“除医学上有记载不能生育之外的所有女性”。在本案的原告中，有为避免失业而选择绝育的女性，也有想要成为父亲而申请休假以降低血液中铅含量却被拒绝的男性。原告主张被告的雇佣政策违反了1964年《民权法》第7章的规定，构成性别歧视。本案中的关注点在于雇主基于性别的胎儿保护政策。雇主可否因为担心可能怀孕的妇女的胎儿健康，而把有生育能力的女雇员排除在某些工作之外？联邦法院认定本案属于差别对待。

法院认为被告虽然具有良好动机，但其政策分类的依据是性别和生育能力，而不单是生育能力。被告公司的政策存在明显偏见，有生育能力的男性可以选择是否为了一份特定的工作而牺牲自己的生殖健康，有生育能力的女性却不能，其是否愿意冒着生育健康风险而自由选择职业只能由雇主决定。并且，男性的生育健康也会受到接触铅的影响，被告仅要求女性提供不能生育的证明却未要求男性如此，而可以直接雇佣男性。江森自控明确地根据怀孕的可能性进行分类，而根据美国《怀孕歧视法》（*Pregnancy Discrimination Act*），这种分类必须与明确的性别歧视同等对待。被告将其所有的女性员工视为潜在孕妇，该选择带有性别歧视。而这种带有性别歧视的政策选择并不符合合理职业资格要求（bona fide occupational qualification），因为除非怀孕的员工在“工作能力”上与其他人有差别，否则他们必须与其他员工“在所有与就业相关的意义上”得到“同等对待”。合理职业资格要求（BFOQ）和《怀孕歧视法》（PDA）都禁止雇主因为女性具有怀孕的能力而歧视女性，在怀孕和工作之间的选择权应交由当事人自己决定，而非雇主。可以看出，联邦法院在胎儿健康权、女性就业权和雇主利益之间，将女性的平等就业权放在首位。

上述两个案例表明，对于女性就业的性别歧视包括但不限于身高、体重等因素。在其他判例中，还存在男女“同工不同酬”现象，女性在晋升考察过程中遭遇不合理评估的情形，对女性外貌、衣着和妆容作出要求的案例，以及对于男女售货员的性别隔离的行为等等。这些对于男女两性的差别对待或者对二者造成差别影响，都直接或间接导致了性别不平等。针对这些就业领域的性别不平等，域外通过各种法律规范加以规制。

三、域外反就业性别歧视法

（一）美国反就业性别歧视法

1. 法律规范。美国反就业性别歧视的法律规范主要包括宪法修正案、国会立法、总统行政命令、各州相关法律以及司法判例。美国法反雇佣歧视，经历了长期发展演变过程，从否定对少数族裔的歧视到反性别歧视、到反残疾歧视、到否定怀孕歧视、再到反基因信息歧视，才有目前的平等就业保护。①

---

① 蒋月．美国雇佣法禁止性别歧视的实践及其启示[C]//詹心丽主编．妇女/性别研究．厦门：厦门大学出版社，2016：98.

(1)宪法修正案。与反就业性别歧视相关的修正案主要是第十四修正案和第五修正案。第十四修正案第1款规定:“任何州不得制定或执行任何限制公民特权或豁免的法律。任何州,未经正当法律程序,均不得剥夺任何人的生命、自由或财产;亦不得对在其管辖下的任何人,拒绝给予法律的平等保护。”这一款包含了平等保护和正当程序的规定。这一修正案在通过后的很长一段时间里都未对女性的平等权益起到保护作用,联邦最高法院在涉及性别问题时多采用合理审查标准,只要求相关区别对待和法律所追求的目标具有合理关联,如此,很多对女性区别对待的法律和做法被维持。① 这一做法在里德诉里德案②中得到改变,该案确定如果仅因性别而对类似情况的人采取不同对待,就违反了平等保护原则。第五修正案则要求联邦政府也要和各州一样,不得歧视、给予公民平等保护。这两条修正案虽与反就业性别歧视无直接关联,但却是要求平等对待女性的重要法律渊源。

(2)国会单行立法。1963年肯尼迪总统签署了《同工同酬法》(Equal Pay Act of 1963)。《同工同酬法》首先承认,美国妇女在美国经济发展中发挥了极其重要的作用,当公司对从事相同或相似工作的女性支付少于向男性支付的报酬时,正在损害国家的经济。该法规定,任何妇女都有权就未领取和应领取的工资差额提起诉讼并获得报酬,并对因原雇主造成的损失进行索赔。且女性若从歧视行为发生之日起两年内获得胜诉,妇女还有权要求原雇主承担她所支付的律师费。因此,《同工同酬法》也被认为是美国国会所通过的一项开创性法案。③ 1963年《同工同酬法》通过后一年,美国国会在1964年又通过了《民权法》(Civil Rights Act of 1964),该法正式确定了某些禁止性差别对待事由。根据《民权法》,联邦法律禁止基于种族、性别、肤色、国籍和宗教而在工作场所之中进行歧视性对待。④《民权法》通过后,美国法院做出过一些判决认为:“雇主可以因为妇女怀孕和妊娠期而解雇她。”对此,国会认为:“当我们制定法律不歧视妇女时,就意味着绝不歧视妇女。”⑤因此,1978年国会通过了1964年《民权法》第7章的修正案,也即《怀孕歧视法》(PDA)。该修正案明确规定,雇主不得基于怀孕或与怀孕有关的任何医疗状况而歧视妇女。这就意味着雇主不仅不能因为妇

① 卢杰锋. 就业性别歧视例外审查规则:美国实践及启示[J]. 妇女研究论丛,2017(2):115-116.

② Reed v. Reed, 404 U. S. 71 (1971).

③ Perry, Twila L., Barker, Constance S., Davis, Martha, Balakrishnan, Radhika. Ensuring Economic Equality for Women in a Global Society, Justice Ruth Bader Ginsburg Symposium on International Women's Rights: Promoting Global Equality for Women through the Law: Panel Two[J]. Women's Rights Law Reporter, 2013,34(2/3):141-175.

④ Perry, Twila L., Barker, Constance S., Davis, Martha, Balakrishnan, Radhika. Ensuring Economic Equality for Women in a Global Society, Justice Ruth Bader Ginsburg Symposium on International Women's Rights: Promoting Global Equality for Women through the Law: Panel Two[J]. Women's Rights Law Reporter, 2013,34(2/3):141-175.

⑤ Perry, Twila L., Barker, Constance S., Davis, Martha, Balakrishnan, Radhika. Ensuring Economic Equality for Women in a Global Society, Justice Ruth Bader Ginsburg Symposium on International Women's Rights: Promoting Global Equality for Women through the Law: Panel Two[J]. Women's Rights Law Reporter, 2013,34(2/3):141-175.

女怀孕而解雇她，使妇女因失业而丧失医疗保险，也不能削减怀孕妇女的薪水。[①] 该法界定怀孕歧视的法律性质，将怀孕歧视纳入性别歧视的范围之内，禁止就业领域对于怀孕妇女的歧视。1964年《民权法》是美国反就业歧视的基本法，关于就业歧视的司法判例中，多数都有援引该法案第7章的内容。[②] 此外，还有对1964年《民权法》做出修订的《平等就业机会法案》(*Equal Employment Opportunity Act*)，加强了对受害人的保护。

美国为了维护女性权利和促进工作平等，根据1964年《民权法》建立了平等就业机会委员会，以专职执行联邦就业歧视法。[③] 有学者指出，这对实现男女平等就业具有里程碑意义。[④] 例如，当美国许多州根据所谓的"妇女保护法"规定雇主必须减少妇女工作时间，增加其休息时间，从而支付妇女更少的报酬。美国平等就业机会委员会指出："这些州可能是善意的，但却使女性所获得的薪水比男性低，而且随着时间推移会使男女所获得的薪资差距变得很大。"[⑤]同时，当珍妮·杨于2013年5月13日成为华盛顿特区沃辛顿市平等就业机会委员会的第五任成员时，美国第一个全部由女性组成的委员会便诞生了。[⑥] 美国平等就业机会委员会经过多年发展后，其主要工作也包括促进全美就业机会平等。该机构已宣布了其2013—2015年的六个优先执法领域，包括消除基于阶级歧视的招聘壁垒、影响移民和移民工人的问题、新兴的法律领域（例如根据《性别歧视法》适应与怀孕有关的限制和对女同性恋、男同性恋、双性恋和变性者的保护覆盖）、性别歧视的补偿制度和做法、妨碍个人行使权利的政策和做法以及预防系统性骚扰。[⑦]

2. 积极行动计划。因为长期积累的歧视给女性在职场中造成的机构化不平衡，美国采取了积极行动计划[⑧]，通过给予少数族裔和女性在教育、就业以及其他方面的优惠待遇，以解决他们在社会中重要领域代表性不足的问题。这一计划在就业领域表现为，在不歧视的前提下，给予女性更加积极的帮助，提高女性的整体就业水平。具体内容包括：①配额制，在工作岗位、项目资助，以及招生名额等经济或社会资源中专门为少数族裔或女性预留一定份

---

① Perry, Twila L., Barker, Constance S., Davis, Martha, Balakrishnan, Radhika. Ensuring Economic Equality for Women in a Global Society, Justice Ruth Bader Ginsburg Symposium on International Women's Rights: Promoting Global Equality for Women through the Law: Panel Two[J]. Women's Rights Law Reporter, 2013,34(2/3):141-175.

② Bartlett,Harris,Rhode. Gender and law: Theory,Doctrine,Commentary[M]. Aspen Publishers, 2001.

③ Filisko,G. M.. Women Break New Ground at EEOC, Perspectives, 2013,22(2):8-14.

④ Perry, Twila L., Barker, Constance S., Davis, Martha, Balakrishnan, Radhika. Ensuring Economic Equality for Women in a Global Society, Justice Ruth Bader Ginsburg Symposium on International Women's Rights: Promoting Global Equality for Women through the Law: Panel Two[J]. Women's Rights Law Reporter, 2013,34(2/3):141-175.

⑤ Perry, Twila L., Barker, Constance S., Davis, Martha, Balakrishnan, Radhika. Ensuring Economic Equality for Women in a Global Society, Justice Ruth Bader Ginsburg Symposium on International Women's Rights: Promoting Global Equality for Women through the Law: Panel Two[J]. Women's Rights Law Reporter, 2013,34(2/3):141-175.

⑥ Filisko,G. M.. Women Break New Ground at EEOC, Perspectives, 2013,22(2):8-14.

⑦ Filisko,G. M.. Women Break New Ground at EEOC, Perspectives, 2013,22(2):8-14.

⑧ 黄列，陈明侠，主编. 性别与法律研究概论[M]. 北京：中国社会科学出版社，2009:59.

额。这种配额制具有一定的刚性,容易被非优惠待遇的群体认为系对他们的反向歧视。②优先权,指在同等条件下优先录用的权利,相较于配额制,这一制度具有更高的弹性。③建立人员安置目标和实现目标的时间表。这是行政命令要求承担积极行动义务的雇主所必须做的,旨在使得这类雇主所雇佣的少数族裔或女性与人口统计数据一致。

3. 举证责任。美国联邦法院将就业性别歧视分为差别影响歧视和差别对待歧视,分别对应上文的多萨德案和江森自控公司案,从这两个案件的判决中可以看出这两种不同的就业性别歧视具有相似的举证模式。

(1)差别影响歧视(也即间接歧视)案件的举证模式。首先,由原告通过证明雇主的雇佣政策对于不同群体产生了不合理的差别影响,以证明案件在表面上成立证据确凿(prima facie)的歧视,这一证明一般利用统计数据来达成。其次,由雇主进行抗辩,雇主可以通过证明其雇佣政策在实践中并没有造成差别影响或者该政策是合理职业资格要求(BFOQ),对于后者雇主必须证明其基于性别的要求或限制必须对其正常经营是合理且必要的。最后,若雇主在第二阶段抗辩成功,由原告证明存在可选择而雇主未采用的替代雇佣措施,该替代措施必须能够满足雇主的业务需要,且不会过度增加雇主的成本,并且具有较少的歧视性。

(2)对于差别对待歧视(也即直接歧视)案件的举证模式,同样是三阶段:首先由原告证明表面上证据确凿的就业性别歧视成立。其次,雇主证明其行为具有不是性别歧视正当理由,理由包括合理职业资格要求(BFOQ)和不属于第7章禁止的明确、合法且与性别无关的拒绝雇佣的理由。最后,若当事人对于雇主提出的理由存在实质性争议,由原告证明雇主具有歧视动机、存在歧视故意。

这两种案件的举证模式在一定程度上减轻了受害人的举证负担,有利于其通过诉讼途径进行维权。并且将雇主的表面中立却产生歧视效果的行为和故意歧视的行为都包括在内,保护相对完整。

(二)欧洲反就业性别歧视法

1. 欧洲是反就业性别歧视最积极的地区。《欧洲社会宪章》第4条规定:"为了确保有效行使获得合理报酬的权利,各缔约方承诺承认男女工人同工同酬的权利",该措辞与《国际劳工组织公约》几乎相同。[①] 至少在欧洲共同体法院的一个案例中援引了这一特殊规定,以表明存在一项普遍原则,即禁止在就业条件和工作条件下基于性别的歧视。而《欧洲经济共同体条约》第119条是直接同工同酬的适用保证。[②] 该条规定:每个成员国应在第一阶段确保并随后继续实行男女同工同酬的原则。[③] 这一规定有利于在欧洲共同体即后来的欧盟的各个成员国之中促进男女工作地位和薪资的平等。《罗马公约》中规定的男女同工同酬原则,揭开了其反就业性别歧视的序幕。反对歧视是欧盟的一项基本法律原则,欧盟也形成了

---

① Benson, Miriam. Equal Pay for Work of Equal Value[J]. Israel Yearbook on Human Rights, 1985(15):66-87.

② Benson, Miriam. Equal Pay for Work of Equal Value[J]. Israel Yearbook on Human Rights, 1985(15):66-87.

③ Hodgson, Ellen E.. Equal Pay for Work of Equal Value in Ontario and Great Britain: A Comparison[J]. Alberta Law Review, 1992,30(3):926-987.

由基础性法律、专门性立法和欧洲法院判例所组成的较为成熟的法律体系。在这些法律制度中关于反就业性别歧视的主要有以下内容：

（1）就业性别歧视的界定及其例外。欧盟将就业性别歧视分为直接歧视和间接歧视，并且将性骚扰也纳入歧视的范畴之内。《就业平等待遇框架指令》界定了直接歧视和间接歧视，直接歧视指基于性别的原因，在其他条件相同的情况下，给予不同主体差别对待，这种歧视只要求结果具有歧视性，动机或意图在所不问。而间接歧视则指表面中立的规定、标准或习惯，使特定性别的全体处于特别不利的地位，但在客观上具有合法目的或正当理由的除外，且要适用比例原则。① 英国的《性别歧视法》和《种族歧视法》对直接歧视和间接歧视也作出了相关规定。② 在司法判例中，不同类型的歧视均有其判定路径。而针对这两种歧视，都存在例外情形，也即存在区别对待的正当化理由。这些例外包括真实职业要求，当工作性质或者工作环境决定了职能由某一性别的工作者完成时，构成这一情形，如女主角只能由女性来扮演。还有关于怀孕妇女和产假，以及积极行动。但这些只是例外，并且受到严格适用规则限制，以防滥用。

（2）关于孕期妇女和哺乳期妇女的保护。在这方面，欧盟为了最大限度地实现男女平等，对孕期妇女采取了全面保护，保证其在不丧失工作机会的前提下享有充分的休息权利，并且规定了父母假、建立儿童监护机构，以帮助女性更好地进入劳动领域。这点主要是借鉴北欧国家的家庭友好制度。

2. 北欧家庭友好制度。北欧五国女性在劳动力市场的参与率高，两性在社会中平等地位走在世界前列，这无疑与北欧是家庭友好政策的先驱有关，这类政策帮助女性缓和家庭与工作之间的冲突，利于解决女性职场歧视问题。具体而言包括休假制度和儿童照料服务。

（1）休假制度包括产假、陪产假、父母假和父亲配额假。③ 北欧国家从瑞典首先引入带薪产假，其他国家相继引入，并且将产假时间延长，且在发展中逐渐形成父亲配额和母亲配额，为父亲保留一定的父母假期。在劳动者休假期间，享有慷慨的工资补偿；通过配额制，促进休假中的性别平等。（2）公共儿童照料服务。公共儿童照料服务的发展得益于北欧福利国家制度，包括儿童照料中心和公共雇佣儿童照料者在儿童家里为其提供服务。对于学龄前儿童来说这一制度非常必要；而对于低年级的儿童来说，随着在校时间的缩短，也必不可少。这一制度有助于将女性从家庭工作中解放出来，使之更好地从事工作。此外还有政府付费制家庭儿童照料，虽然不是无偿，但政府承担主要费用，家庭只需支付费用的小部分，低成本的儿童照料使得女性能够谋求更好的职业发展。北欧的家庭友好制度既平衡了家庭分工，也有助于女性就业，减少职场中的性别歧视。

3. 英国立法促进同工同酬。英国于 1973 年加入欧洲共同体后，产生了相当多的关于同工同酬以及就业和社会保障平等的立法和案例。④ 首先，在 1970 年《同工同酬法》颁布后

---

① 何琼，裘璆．论就业歧视的界定——欧盟“正当理由”理论对我国的启示[J]. 法学，2006(4)：114.

② 贺东山．我国反就业歧视立法的缺失及完善路径——以英国（欧盟）反就业歧视法律规制的环节和依据为鉴[J]. 法学杂志，2015(10)：72.

③ 郭莎莎．北欧家庭友好政策对女性就业的影响研究[D]. 保定：河北大学.2017. 13.

④ Julian Rivers. Law, Religion and Gender Equality[M]. Published online by Cambridge University Press, 2007：24-52.

英国通过了1975年《性别歧视法》。该法旨在禁止在就业的各个方面对妇女进行歧视，并要求普遍平等的就业机会。① 其次，在欧洲法院审理的欧洲委员会诉英国的61/81号判决之中。欧洲委员会指控英国违反了欧共体条约第119条，且英国没有出台法律允许雇员为没有性别歧视的同值工作索取同等报酬。因此，欧洲委员会于1981年在欧洲法院针对英国提起诉讼，认为在实施同工同酬指令以来，英国必须履行同工同酬，包括为同等价值的工作提供同等报酬的义务。最终结果是英国通过《同工同酬法》修正案，以期使其义务于1984年生效。② 最后，在英国1983年《等额薪金(修订)条例》规定了等值索赔。该法旨在允许妇女与从事类似职业的男子享有同等价值的平等诉求，反之亦然。③

4. 德国废除女性夜间工作的禁令。禁止在夜间雇用妇女是欧洲雇佣法的悠久传统。它首次出现于19世纪中叶：1844年在英国，1892年在法国，1911年在比利时，1912年在希腊，1919年在荷兰以及1931年在葡萄牙。北欧国家从未颁布过类似的禁令。④ 德国1891年的《工人保护法》全面禁止夜间雇用女工，但雇员人数少于十人的企业除外。⑤ 纳粹政府颁布的1938年《工作时间条例》将禁令扩大到所有企业。德国《工作时间条例》第19条将工厂女性工人排除在晚上8点到早上6点之间的有酬工作中(如果是轮班工作，则为晚上10点到清晨6点或晚上11点到早上7点)。⑥ 最终，德国在1994年通过的《工作时间法》废除了关于妇女夜间工作的禁令。⑦

(三)亚洲反就业性别歧视法

1. 日本政府鼓励女性进入劳动力市场。日本于1985年批准了《公约》，为使国内法符合《公约》，日本政府于1985年颁布《平等就业机会法》，该成文法保障了《公约》第11条所要求的男女就业机会。2013年，日本首相安倍晋三宣布了一项计划，旨在恢复停滞的日本经济。该计划包括财政刺激、货币宽松和结构改革，其中结构改革包括“妇女经济学”，该政策的目标是通过让更多的妇女加入劳动力队伍，特别是担任领导职务来解决人口问题。⑧ 安倍承诺将建立一个“妇女可以发光的社会”，为此，安倍内阁制定了到2020年的一些目标。

---

① Hodgson, Ellen E.. Equal Pay for Work of Equal Value in Ontario and Great Britain: A Comparison[J]. Alberta Law Review, 1992,30(3):926-987.

② Hodgson, Ellen E.. Equal Pay for Work of Equal Value in Ontario and Great Britain: A Comparison[J]. Alberta Law Review, 1992,30(3):926-987.

③ Hodgson, Ellen E.. Equal Pay for Work of Equal Value in Ontario and Great Britain: A Comparison[J]. Alberta Law Review, 1992,30(3):926-987.

④ Schiek, Dagmar. Lifting the Ban on Women's Night Work in Europe—A Straight Road to Equality in Employment[J]. *Cardozo Women's Law Journal*, 1996,3(2):309-334.

⑤ Schiek, Dagmar. Lifting the Ban on Women's Night Work in Europe—A Straight Road to Equality in Employment[J]. *Cardozo Women's Law Journal*, 1996,3(2):309-334.

⑥ Schiek, Dagmar. Lifting the Ban on Women's Night Work in Europe—A Straight Road to Equality in Employment[J]. Cardozo Women's Law Journal, 1996,3(2):309-334.

⑦ Schiek, Dagmar. Lifting the Ban on Women's Night Work in Europe—A Straight Road to Equality in Employment[J]. Cardozo Women's Law Journal, 1996,3(2):309-334.

⑧ Nae, Niculina. To Work or Not to Work: The Dilemma of Japanese Women[J]. Cogito: Multidisciplinary Research Journal, 2018,10(1):66-78.

这些目标包括将女性担任领导职务的比例提高到30%，将女性劳动力参与率提高到73%，将分娩后重返工作岗位的女性比例提高到55%，取消等待儿童保育设施的清单（到2017年）以及陪产假的男性比例提高到13%。①

2. 新加坡鼓励妇女参加经济活动。1961年新加坡制定的《妇女宪章》鼓励妇女更全面地参与经济活动，其在新加坡的经济发展中发挥了关键作用。② 在1957年的人口普查中，15岁及以上的女性中只有21.6%的人从事经济活动，这个数字在1970年迅速上升到29.5%，1980年则为44.3%，因此新加坡妇女的经济地位相对而言得到有力提高。到了1990年，妇女占到了新加坡经济活动总人口的38.4%。③

（四）南非反就业性别歧视法

在南非所有就业妇女中，近20%的女性从事家庭服务，15%的女性从事文职工作。虽然女性工作人员只占南非全体工作人员的三分之一，收入最低的两个阶层中却有超过一半的员工是女性。④ 因此，于1999年8月生效的《南非就业平等法》禁止在工作场所直接或间接地基于"种族、性别、怀孕、婚姻状况、家庭责任、社会出身、肤色、性取向、年龄、残疾、宗教、艾滋病状况、良心、信仰、政治见解、文化、语言和出生"为由而进行歧视。该法旨在结束南非多年的不平等现象，以及由于种族隔离政策、社会偏见和陈规定型观念而产生的劳动力市场问题，通过采取平权行动禁止在工作场所对雇员进行不平等待遇。《南非就业平等法》颁布后，南非就业平等得到很大实现。而南非最近颁布的《促进平等和防止不公平歧视法》，则是对《就业平等法》的补充，并在某些方面加强了《就业平等法》。它通过建立国家的肯定义务、发展对基本权利的认识，制定进一步的立法以及就平等问题提供援助、咨询和培训来加强《就业平等法》。它以多种方式对《就业平等法》进行了补充。首先，它为被《就业平等法》排除在外的雇员（例如国防军成员）提供保护；其次，它使得根据《就业平等法》规定的某些非"指定雇主"的雇主也要承担责任。⑤ 同时，自种族隔离制度结束以来，南非妇女在政府、法律和社会中的代表权方面取得了巨大成就。南非通过宪法宣布反性别歧视是"南非国家的基本原则"。自1993年以来，南非妇女在立法上取得了重大胜利，包括《促进平等和防止不公平歧视法》《两性平等委员会法》《习惯婚姻法》《家庭暴力法》《维持法》修正案、《选择终止妊娠法》和《监护法》。⑥

---

① Nae, Niculina. To Work or Not to Work: The Dilemma of Japanese Women[J]. Cogito: Multidisciplinary Research Journal, 2018,10(1):66-78.

② Leong, Wai Kum. Fifty Years and More of the Women's Charter of Singapore[J]. Singapore Journal of Legal Studies, 2008(1):1-24.

③ Leong, Wai Kum. Fifty Years and More of the Women's Charter of Singapore[J]. Singapore Journal of Legal Studies, 2008(1):1-24.

④ Zalesne, Deborah. Sexual Harassment Law in the United States and South Africa: Facilitating the Transition from Legal Standards to Social Norms[J]. Harvard Women's Law Journal, 2002(25):143-220.

⑤ Zalesne, Deborah. Sexual Harassment Law in the United States and South Africa: Facilitating the Transition from Legal Standards to Social Norms[J]. Harvard Women's Law Journal, 2002(25):143-220.

⑥ Zalesne, Deborah. Sexual Harassment Law in the United States and South Africa: Facilitating the Transition from Legal Standards to Social Norms[J]. Harvard Women's Law Journal, 2002(25):143-220.

四、我国就业性别平等问题

大陆法系和英美法系对反就业性别歧视的规制相对成熟，从立法到实践均取得了一定成果。在我国，就业性别平等现状如何呢？我国现阶段女性权利的缺失和两性发展差距仍然存在，我国妇女运动仍需要以男女平等的实现为核心内容，尽管在宪法和许多部门法中对男女平等有所规定，但现实中女性的权利未必全部都已实现。

（一）我国女性就业性别平等问题——形式平等已实现，实质平等待实现

在就业领域，男女形式平等侧重于就业机会的平等，要求男女两性享有相同的就业待遇，更多追求立法上的性别中立和两性平等。这种形式平等的积极方面在于使劳动个体的自由受到法律保护，但也会导致不公平的就业结果，甚至导致社会就业两极分化。而就业领域中的男女实质平等，则主要侧重于对劳动就业领域中处于弱势地位的一方给予特殊保护，在形式平等基础上给予女性一定的合理的差别对待，以改善女性在就业中的弱势地位。应当理解，对于弱势就业群体的倾斜和优待，原因在于该群体的劣势地位是因为社会文化造就的社会性别和传统上的性别隔离所造成的，而非该群体自身意愿，给予合理的制度上的差别对待，具有其正当性。

1. 我国就业性别歧视现状。

(1)就业机会不平等，存在职业性别隔离。自从2003年国家取消毕业分配制度，女大学生就业难问题开始受到关注。其实，不仅是女大学生，在两性就业过程中，针对两性的差别对待是一个不可回避的问题。近年来，用人单位招聘和筛选求职者时仍然存在性别偏好，不时可以在招聘信息中看到“限男性”“男性优先”等字眼，也存在部分用人单位限制女性结婚、怀孕的情形。这类性别歧视还涉及女性员工人权保障。除了进入劳动市场的不平等，在行业领域和职位晋升方面也存在性别歧视。从横向上看，女性主要集中在社会服务、教育、文化等领域，其实质是对传统社会中女性角色功能定位的延伸；从纵向上看，男性在各行业的较高职位中处于主导地位，而女性在这些职位中占比远低于劳动总人数中所占比例。[①] 在经济参与方面，越来越多妇女从事不稳定、低收入、缺保障、不安全的所谓“灵活多样的工作”，劳动力市场上的性别歧视、年龄歧视等贬低女性人力资源价值的现象不同程度存在，“让妇女回家”的声音时有发生。

根据中国人力资源和社会保障部《中国劳动统计年鉴2017》，2016年城镇单位女性就业人员占就业人员比重合计仅为36.4%，其中，卫生行业占比最高，为64.2%。社会研究中的“玻璃天花板”理论表明，那些试图或者渴望获得高级职位（以及更高工资水平）的女性，在选择职业和职务提升方面就像有着一层可见却无法打破的玻璃天花板般的障碍，将女性隔离在较低的层级和职位上，从事着初级的、支持性的或者辅助性的工作，这似乎也是女性在家

① 中国劳动统计年鉴2017[EB.OL].[2019-11-29].http://www.mohrss.gov.cn/SYrlzyhshbzb/zwgk/szrs/tjsj/201901/t20190118_309272.html.

庭中扮演的角色在职场上的别样体现。[①] 性别歧视加剧了职业纵向与横向性别隔离，而这最终会导致女性在就业领域更加不利的地位。

(2)男女不同退休年龄。男女不同退休年龄的制度在其发展之初，对于女性劳动者是一种保障，但是随着社会经济的发展以及女性的就业需要，这种保护似乎演变成保护性的歧视制度。随着女性职业发展需求的扩展，不同退休年龄制度给女性的就业道路增添了一定的阻碍。就女性职业发展而言，早于男性的退休年龄可能会导致其在晋升机会方面不如男性；而就经济利益方面，参加工作的时间越短，退休后的薪资待遇越低，女性早于男性退休会使其经济利益受损。这种女性“非自愿”地退出劳动市场的制度，在当下经济发展程度的背景下是否仍然合适，值得思考。

(3)男女同工不同酬。同工同酬是法定原则，我国宪法以及对我国生效的国际条约对此都有明确保护，但在实践过程中从事相同工作的人，却可能会因性别不同而产生不同收入。综合我国人社部发布的 2016 年分行业城镇单位就业人员和工资总额以及女性就业人员在各行业就业人员中所占比例来看，男女的薪资水平在不同行业都有一定差异。从教育程度的横向对比来看，拥有相同教育程度的男性薪资水平要普遍高于女性。[②] 确实，薪资水平由多方面因素综合决定，员工性别并不是两性在劳动就业领域中同工不同酬的决定因素，但性别因素在其中所扮演的角色也是不可忽视的。而在国际劳工组织第 100 号公约已经要求保证“同值同酬”的背景下，这一问题值得重视。

2. 我国就业性别歧视存在的原因。

(1)制度方面。《劳动法》《妇女权益保障法》《就业促进法》《女职工劳动保护特别规定》等法律法规都有关于保护女性就业权益的相关规定，但是这些规定过于原则化，可操作性不强，如我国相关法律没有明确判定就业性别歧视的标准，这就使得遭受到就业性别歧视的群体在维权时可能会遇到困难。而且在执法方面，尽管劳动市场对于女性的歧视案件屡见不鲜，但缺乏有力的诉讼机制，且在诉讼中劳动者在存在就业性别歧视时的举证能力直接影响了其是否能够获得赔偿，而劳动者在劳动关系中处于弱势地位，难以掌握具有说服力的证据。

笔者于 2019 年 10 月 4 日以“就业性别歧视”为关键词、全文搜索的高级检索方式，在中国裁判文书网上查找，仅找到四份文书，其中一份为再审行政裁定书[③]，以申请人的诉讼请求不属于人民法院行政诉讼受案范围为由，驳回再审申请人的再审申请。而另外三份文书分别为同一案件一审、二审、审判监督程序中所形成的文书，在本案中一审[④]认定被告的行为对原告实施了就业歧视，并给其造成一定了精神损害，判定了一定的精神损害抚慰金。而二审[⑤]认定上诉人没有举证证明被上诉人对其实施了就业性别歧视的行为，对其诉求不予支持。案号为(2016)京民申 3472 号的民事裁定书以再审申请人提供的证据不足以证明被

---

① 徐延辉，熊欢．女性高层次人才的社会排斥及其影响因素分析——基于福建省的调查[J]. 妇女研究论丛，2011(3)：39-40.

② 许灵红．关于男女平等就业问题的思考[J]. 改革与开放，2014(12)：53.

③ 案号为(2018)湘行申 534 号。

④ 案号为(2015)顺民初字第 03616 号。

⑤ 案号为(2016)京 03 民终 195 号。

申请人对其实施了就业性别歧视为由，驳回了其申请。且上述案例均按一般人格权纠纷进行审理，并无单独的救济案由。

(2)社会传统刻板印象。在早期社会，由于其社会制度和社会文化，男女两性在社会生活中承担着不同角色。男性承担更多的社会职责，担任社会工作，其角色具有外部性；而女性则主要以家庭生活为主，不宜在外抛头露面，其角色具有内向性。我国曾经有着长期封建历史，传统中以男性为中心的传统观念至今仍有强烈影响，重男轻女、男尊女卑、男主女从的观念根深蒂固，加之市场经济条件下对女性商品化、物化女性的思想，这些都成为实现男女平等的障碍。对女性劳动人口歧视性的就业制度，高门槛的就业入口、低水平的劳动薪酬、就业岗位的性别隔离、职务升迁的性别障碍以及退休年龄的性别差异等，都在进一步加剧劳动市场中因不平等而日趋紧张的性别关系。社会性别制度的固有偏见和劳动市场对男性的传统偏好，使得女性在就业市场也处于一定的不利地位。

(3)经济成本。企业对利润最大化的追求亦是造成两性就业机会不平等的原因之一。用人单位在女性员工休产假期间，会面临直接经济成本。当前家庭劳动并未为市场所承认，企业作为追求利润最大化的市场主体，会尽量避免这种“性别亏损”，以降低企业运行成本，获取更多利益。在用人单位看来，女性因生育、哺乳等原因，无形中会增加单位的成本。但是生育作为社会发展问题，因社会保障结构以及法律的可操作性，由女性劳动者来承担，这是明显不合理的。并且由于女性传统社会性别的定位，用人单位会觉得女性仍然要以家庭为主，难以在工作上实现最大效益。

(二)域外反就业歧视法律制度对我国女性就业实现实质平等之路的启示

1. 完善法律规范，从单一平等过渡至平等和反歧视并重。观察美国、欧洲、亚洲、南非等国家或地区的反就业性别歧视法律制度，可以发现实质平等的实现离不开形式平等的保障。推动男女实质平等，需要完善的法律体系，而法律体系是一个动态的过程，需要不断修改、完善以适应社会现实的发展。我国目前法律中确已具备各种关于性别平等的规定。但是现实社会是不断发展的，法律具有其滞后性，因而需要不断修订。而在法律的制定和修订过程中，需要将性别平等评估机制纳入审查评估过程之中，在法律出台前经过充足的性别平等评估，以便法律能够更好地、更加一致地体现出男女平等的基本国策，使得法律具备更强的社会性别敏感性。并且我国目前的法律缺少关于就业性别歧视的判定标准、法律责任不够明确、救济途径不够完善，对此，有人主张在劳动保护立法中增加有关反就业歧视的条款，也有人主张制定《反就业歧视法》。① 笔者认为无论采何种形式，在完善立法的过程中，清理整合现行立法，针对现存问题一一突破，明确就业性别歧视的判定标准和法律责任，完善救济途径，保障男女就业机会平等；并注重对就业女性权益的实质保护，不同情况不同对待，实现实质平等。并且可以通过实施《公约》第 4 条②中规定的“临时特别措施”，诸如配额制、积极行动等，采取具有中国特色的特别措施，推进男女事实上的平等。平等和反歧视是保障平

① 谢增毅．英国反就业歧视法与我国立法之完善[J]. 法学杂志，2008(5)：49.

② 《消除对妇女一切形式歧视公约》第 4 条规定：“1. 缔约各国为加速实现男女事实上的平等而采取的暂行特别措施，不得视为本公约所指的歧视，亦不得因此导致维持不平等的标准或另立标准；这些措施应在男女机会和待遇平等的目的达到之后，停止采用。”

等权的两个不同层面，平等是第一阶段，反歧视是平等发展的第二阶段，我国法律需将反歧视导入作为一项基本原则。[①]

2. 完善就业性别歧视的救济。首先要明确就业性别歧视的界定及其判定标准，在这方面可以借鉴美国、欧盟的做法并加以本土化；以及，随着最高人民法院将“性骚扰损害责任纠纷”列为新增案由，可以看出对于女职工的保护，就业性别歧视是否可以作为一个二级或三级案由值得思考。其次要细化举证责任，因为劳动者在劳动关系中本处于弱势地位，当他们受到就业性别歧视时，未必能够提出有力证据以支撑其诉求和主张。我国目前对于就业性别歧视的诉讼还是以侵犯人格权为由，不存在举证责任倒置等有利于劳动者的措施，但劳动者的弱势地位并不因其与用人单位争议的性质而有所改变。像美国层层递进的三阶段举证模式，最难的举证责任由雇主承担，在一定程度上减轻了雇员的举证负担。对此，我国可以加以借鉴，先由劳动者证明案件表面上成立证据确凿的歧视，再由用人单位对其不存在性别歧视加以证明，倘若其证明成立，才进入下一阶段的举证环节。如此，可以减轻劳动者在诉讼维权过程中的负担和成本。

3. 传播男女平等的思想，促进社会性别主流化。波伏娃在《第二性》中说“女性是后天养成的”，两性差异是社会文化建构的后果。社会性别作为一种法律分析方法，必须考虑同样的法律是否给男女两性带来同样的结果，否则该法律不仅是不平等的，还可能成为复制社会歧视的工具。[②] 运用社会性别理论有利于识别现行妇女法中看似中立的法律规范的性别含义；并且，社会性别分析方法注重法律的社会语境和实施的效果，注重法律对妇女现状和需要的回应，使法律具有更强的社会性别敏感性，有利于法律上的应然权利成为实然权利，平等从形式平等走向实质平等，帮助实现妇女法的立法目的和立法宗旨。与此同时，要在潜移默化中传播男女平等的观念，打破传统刻板印象对男女的束缚，尽量弱化女性的特殊性，给予女性有限保护，避免反向歧视和保护性歧视。

4. 健全生育保障制度，鼓励女性进入劳动力市场。随着全面二孩政策的推进，我国生育率也没有明显提高。影响生育的因素多种多样，就女性而言，职业发展无疑是其考量因素之一。《国务院办公厅关于促进 3 岁以下婴幼儿照护服务发展的指导意见》的主要任务之一，要求全面落实产假政策，鼓励用人单位采取灵活安排工作时间等积极措施；并支持脱产照护婴幼儿的父母重返工作岗位，并为其提供信息服务、就业指导和职业技能培训。这一指导意见可以看作是我国对于促进就业的家庭友好制度，既有利于婴幼儿的照护，也有利于生育女性的就业。生育保障制度不仅包括托幼事业，还有产假、哺乳假等可能会增加用人单位经济成本的措施。但是，生育问题是一种社会性行为，应当得到关注和保护。采取能够减轻对于女性因生育而产生的歧视问题的保障制度，平衡劳动者与用人单位利益。

---

① 蒋月．美国雇佣法禁止性别歧视的实践及其启示[C]//詹心丽主编．妇女/性别研究．厦门：厦门大学出版社，2016：104.

② 郭慧敏．社会性别与妇女人权问题——兼论社会性别的法律分析方法[J]．环球法律评论，2005(1)：32.

结　语

随着依法治国的不断深入，我国各项法律法规都在不断完善，形式平等的实现离不开这些完善。但是平等不能仅停留在表面，更要追求实质平等。当前男女两性在资源占有和支配方面仍处于不平等地位，女性的受教育机会、流动机会、闲暇时间等，这些决定发展的资源要素占有量都劣于男性，制约了妇女发展空间，致使两性发展呈现不协调、不均衡的状况。在劳动市场男女不平等的现象时有发生，就业性别歧视仍然存在，实质平等之实现任重道远。对此，我国可借鉴域外的反就业歧视法律制度以及家庭友好制度，通过完善法律规范、健全生育保障制度、促进社会性别主流化、完善就业性别歧视救济，以达到反就业性别歧视的目的，逐步实现实质平等。随着我国法治建设的不断完善，相信劳动法领域的性别平等将会得到更加完善的制度保障，并促成事实上的平等。

Research on the Law of Anti-sex Discrimination in Employment: From Formal Equality to Substantive Equality

Xu Jinjin　Li Jie

(The School of Law, Xiamen University, Xiamen, 361005)

Abstract: Formal equality and substantive equality are two aspects of equality. Under the background of the formal equality has already been realized, gender stereotypes and sexual discrimination still exist. Therefore, only the equality under the law is not enough, to some extent, from formal equality to substantive equality is essential. On the gender discrimination in China's employment field, although the legal system of protection of women's rights has been formed, the phenomena of unequal employment opportunity and occupation gender segregation, in reality, still remains. Whatever the reasons of these phenomena, some policies need to be implemented to eliminate that. When China starts to explore the local anti-sex discrimination in employment and realize the substantive equality, our country should draw lessons from the law of anti-sex discrimination in employment and the experience of the family-friendly system that is conducive to women's career development of overseas countries.

Key words: formal equality; substantive equality; anti-sex discrimination in employment

性别与健康

Gender and Health

Women/Gender Studies

女性流动人口心理健康：认知、需求及社区服务体系的构建

巨东红*

内容摘要：女性流动人口的工作强度高，生活压力大，心理健康问题和需求具有特殊性。以厦门市流动人口为研究对象，运用问卷调查和访谈法，在性别视角下，分析这一群体对心理健康和社区心理健康服务的认知状况、服务需求及其影响因素。研究发现，与男性相比，女性流动人口的心理健康自我评价更高，对心理健康标准的认知更合理，对心理健康服务的知晓度、支持度和需求更高，希望在压力管理、职业规划和自我发展、子女教育等方面得到专业辅导，但现有心理健康服务体系不完善，难以充分满足需求。提出性别意识主流化，在实践上以机制建设为根本，以队伍建设为核心，以居民参与为重点，构建流动人口社区心理健康服务体系，落实流动人口卫生计生基本公共服务均等化，促进社会融合。

关键词：女性；流动人口；心理健康；服务体系；性别意识

一、问题的提出

当前，我国社会主要矛盾已经转化为人民日益增长的美好生活需求和不平衡、不充分的发展之间的矛盾。美好生活需要制度保障，经济和社会平衡、充分发展；也需要人民有健康的心理，具有对美好生活的感受力。党的十九大报告提出："加强社会心理服务体系建设，培育自尊自信、理性平和、积极向上的社会心态"，这是我们党站到了新的历史起点上，对社会建设伟大事业的重要战略部署。我国正处于经济社会快速发展期，个体的心理行为问题及其引发的社会问题日益凸显，具体表现为心理行为异常者和精神障碍患者人数逐年增多，个人极端情绪引发的恶性事件时有发生。心理问题不仅给个体的健康带来负面影响，而且成为社会稳定和公共安全的隐患。流动人口是随着我国改革开放的发展而产生、发展起来的群体，女性流动人口对社会进步和经济建设做出了巨大贡献，她们要兼顾工作和家庭，面临职业发展和家庭照顾的双重压力，健康状况值得关注。女性流动人口期待得到有效的心理健康服务，提升生活品质，但迫于生存压力，没有时间和机会接受心理健康服务；此外，流动人口心理健康服务体系不健全，心理疏导工作机制尚未建立，相关工作人员的心理服务能力

* 巨东红（1972— ），女，汉族，吉林省白城市人，集美大学法学院副教授。研究方向为社会工作实务、女性学。

相对滞后，无法提供高质量的服务。因此，亟须建设科学的心理健康服务体系，回应流动人口对心理健康服务的需求。

二、政策分析与实践历程回顾

（一）心理卫生服务的政策

进入21世纪，我国政府和相关部门在政策层面，推进社区心理卫生服务，政策可分为两类。一类是偏重治疗康复的精神卫生领域的政策。2000年，国家卫生部制定了《城市社区卫生服务中心设置指导标准》，提出社区卫生服务中心“提供精神卫生服务和心理卫生咨询服务”。2004年，卫生部办公厅向卫生部、教育部、公安部、民政部、司法部、财政部、中国残联等部委发布《关于进一步加强精神卫生工作的指导意见》，2008年，国家17部委联合发布《全国精神卫生工作服务体系发展指导纲要（2008—2015年）》，2009年，国务院发布《关于深化医药卫生体制改革的意见》。2012年颁布的《中华人民共和国精神卫生法》标志着精神卫生工作从此进入法制化管理时代。2015年，卫生计生委等10部门联合发布《全国精神卫生工作规划（2015—2020年）》，提出加强精神障碍的预防、治疗和康复工作，推动精神卫生事业全面发展；另一类是偏重预防的心理健康服务领域的政策文件。以《国民经济和社会发展第十三个五年规划纲要》《健康中国2030规划纲要》为基础，2017年，国家卫生计生委等22个部门联合印发《关于加强心理健康服务的指导意见》指出，“城乡社区是社会服务的基层单位，在城市社区建立心理健康服务机构，对构建整体服务体系至关重要，可发挥网底作用，促进辖区居民心理健康”。党中央、国务院高度重视心理健康服务和社会心理服务体系建设工作，法规政策为心理健康服务工作的开展提供了依据，指明了方向。

（二）中华人民共和国成立70年来社区心理健康服务的发展历程

纵观中华人民共和国成立70年来社区心理健康服务的发展历程，可以分为三个阶段。第一，萌芽阶段（20世纪50年代末—90年代）。我国从1958年开始发展社区精神康复工作，到70年代后期逐步设立了城乡精神疾病三级防治网；[①]20世纪80年代末到90年代初，为满足居民需求和社区建设需要，以心理健康讲座和心理咨询服务为主要形式的社区心理卫生服务在城市社区出现。[②] 第二，初步发展阶段（2000—2006年）。政府相关部门和心理咨询机构介入社区心理健康服务工作，2004年，广西桂林成立了我国第一个免费的社区心理健康服务站，同年，新疆克拉玛依成立我国第一个由政府主导的社区心理健康服务中心。此后，杭州、上海、湖南、福建等地成立社区心理健康辅导站。第三，快速发展阶段（2006年—今）。社区心理辅导站的数量快速增加，政府开始购买专项服务；北京将心理服务纳入社区服务体系，北京、上海将心理健康服务费用纳入医保，体现了社区建设心理化和社区心

① 张雯露，吴均林，陈晶．中外社区心理卫生服务能力比较[J]．医学与社会，2012，25(04)：84-86.

② 李林，刘俊，张励，唐婉，马云鹏，王小玲．福建省社区心理服务现状及发展的探讨[J]．福建医科大学学报（社会科学版），2011，12(02)：40-43.

理健康服务社会化。[①] 与此同时，学者们也梳理了国外社区心理健康体系构建的经验，[②]在社区心理健康模式、[③]城市社区心理健康服务体系构建[④]等问题上进行了深入的研究，提出建立社区心理健康辅导站，从组织管理、设施配置、人力资源管理、服务措施、效果评估、舆论宣传等 6 个子系统着手建立体系等对策。

综上，现有的政策制定和理论研究主要针对城市户籍人口，对流动人口的关注较少，对女性流动人口的研究更少。基于此，本文通过实证研究，在性别视角下，分析流动人口对心理健康和社区心理健康服务的认知状况，心理健康服务的需求及其影响因素，提出构建社区心理服务体系建设的建议，以期更好地开展流动人口服务管理工作，落实流动人口卫生计生基本公共服务均等化。

三、心理健康服务的调查结果分析

（一）研究方法

本次研究所在地是厦门市 H 区。H 区地处厦门市西部，常住人口 43 万人，是流动人口相对集中的区域，至 2017 年，全区流动人口数近 24 万人，H 区建立“属地成网、责任到格、管理到人、服务到家”的网格化管理模式，对每一个网格实行全方位、联动式的动态服务，实现流动人口基本公共卫生计生服务均等化工作在基层全覆盖。[⑤] H 区的社区心理健康服务处于起步探索阶段，现有的服务模式包括社区卫生服务中心模式和社区家庭服务中心模式。社区卫生服务中心模式即依托现有的社区卫生服务体系，以社区卫生服务中心为平台，采用“三级网络＋三师共管”运行机制，开展流动人口心理健康服务；社区家庭服务中心模式即在民政部门主导下，以社区家庭服务中心为平台，开展社会工作介入的居民服务和社会工作者胜任力提升等两个层面的工作。

为了解流动人口对社区心理健康服务认知情况，把握社区心理健康服务现状及其存在的问题，本课题运用问卷调查法和焦点小组访谈法开展研究。

1. 问卷调查法。调查对象是在 H 区居住三个月以上，非本市户口的 12～60 周岁流动人口，调查内容包括个人基本情况，其对社区心理健康服务的认知情况，对心理健康服务的需求，影响其接受心理健康服务的因素等；运用分层抽样法，发放问卷 160 份，回收有效问卷

---

① 高新义，杨凤池．社会建设视角下城市社区心理健康服务实践探索[J]. 中国全科医学，2013，16(06)：537-538.

② 丁瑾靓，叶一舵．美国社区心理健康服务的发展及启示[J]. 福建医科大学学报（社会科学版），2010，11(03)：26-29. 郭梅华，张灵聪．国外社区心理健康服务及其对我国社区心理健康服务的借鉴[J]. 社会工作，2009(1)：58-60.

③ 华杏珠．社区心理健康服务模式探讨[J]. 中国民康医学，2010，22(02)：206＋137.

④ 华敏，胡春梅，胡媛艳．城市社区心理健康服务体系的构建[J]. 中国健康心理学杂志，2015，23(07)：1114-1118.

⑤ 厦门日报．厦门海沧加大流动人口基本公共卫生计生均等化服务[EB/OL]. (2017-11-28). http://www.mnw.cn/xiamen/sz/1890254. html.

138 份，其中男性问卷 45 份，女性问卷 93 份。运用 spss25 数据软件进行分析（调查对象基本情况见表 1）。

2. 焦点小组访谈法。访谈对象是在 H 区从事社区心理健康相关工作的社会工作者、社区工作人员、社区卫生服务中心工作人员等，采用半结构式访谈法，访谈内容包括社区心理健康服务的现状，社区心理健康服务工作实践中的困难等。共召开 2 场访谈会，访谈对象 18 人。

表 1　问卷调查对象基本情况表

划分标准	类别	样本量	划分标准	类别	样本量
性别	男	45	婚姻状况	未婚	44
	女	93		已婚	87
收入状况	300 元及以下	44		离异	7
	3001～4000	87	生育状况	未生育	52
	4001～6000	7		已育 1 孩	37
	6001～8000			已育 2 孩	44
	8001～10000			已育 3 孩	5

（二）调查结果分析

1. 对心理健康、社区心理健康服务的认知状况。本研究将流动人口对心理健康的认知状况分为主观自我评价、心理健康与生活的关系、对心理健康标准的认知等三个维度。研究结果表明，女性流动人口对心理健康状况的自我评价高于男性；对心理健康与生活的关系有合理认知；在心理健康标准上，排在前三位的是情绪良好、心态积极乐观、智力正常。

（1）女性对心理健康状况的自我评价高于男性。调查结果表明，24.4%的男性和 18.3%的女性受访者认为自己的心理健康状况“非常健康”；22.2%的男性和 38.7%的女性认为“比较健康”；48.9%的男性和 38.7%的女性认为自己的心理“正常”，有 4.3%的女性和 2.2%的男性认为自己心理状况比较不健康，还有 2.2%的男性受访者认为非常不健康。总体而言，女性认为心理健康状况“非常健康”和“比较健康”的比例超出男性 10%，对心理健康状况的自我评价高于男性。

（2）女性对心理健康与生活关系的认知更为合理。75%的女性调查对象“听说过心理健康”，86%认为“心理问题会影响个人健康和生活”，69%的男性调查对象“听说过心理健康”，认为“心理问题会影响个人健康和生活”的占 80%。与男性相比，女性更为关注心理健康，对心理健康与生活关系的认知更为合理。

（3）在心理健康标准的认知上，女性对情绪、心态、智力正常等维度的认同度较高，男性对情绪、心态和人际关系的认同度较高。迄今为止，世界上没有公认的心理健康标准，不同时代，不同国家的心理学家们提出不同的标准。我国的黄希庭教授曾提出判断心理是否健康的 5 条标准：个人的心理特点是否符合相应的心理发展的年龄特征；能否坚持正常的学习和工作；有无和谐的人际关系；个人能否与社会协调一致；有没有完整的人格。问卷设计的心理健康选项包括智力正常，情绪良好，能吃能睡，人际关系好、朋友多，心态积极乐观，工作效率高,道德品质好等,女性调查对象选择的前三位是:情绪良好、心态积极乐观、智力正常,男性调查对象选择的前三位是:情绪良好、心态积极乐观、人际关系良好。

(4)女性对社区心理健康服务的知晓度和支持度高于男性。为考察调查对象对于社区心理健康服务的认知情况,问卷设计了"您知道所在的社区或工作单位有心理咨询场所""您是否认为有必要开展社区心理健康服务"等问题。22.2%的男性和38.7%的女性调查对象知道所在社区或工作单位有心理咨询场所,35.6%的男性和29.6%的女性调查对象选择"否",42%的男性和34.4%的女性表示"不清楚";在是否有必要开展社区心理健康服务问题上,75%的男性和86%的女性调查对象认为有必要开展社区心理健康服务。可见,女性调查对象对现有心理咨询服务的知晓度高于男性,对心理健康服务也有更高的支持度(见图1)。

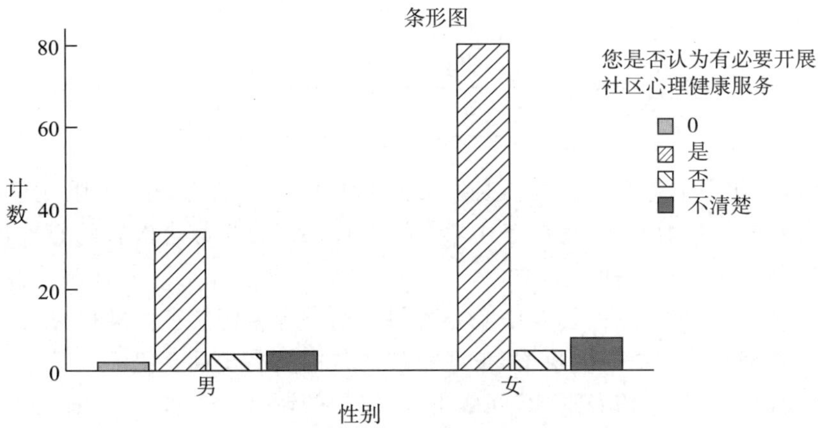

图1 开展社区心理健康服务的必要性

2. 社区心理健康服务需求及途径

(1)心理健康服务的需求。为了解流动人口对社区心理健康服务的需求状况,问卷设计了"您当前对心理健康服务的需求程度",考察需求的外显态度,"目前最让您感到困扰的心理问题""您希望获得以下哪些心理卫生服务项目"考察需求的内隐态度。调查结果表明,在需求程度上,49%的男性和59.2%的女性调查对象选择"需要";51%的男性和40.8%的女性"不需要"或"从未想过"。女性调查对象表示,"目前感到困扰的心理问题"排在前三位的是经济压力问题、工作压力问题和子女教育问题,男性认为是经济压力问题、子女教育问题和人际关系问题;在"希望获得心理卫生服务项目"问题上,女性调查对象选择前三位的服务是压力管理、职业规划和自我发展、子女教育;男性的选择是压力管理、子女教育、职业规划和自我发展。此外,调查对象对身心保健、工作中的人际关系和情绪管理服务有需求。从外显态度看,调查对象有心理健康服务的需求,需求的迫切性受当前工作、生活状态的影响。10.8%的女性调查对象需求明显(非常需要、比较需要),48.4%表示偶尔需要(见表2);

从内隐态度看,经济和工作带来的压力、自我发展、子女教育、人际关系和情绪管理问题已经困扰着民众,需要压力管理、职业规划和自我发展、子女教育等的服务。值得关注的是,女性在职业规划和自我发展方面的需求高于男性,在子女教育、婚恋问题上的服务需求低于男性。

表 2 流动人口对心理健康服务需求的性别分析表

需求程度	性别	频率	百分比(%)
非常需要	男	2	4
	女	5	5.4
比较需要	男	3	6
	女	5	5.4
偶尔需要	男	17	37.8
	女	45	48.4
不需要	男	13	28.9
	女	29	31.2
从未想过	男	10	22.2
	女	9	9.7

(2)心理健康服务的途径。在"若遇到心理问题,您选择的心理卫生服务机构"问题上,44.2%的调查对象首选"社区卫生服务中心(站)",18.8%首选综合医院的心理科,13.8%首选精神专科医院,6.5%选择社区居委会,3.6%首选社工服务中心。女性和男性选择的前三位排序均是社区综合卫生中心、综合医院心理科和精神专科医院。由此可见,医学取向的机构认同度高于心理—社会取向的机构,事业单位的认同度高于社会组织。

在"您接受的心理健康服务形式"问题上,39.1%的调查对象首选"心理咨询",20.3%首选"心理健康讲座和培训",18.8%首选"专科门诊",排名前三位的是"心理健康讲座和培训""心理咨询""专科门诊",调查对象对"发放心理健康手册""视频宣传"等形式也较接受。可见,调查对象对"面对面"的培训、服务的认可度高,对于间接的、宣传型服务认可度较低。

(二)社区心理健康服务的问题及其成因分析

1. 社区心理健康服务的问题及其影响因素。流动人口心理健康意识弱,缺乏资源、传统观念是主要影响因素。本次调查显示,女性流动人口对心理健康状况的自我评价高,外显态度上,对心理健康服务的需求不高,但遇到压力、自我发展、子女教育、人际关系和情绪管理困惑时,希望得到专业帮助。是什么因素影响流动人口的行为选择?问卷调查结果表明,43.5%的调查对象是因为"不方便、附近没有(心理健康服务机构)",42.8%是"不知道如何寻求帮助",37.7%的调查对象"自己可以解决问题",26.8%依靠"家人、朋友帮忙",有23.3%的调查对象选择"没面子""没有时间,先忍受"。

访谈中,社区心理健康相关人员表示,"流动人口的心理健康意识较弱,很少主动寻求心理服务"(访谈号:HC2018003)。但是,一位女性流动人口却说:"我也知道心理健康的重要,但现在主要是赚钱,没有时间想心理问题,有事情先忍受。"(访谈号:LD2018008)

问卷和访谈结果均显示,流动人口因为缺乏资源,在生活压力下,即便认为心理健康很重要,也会放弃主动求助,通过自己和家人、朋友的支持解决问题。

2. 社区心理健康服务体系建设中的问题及其成因。社区心理健康服务体系建设是一

个整体工作,涉及机制建设、队伍建设、制度建设等。H 区的社区心理健康服务体系建设初见成效,但还存在以下问题:

(1)机制建设上,社区心理健康资源共享机制、服务机制不完善,服务需求与供给对接不畅。现有社区心理健康服务没有统一的管理部门,以部门为划分标准,可以分为卫生部门主办和非卫生部门主办两类。卫生部门主办的以社区卫生服务中心为代表,服务公信力高,医疗资源丰富,但专业人员的缺口大;非卫生部门主办的以社会组织、心理辅导站为代表,服务逐步得到民众认可,但服务资源匮乏,工作人员的胜任力不足。由于社区心理健康服务资源共享机制不完善,社会组织难以得到服务资源,一些流动人口不知道到哪里寻求帮助,信息不对称导致服务需求与供给对接不畅。由于缺乏心理健康公共服务机制,流动人口的求助意愿不高。除户籍人口中的精神疾病患者外,一般心理健康服务没有纳入医疗保障体系,心理咨询机构收费高,心理服务相关的社会组织接案时间、对象有限,流动人口难以得到"便捷性、就近性、有效性"的心理健康服务。

(2)队伍建设上,人力配置不足,工作人员的胜任力与需求存在差距。队伍建设是服务开展的基本保障。调查表明,由于社区心理健康服务处在初步发展阶段,社区心理健康服务体系中的人力配置不足,工作人员的胜任力与需求存在差距。在社区卫生服务中心,由于开展基本医疗和公共卫生的全覆盖服务,中心的医护人员缺口较大。家庭医生签约制实行后,S 卫生服务中心 3 个团队 6 个人,要负责辖区的签约家庭,难以在心理健康服务上投入更多时间和精力。中心已经建立行为筛查室,但现在还没有配备专职医生,兼职医生难以全面开展服务;在社区家庭服务中心,社工服务的群体多、内容多,个案服务只占一个社工全年服务量的 10%左右,因此,服务的深度和广度均无法拓展。在人员胜任力上遇到困难较多。第一,社工的心理问题诊断能力有限。虽然在理论上学习了正常心理和异常心理的区别、心理咨询和心理治疗的差异,但在实践上如何对服务对象进行诊断,准确地筛选服务对象,对社工而言难度较大。第二,心理健康服务的专业性不足。社工不是专业的心理咨询师,个案服务采借了心理辅导的理论和方法,但与心理辅导不同,社工缺乏如何确定专业关系的界限和如何保持在心理辅导的专业性的知识,一些个案的效果没有达到预期目标。

(3)实际操作上,社区心理健康服务的主动性不足,已有的社区心理健康服务场所空置率较高。随着时代发展,社区心理健康服务已由"精神病患者社区康复为主、公众心理健康服务为辅"转向"一般居民的心理健康服务、精神病患者社区康复"并重。20 世纪初,城市社区纷纷设立心理辅导站(悄悄话室)等,预期以社区以依托,以精神卫生重点服务群体为重点,为居民提供心理健康服务。但社区居委会的行政性工作越来越多,社区服务逐渐采取"政府购买社会组织服务"的方式,服务成效与社区居委会工作绩效没有直接联系,导致一些社区在心理健康服务工作上的主动性不足,已经设立的社区心理健康服务场所空置率较高。

四、构建流动人口社区心理健康服务体系的建议

女性流动人口面临经济压力、工作压力和子女教育等家庭责任,对心理健康需求高于男性,也期待获得高质量的心理健康服务。H 区重视流动人口的社会融入,长期以来推行流动人口均等化服务,卫生部门、民政部门、文明办等协同为流动人口心理健康提供服务,收到

一定成效，但心理健康服务较为分散，成效难以凸显，无法适应新时代流动人口社区心理健康服务的制度化、专业化、综合化的发展趋势。本文提出性别意识主流化，在实践中，以机制建设为根本，以队伍建设为核心，以居民参与为重点，构建流动人口社区心理健康服务体系（见图2）。

（一）以机制建设为根本，形成“三方互动”的社区心理健康服务系统

1. 建立组织机制，实现“三方互动”和资源共享。社区心理健康服务的涉及面广，H区的社区卫生服务中心、社区家庭综合服务中心（或政府购买的社区社工服务项目）均参与其中，此外，H区是新生代农民工和青年创业者聚集的地方，工业园、创业园应成为开展心理健康服务的新平台，形成心理健康服务的“三方”——卫生服务中心、社区、园区（企业）。当前，卫健部门主办的服务和社会组织主办的服务之间尚未完全实现资源共享，社会组织直接服务社区居民，面对有严重心理问题的服务对象，无法转介；园区是近年来兴起的企业集中区，员工有心理服务需求，但无法就近得到专业服务。因此，可以构建政府引导，卫生部门负责，多部门协同，卫生服务中心、社区、园区三方互动的组织机制，医疗资源和师资共享。

2. 完善保障机制，推进社区心理健康服务有序发展。保障机制包括经费保障机制、成效评估机制与激励机制。

首先，建立资金保障机制。当前，流动人口对心理健康服务的内在需求没有转化为现实的消费，心理健康服务资源难求和费用高昂是主要的障碍。为了个人健康与社会进步，政府可以提供必要的资金保障，一是将社区心理健康服务纳入财政预算，通过购买专项服务，为流动人口中心理服务需求大、问题多的对象提供服务；二是将心理辅导和治疗纳入医疗保障项目，流动人口使用医保卡，就可以到社区卫生服务中心、综合医院的心理科和市精神卫生服务中心就诊。其次，建立评估机制。为了使流动人口社区心理健康服务不流于形式，要建立评估指标体系，对社区心理健康服务工作人员的工作成效进行评估，通过对服务实施的专业度、服务目标的达成度、服务对象问题的解决程度、服务管理等维度的分析，评价服务的水平、效果和社会效应，彰显社区心理服务的价值，并推进服务规范、持续发展。最后，建立激励机制。通过物质奖励和精神奖励，在社区心理健康工作人员中树立职业责任感和自豪感，从而激发发展和学习动力，提高服务主动性和专业性。

（二）以队伍建设为核心，打造“3＋1＋N”的社区心理健康服务人才队伍

社区心理健康服务是专业性较强的助人服务。目前从事相关服务的工作人员中，多数没有经过长期系统的专业训练，理论基础和实操技能均不能满足流动人口的心理卫生服务需求。社区心理健康服务的核心是专业的人才队伍。为提高服务成效，可以在社区卫生服务中心的医师—护理师—健康管理师的“三师共管”基础上，加入社区和园区的1名社工、若干名心理援助志愿者的服务，形成“3＋1＋N”的H社区心理健康服务人才队伍，为相关人员提供有持续性的专业学习、实训机会，促使其在专业上快速成长。

（三）以流动人口的参与为重点，开展分类服务，塑造积极向上的社会心态

依据社区精神卫生服务三级预防体系和社区实际，将社区心理健康服务分为心理治疗、心理咨询和心理健康教育三大服务内容，对流动人口开展分类服务。心理治疗以社区卫生

服务中心为主，社区和园区发现疑似需要心理治疗的精神疾病患者或严重心理问题者，可以转介到社区卫生服务中心进行医学—心理诊断和治疗；心理咨询主要由社区心理健康服务站（或社区家庭综合服务中心的心理辅导站）、园区心理健康服务站承担，服务对象是有发展性心理问题的流动人口，由社工＋心理咨询师实施，通过服务解决流动人口的心理问题，提升生活品质；心理健康教育是预防心理问题的重要手段，服务对象涵盖流动人口及其家庭，由社区和园区心理健康服务站承担，社工联系师资，普及心理健康常识，提高心理健康意识，科学地维护心理健康。

流动人口社区心理健康服务的出发点和终点是提升流动人口的心理健康水平，学会应对工作、生活上的危机事件，实现社会融入，塑造积极向上的新厦门人心态，基于此，体系构建的重点是流动人口的参与。可以针对流动人口的迫切需求，考虑其工作特点，主动提供服务，引导流动人口科学认识心理健康的意义，参与服务推进和反馈服务成效，最终实现服务目标，彰显社区心理健康服务的价值。

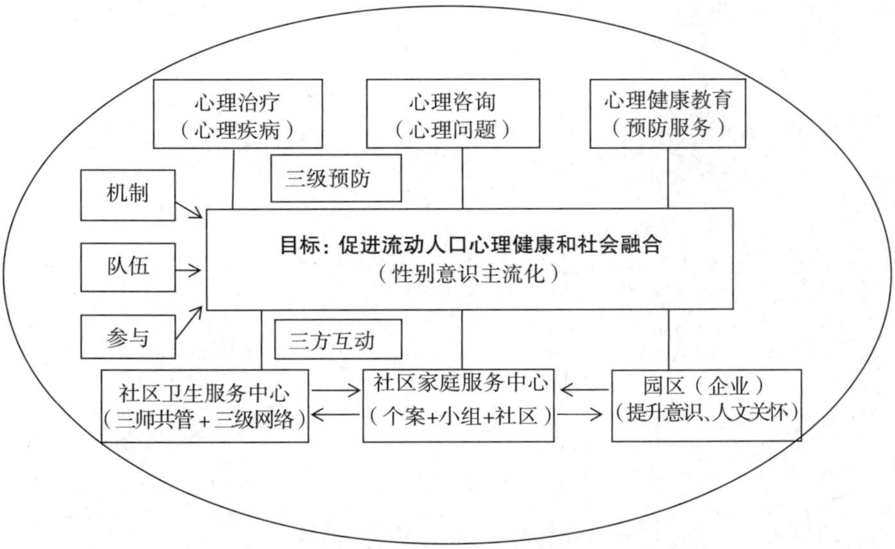

图 2　流动人口社区心理健康服务体系图

Mental Health of Female Floating Population: Cognition, Demand and Construction of Community Service System

Ju Donghong

(School of Law, Jimei University, Xiamen, 361021)

Abstract: The female floating population has high work intensity, high life pressure, and special mental health problems and needs. Taking the floating population in Xiamen as the research object, using the method of questionnaire and interview. This paper analyzes the cognitive status, service demand and influencing factors of this group on mental health and community mental health service from the perspective of gender. The study found that compared with men, the female floating population has higher self-evaluation of mental health, more reasonable cognition of mental health standards, higher awareness, support and demand for mental health services. They hope to get professional guidance in stress management, career planning and self-development, children education, etc. , but the existing mental health service system is not perfect, which is difficult to fully satisfice sufficient demand. In practice, we should take the mechanism construction as the foundation, the team construction as the core, and the residents' participation as the focus, build the community mental health service system of the floating population, implement the equalization of the basic public services for health and family planning of the floating population, and promote social integration.

Key words: the female of the species; floating population; mental health; service system; gender awareness

性别视角下的老年人
认知功能与精神健康影响因素研究

武之琳 袁满琼 方亚 张鹤敏*

内容摘要：以厦门市大嶝街道为例，探讨不同性别视角下老年人的认知功能与精神健康的影响因素。采用整群抽样的方法，于2019年4—5月，对大嶝街道两个社区所有60岁及以上常住老年人进行问卷调查。通过简易智力状态评估量表（Mini-cog）及简版国际通用老年抑郁量表（GDS-15）分别测量老年人认知功能与精神状况。对总体及不同性别老年人群建立logistic回归模型，探索认知功能与精神健康的影响因素。结果，老年人认知障碍率为47.69%，且女性高于男性（54.98% v.s. 37.26%）；抑郁发生率为25.50%，但在男女性别中没有差异（P>0.05）。多因素logistic回归结果表明年龄、文化程度、锻炼是男女老年人认知障碍的共同影响因素（P<0.05），社交是男性认知障碍的影响因素（OR＝2.40，p<0.05），但对女性老年人认知影响不具统计学意义（P>0.05）。收支情况是男女老年人抑郁的共同影响因素（P<0.05），年龄、饮茶是女性抑郁的影响因素（P<0.05），但二者对男性老年人不具统计学意义。结论是老年人认知功能和精神健康受多种因素共同影响，且存在一定的性别差异，有必要针对不同性别老年人开展具有针对性的预防和干预措施。

关键词：老年人；性别差异；认知；抑郁

一、研究背景

早在20世纪90年代末，我国就已步入老龄化社会，且老龄化进程不断加速。据国家统计局统计，截至2018年，我国60岁及以上老年人口已达到2.49亿，占全国人口的17.90%，预计到2050年该比例将上升至34.90%。健康老龄化是我国应对人口老龄化的必由之路，而认知功能与精神状况是评价老年人健康的重要指标。由于生理结构、社会环境

* 作者简介：武之琳（1996— ），女，2019级硕士研究生，专业方向老年认知健康。袁满琼（1987—），女，工程师，专业领域是老年健康。张鹤敏（1999— ），女，2017级本科生，专业研究领域是女性健康。

作者单位：厦门大学公共卫生学院、福建省高校卫生技术评估重点实验室。

通讯作者：方亚，医学博士，厦门大学公共卫生学院教授，博士生导师，卫生技术评估福建省高校重点实验室主任，专业研究领域为卫生统计与健康医疗大数据、慢性病、流行病、老龄健康。Email：fangya@xmu.edu.cn，地址：福建省厦门市翔安区翔安南路，邮编：361102，电话：0592-2880636。

等因素，老年人认知、精神健康及其影响因素可能存在性别差异，然而相关研究较少。厦门市作为全国最适宜养老的城市之一，人口老龄化是其必须面对的最严峻的社会问题之一。本文以厦门市大嶝街道为例，探索不同性别视角下老年人认知功能及精神健康的现状及其影响因素，为制定针对性别差异的预防和干预措施提供参考依据。

二、对象与方法

(一)对象

本研究选取大嶝街道的田墘和小嶝两个社区，于 2019 年 4—5 月对辖区内所有 60 岁及以上的老年人开展面对面调查。最终发放问卷 903 份，回收有效问卷 892 份(98.88%)，占社区常住老年人口的 94.00%。所有调查对象均签署知情同意书。

(二)调查内容

调查内容包括：(1)一般人口学特征：性别、年龄、身高、体重、文化程度、婚姻状态、居住方式、收支情况等；(2)生活行为方式：吸烟、饮酒、锻炼、社交活动等；(3)认知功能：采用 Mini-cog 量表评估老年人认知水平。Mini-cog 量表是一种可以快速区分认知功能障碍与否的简易认知量表，包括单词记忆和时钟绘制两个项目，总分为 0～5 分，得分越高提示认知功能越好，得分≤2 分认为存在认知障碍；[①](4)精神状况：采用简版国际通用老年抑郁量表(GDS-15)测评老年人的精神状况。该量表具有良好的重测信度和内部一致性，包含不愉快、冷漠和焦虑、失去希望、记忆丧失和社会活动减少等因子。[②] GDS-15 量表共计 15 个条目，其中 4 个为反向计分条目，分数越高提示抑郁症状越明显，得分≥4 分认为存在抑郁症状。[③]

(三)质量控制

在正式调查前开展预调查，并制定调查的标准操作手册，根据标准操作手册对调查员进行统一培训。调查过程中安排专人对当天的调查问卷进行核对、查缺补漏，信息不完整的问卷要求于当天补齐。现场调查结束后，对数据进行整理核查，所有数据均采用双人双录入，并对输入数据进行一致性检验。

---

① McCarten, J. R., et al.. Screening for Cognitive Impairment in an Elderly Veteran Population: Acceptability and Results Using Different Versions of the Mini-Cog.[J]. Journal of the American Geriatrics Society, 2011, 59(2): 309-313.

② Onishi, J., et al.. The Relationship Between Functional Disability and Depressive Mood in Japanese Older Adult Inpatients[J]. Journal of Geriatric Psychiatry and Neurology, 2016, 17(2): 93-98.

③ Shin, C., et al.. Usefulness of the 15-item geriatric depression scale (GDS-15) for classifying minor and major depressive disorders among community-dwelling elders[J]. Journal of Affective Disorders, 2019, 259: 370-375.

（四）统计分析

通过 χ^2 检验比较不同人口学特征在性别间的差异，采用多因素 logistic 模型探索不同性别老年人认知功能与精神状况的影响因素。采用 Epidata 3.02 建立数据库，SPSS22.0 软件进行统计分析。

三、研究结果

（一）调查对象人口学基本特征及影响因素差异比较

在 892 名老年人中，男性 367 人，占 41.1%。总体平均年龄 70.32（SD=8.22）岁，男性平均年龄略低于女性（69.48 岁 v. s. 70.91 岁），且≥80 岁的高龄老年人在男性中占比低于女性（14.17% v. s. 20.19%）。受教育程度普遍较低，七成以上女性老年人为文盲，而六成以上的男性文化程度仅为小学。虽然多数老年人处于在婚状态（71.01%），但女性非在婚占比远高于男性（41.22% v. s. 11.48%）。老年人以非独居的较多（86.98%），女性独居较高于男性（17.18% v. s. 7.08%）。超半数的老年人有饮茶习惯（56.67%），但男性从不饮茶占比多于女性（51.37% v. s. 37.71%）。近一半的老年人偶尔或每天锻炼（46.62%），男性每天锻炼人数多于女性（38.69 %v. s. 30.98）。47.69%的老年人存在认知障碍，且在女性中更为普遍，占 54.98%。74.50%的老年人精神状况正常，女性抑郁占比略高于男性（26.50% v. s. 23.80%）。详见表 1。

（二）认知功能障碍及精神状况多因素 logistic 回归分析

进一步，采用多因素 logistic 回归，探索不同性别老年人认知功能与精神状况的影响因素。由于超九成的女性从不吸烟、不饮酒，因而在女性回归分析时未将二者纳入模型。同时，由于老年人整体文化程度较低，故将文化程度小学与初中及以上合并为“非文盲”组。

认知功能：无论对男性还是女性，高龄、低教育文化程度及缺乏锻炼是老年人认知功能的独立危险因素。其中，相较于 60～69 岁组老年人，年龄为 80～89 岁者发生认知障碍的风险提高了 1.70 倍，非文盲组老年人发生认知障碍的风险是文盲组的 53%，而每天锻炼的老年人的风险是从不锻炼者的 60%。社交参与情况对老年人认知的影响存在性别差异。对于男性，经常参与社交活动有利于保护老年人的认知功能（OR=0.42），而这一保护作用在女性老年人群中不显著。详见表 2。

精神状况：对于女性老年人，高龄、入不敷出是影响其精神健康的危险因素，而时常饮茶能降低抑郁风险。其中，相较于 60～69 岁者，年龄在 80～89 岁的老年人发生抑郁的风险提高了 1.02 倍；相对于收支平衡者，入不敷出者发生抑郁的风险提高了 3.74 倍；每天饮茶者发生抑郁的风险是从不饮茶者 0.36 倍。而对于男性老年人，饮茶及高龄对其抑郁发生的影响并不显著（P>0.05），但收支情况仍然是其影响因素，且收入大于支出者发生抑郁的风险是收支平衡者 0.31 倍。详见表 3。

表 1 调查对象人口学特征及影响因素的性别差异

变量		总体		女性		男性		P^1
		人数	%	人数	%	人数	%	
年龄（岁，N=892）	60～69	489	54.82	279	53.14	210	57.22	0.068
	70～79	245	27.47	140	26.67	105	28.61	
	80 以上	158	17.71	106	20.19	52	14.17	
文化程度（N=883）	文盲	467	52.89	399	76.44	68	18.84	<0.001
	小学	344	38.95	114	21.84	230	63.71	
	初中及以上	72	8.15	9	1.72	63	17.45	
婚姻状态（N=883）	在婚	632	71.01	308	58.78	324	88.52	<0.001
	非在婚	258	28.99	216	41.22	42	11.48	
居住方式（N=891）	独居	116	13.02	90	17.18	26	7.08	<0.001
	仅与配偶	247	27.72	114	21.76	133	36.24	
	配偶及子女	313	35.13	161	30.73	150	40.87	
	仅与子女	171	19.19	133	25.38	40	10.90	
	其他	44	4.94	26	4.96	18	4.90	
饮茶（N=891）	从不	386	43.32	198	37.71	188	51.37	<0.001
	偶尔	127	14.25	85	16.19	42	11.48	
	每天	378	42.42	242	46.1	136	37.16	
锻炼（N=890）	从不	475	53.37	298	56.98	177	48.23	0.03
	偶尔	111	12.47	63	12.05	48	13.08	
	每天	304	34.16	162	30.98	142	38.69	
收支情况（N=888）	收入<支出	70	7.88	40	7.63	30	8.24	0.127
	收支平衡	419	47.18	262	50.00	157	43.13	
	收入>支出	399	44.93	222	42.37	177	48.63	
吸烟[2]（N=889）	否	692	77.84	520	99.43	172	46.99	<0.001
	是	197	22.16	3	0.57	194	53.01	
饮酒（N=889）	否	676	76.04	488	93.31	188	51.37	<0.001
	是	213	23.96	35	6.69	178	48.64	
BMI[3]（N=881）	偏瘦	69	7.83	45	8.69	24	6.61	0.229
	正常	407	46.20	228	44.02	179	49.31	
	偏胖	405	45.97	245	47.3	160	44.08	

续表

变量		总体		女性		男性		P[1]
		人数	%	人数	%	人数	%	
社交（N=892）	否	689	77.20	405	77.14	284	77.38	0.933
	是	203	22.80	120	22.86	83	22.62	
认知功能（N=887）	认知障碍	423	47.69	287	54.98	136	37.26	<0.001
	认知正常	464	52.31	235	45.02	229	62.74	
精神状况（N=882）	抑郁	192	25.50	123	26.50	69	23.80	0.405
	正常	562	74.50	341	73.50	221	76.20	

[1] 卡方检验 P 值。

[2] 否：从不吸烟；是：目前在吸烟或已戒烟。

[3] BMI<18.5 kg/m^2 为偏瘦，18.5 kg/m^2≤BMI<23 kg/m^2 为正常，23 kg/m^2≤BMI 为偏胖。

表 2 认知功能多因素 logistic 回归

		总体（N=857）		女性（N=505）		男性（N=352）	
		OR	95%CI	OR	95%CI	OR	95%CI
性别	男			—	—	—	—
	女	0.97	(0.60,1.61)	—	—	—	—
年龄（岁）	60～69						
	70～79	1.01	(0.71,1.44)	1.11	(0.70,1.76)	0.95	(0.53,1.71)
	80～89	2.70	(1.71,4.25)	2.92	(1.62,5.26)	2.20	(1.01,4.79)
文化程度	文盲						
	非文盲	0.53	(0.37,0.75)	0.63	(0.41,0.98)	0.401	(0.22,0.74)
居住方式	独居						
	仅与配偶	0.80	(0.40,1.62)	0.70	(0.27,1.79)	1.03	(0.32,3.31)
	配偶及子女	0.67	(0.40,1.33)	0.56	(0.22,1.38)	0.85	(0.27,2.71)
	仅与子女	0.74	(0.44,1.25)	0.63	(0.34,1.16)	1.10	(0.36,3.37)
	其他	0.74	(0.32,1.71	0.91	(0.31,2.66)	0.58	(0.13,2.70)
婚姻状态	在婚						
	非在婚	0.81	(0.45,1.47)	0.76	(0.35,1.65)	0.84	(0.29,2.37)
BMI	偏瘦						
	正常	0.71	(0.39,1.28)	0.59	(0.27,1.29)	0.8	(0.31,2.49)
	偏胖	0.74	(0.41,1.35)	0.52	(0.24,1.14)	1.13	(0.39,3.22)

续表

		总体(N=857)		女性(N=505)		男性(N=352)	
		OR	95%CI	OR	95%CI	OR	95%CI
社交	否						
	是	0.63	(0.44,0.90)	0.75	(0.47,1.20)	0.42	(0.23,0.77)
饮茶	从不						
	偶尔	0.71	(0.44,1.14)	0.87	(0.49,1.55)	0.35	(0.13,0.95)
	每天	0.82	(0.58,1.18)	1.04	(0.68,1.58)	0.52	(0.26,1.06)
锻炼	从不						
	偶尔	1.19	(0.86,1.65)	0.98	(0.64,1.51)	0.57	(0.27,1.21)
	每天	0.60	(0.36,0.99)	0.41	(0.21,0.79)	0.57	(0.34,0.96)
收支情况	收支平衡						
	收入＜支出	0.66	(0.37,1.20)	0.55	(0.26,1.17)	0.83	(0.32,2.17)
	收入＞支出	1.19	(0.88,1.61)	1.23	(0.83,1.82)	1.06	(0.64,1.75)
吸烟	否						
	是	0.63	(0.40,1.00)			0.64	(0.37,1.11)
饮酒	否						
	是	0.93	(0.63,1.38)			1.02	(0.63,1.66)

表 3　精神状况 logistic 回归分析

变量		总体(N=727)		女性(N=452)		男性(N=277)	
		OR	95%CI	OR	95%CI	OR	95%CI
性别	男			—	—	—	—
	女	0.89	(0.48,1.65)	—	—	—	—
年龄(岁)	60～69						
	70～79	1.36	(0.88,2.10)	1.55	(0.87,2.75)	1.09	(0.52,2.30)
	80～89	1.63	(0.97,2.72)	2.02	(1.05,3.91)	1.38	(0.52,3.61)
文化程度	文盲						
	非文盲	0.99	(0.64,1.54)	0.79	(0.45,1.38)	1.35	(0.60,3.05)
居住方式	独居						
	仅与配偶	0.94	(0.38,2.36)	1.63	(0.47,5.67)	0.41	(0.09,1.84)
	配偶及子女	1.23	(0.50,3.06)	2.53	(0.72,8.85)	0.56	(0.13,2.39)
	仅与子女	0.55	(0.29,0.99)	0.55	(0.27,1.11)	0.40	(0.10,1.61)
	其他	1.00	(0.36,2.78)	1.37	(0.38,4.99)	0.50	(0.08,3.14)

续表

变量		总体(N=727)		女性(N=452)		男性(N=277)	
		OR	95%CI	OR	95%CI	OR	95%CI
婚姻状态	在婚						
	非在婚	1.48	(0.66,3.29)	2.05	(0.69,6.04)	1.22	(0.33,4.56)
BMI	偏瘦						
	正常	0.85	(0.45,1.59)	0.86	(0.39,1.93)	0.68	(0.21,2.15)
	偏胖	0.94	(0.49,1.79)	1.43	(0.62,3.32)	0.40	(0.12,1.29)
社交	否						
	是	0.73	(0.45,1.17)	0.68	(0.37,1.26)	0.81	(0.37,1.74)
饮茶	从不						
	偶尔	0.49	(0.28,0.89)	0.42	(0.21,0.85)	0.45	(0.13,1.54)
	每天	0.49	(0.32,0.74)	0.36	(0.21,0.61)	0.53	(0.23,1.1)
锻炼	从不						
	偶尔	1.31	(0.87,1.98)	1.21	(0.71,2.08)	1.71	(0.74,4.21)
	每天	1.43	(0.79,2.58)	0.93	(0.41,2.11)	0.64	(0.32,1.28)
收支情况	收支平衡						
	收入<支出	1.65	(0.88,3.09)	4.74	(2.07,10.85)	0.36	(0.10,1.28)
	收入>支出	0.54	(0.37,0.79)	0.71	(0.44,1.15)	0.31	(0.16,0.59)
吸烟	否						
	是	0.95	(0.54,1.66)		0.82	(0.41,1.65)	
饮酒	否						
	是	0.97	(0.59,1.58)		0.79	(0.42,1.49)	

四、讨论

本调查发现大嶝街道老年人认知障碍发生率为47.69%,高于全国平均水平,①且女性发生率高于男性。这可能由于认知功能受文化程度影响,②大嶝街道老年人文化程度普遍偏低,且女性的文化程度低于男性。同时,女性平均年龄及高龄老年人占比均高于男性,而

① 丁淑平等.22省城乡老年人轻度认知障碍现状与对策[J].护理研究,2009,23(08):676-677.

② 陶雪琴等.社区老年人轻度认知功能障碍的流行病学调查[J].中国老年学杂志,2016,36(13):3283-3286.

年龄增长是认知功能下降的关键因素，[①]进而导致女性整体认知水平低于男性。本调查还发现25.5%的大嶝街道老年人出现抑郁症状，低于国内外同类报道，且在性别间没有显著差异。

调查显示，无论对于男性还是女性，高龄、低文化程度、缺乏锻炼都是认知功能下降的独立危险因素，这与以往研究结论一致，[②]相关理论也颇为成熟，在此不再赘述。值得注意的是，本研究发现社交参与情况对老年人认知功能的影响存在性别差异。对于男性，经常参与社交活动有利于保护其认知功能，而这一保护作用在女性老年人群中并不显著，这与相关研究结果一致。[③] 这可能是由于男性并不是传统意义上的家庭照料者，社会参与机会高于女性。对于男性老年人，由于退休等原因造成与工作相关的活动大幅减少，面临更大的认知衰退风险。因此，与女性老人相比，社会参与对男性老人的刺激作用可能更大，对认知功能起到的保护作用更明显。[④]

与认知功能不同，老年人精神状况的影响因素存在较大的性别差异。对于女性，高龄和从不饮茶是影响其精神健康的危险因素，但对于男性，二者的影响并不显著。[⑤] 对于有饮茶习惯的老年人，茶叶中的茶多酚可以消除自由基，防止脂肪酸的过氧化，延缓衰老，同时，饮茶可以养身悦志，陶冶情操，放松和调控紧张情绪，对心理健康非常有利。[⑥] 此外，研究发现虽然无论对于男性还是女性，收支水平都是精神健康的影响因素，但影响方式却存在性别差异。对于女性，相较于收支平衡者，入不敷出者更容易产生抑郁，但收入高于支出的状态并没有降低女性患抑郁症的风险。而对于男性，在入不敷出的情况下对其精神健康没有显著性的影响，而在收入大于支出时却能降低其发生抑郁的风险。这可能由于女性在经济状况紧张的时候，更易产生悲观情绪，继而抑郁，而当生活水平能满足基本生活需求的时候，经济状况不再是影响其精神健康的重要因素。[⑦] 相反，男性心理弹性较大，在经济拮据的情况

---

① 黄河浪等．社区阿尔茨海默病患者血中相关元素、神经递质的含量与分布特点[J]. 中华疾病控制杂志，2012，16(05)：382-387.

② 陶雪琴等．社区老年人轻度认知功能障碍的流行病学调查[J]. 中国老年学杂志，2016，36(13)：3283-3286；黄河浪等．社区阿尔茨海默病患者血中相关元素、神经递质的含量与分布特点[J]. 中华疾病控制杂志，2012，16(05)：382-387；Langoni, C. D. S., et al.. Effect of Exercise on Cognition, Conditioning, Muscle Endurance, and Balance in Older Adults With Mild Cognitive Impairment: A Randomized Controlled Trial[J]. Journal of Geriatric Physical Therapy, 2019，42(2)：15-22.

③ 薛新东．社会参与对我国中老年人认知功能的影响[J]. 中国卫生政策研究，2018，11(05)：1-9.

④ 薛新东．社会参与对我国中老年人认知功能的影响[J]. 中国卫生政策研究，2018，11(05)：1-9.

⑤ Derry, H. M., et al.. Sex Differences in Depression: Does Inflammation Play a Role[J]. Current Psychiatry Reports, 2015，17(10).

⑥ 陈玉明等．上海市社区老年人常见心理问题现况及其影响因素研究[J]. 中国全科医学，2017，20(30)：3781-3785.

⑦ 张莉．从性别和婚姻状况的角度探讨代际支持对我国老年人抑郁的影响[J]. 华中科技大学学报(社会科学版)，2019，33(05)：28-38.

下并不会对精神状况产生太大的影响，①在经济状况良好时能显著改善其精神健康。② 总的来说，良好的经济条件对于维持老年人的精神状况有着不可忽视的作用。③

本研究尚存在一定的局限性：首先大嶝街道老年人（尤其是女性）文化程度普遍较低，使得 Mini-cog 量表的敏感性下降，认知障碍区分度下降。其次，老年人认知功能与精神状况之间可能互为因果关系，而本次调查为横断面调查，难以明晰二者的因果关系，未来可进一步开展追踪调查，阐明不同性别老年人认知与精神的影响机制。但本研究是为数不多的从性别的视角分别探讨了老年人的认知功能和精神健康的影响因素，对制定针对性别差异的预防和干预措施具有重要的参考意义。

A Study on the Influencing Factors of Cognitive Function and Mental Health in the Elderly from the Gender Perspective

Wu Zhilin　Yuan Manqiong　Fang Ya　Zhang Hemin

(The School of Public Health, Xiamen University, Xiamen, 361005)

Abstract: To explore the influence factors of cognitive function and mental health of the elderly from different gender perspectives. It conducted a survey for all the permanent residents aged 60+ in two communities of the Dadeng street by cluster sampling, from April to May in 2019. Cognitive function and mental health were measured by the Mini-cog and the GDS-15 scales, respectively. Logistic regression models were established to explore the influencing factors of cognitive function and mental health in the general, male and female elderly populations. Results: The rate of cognitive impairment for the general population was 47.69%, and female had a higher rate than male (54.98% v. s 37.26%). The prevalence of depression was 25.50%, and no difference existed between men and women ($P>0.05$). The results of multivariable logistic regression showed that age, education and exercise were the common factors which influence cognitive impairment among men and women ($P<0.05$). Social activity is an impact factor of cognitive impairment in men ($OR=2.40$, $P<0.05$). The relationship between income and expenditure was a common factor affecting depression in male and female elderly ($P<0.05$). Age and the frequencies of drinking tea are factors affecting depression in women ($P<0.05$), but neither were statistically significant in men. Conclusions: Cognitive

① 赵小淋等．社区老年人心理弹性特点及其与抑郁的关系[J]. 成都医学院学报，2015，10(06)：44-747.

② Brinda, E. M., et al.. Health, Social, and Economic Variables Associated with Depression Among Older People in Low and Middle Income Countries: World Health Organization Study on Global AGEing and Adult Health[J]. The American Journal of Geriatric Psychiatry, 2016, 24(12).

③ 黄庆波，陈功．北京市社区老年人抑郁的影响因素[J]. 中国老年学杂志，2017，37(04)：993-995.

function and mental health of the elderly are affected by many factors, and gender differences existed. Therefore, it is necessary to carry out targeted prevention and intervention measures for the elderly of different genders.

Key words: Aged; Sex Differences; Cognitive; Depression

性别与教育

Gender and Education

Women/Gender Studies

福建农村女性终身教育服务乡村振兴战略调查研究*

顾志峰 苏雪萍 颜溢惠 潘凌艳 黄陈芳**

内容摘要:通过对来自全省各地的四百多名农村女性的调查研究发现,农村女性对终身教育的认知良好,但是终身教育的途径、内容、学习手段等需求得不到满足、家庭负担制约农村女性接受终身教育、终身教育服务乡村振兴战略作用不明显、终身教育服务乡村振兴战略的外部支持不够。因此,需要构建农村女性终身教育体系,从源头上激发农村女性参与乡村振兴战略的内生动力;整合联动各方资源,形成合力,为妇女群众提供更多普惠性培训资源;强化服务,优化终身教育的师资结构,有效提升课程的针对性;创新形式,拓展终身教育的学习方式,完善相关配套设施的建设。

关键词:农村女性;终身教育;乡村振兴战略

一、研究综述

党的第十九次代表大会报告明确提出"实施乡村振兴战略",并提出了"产业兴旺、生态宜居、乡风文明、治理有效、生活富裕"总要求。广大农村女性作为推动农业农村现代化的重要力量,既是乡村振兴的享有者、受益者,更是推动者、建设者。在农村经济社会发展和家庭生活等方面都发挥着独特作用。马克思主义妇女观认为,妇女解放的程度是衡量普遍解放的天然尺度,而参加社会劳动是妇女解放的一个重要先决条件。世界银行 1991 年发展报告指出:"女性教育是经济和社会发展的养分之一。联合国统计资料也证明,妇女教育如果无法提到接近男子教育水平的程度,由于提高男子的教育水平而取得的社会效益就会被抵消。"农村女性的思想道德水平、科学知识技术储备、综合文化素养水平的高低,不仅关乎女性群体自身全面自由的发展,还关系到乡村振兴战略的目标实现是否具备强有力的人才基

* 本文是 2019 年省教育厅"农村女性终身教育服务乡村振兴战略研究"课题研究成果,课题编号 JZ190024。

** 顾志峰(1977—),女,汉,福建省妇女干部学校高级讲师,硕士学位,主要研究方向是干部教育培训管理与女性发展。苏雪萍(1981—),女,汉,福建省妇女干部学校讲师,硕士学位,主要研究方向是干部教育培训与女性发展。颜溢惠(1980—),女,汉,福建省妇女干部学校讲师,硕士学位,主要研究方向是女干部领导力建设。潘凌艳(1971—),女,汉,福建省妇女干部学校讲师,本科学历,主要研究方向是女性心理健康与个人成长。黄陈芳(1983—),女,汉,福建省妇女干部学校讲师,硕士学位,主要研究方向是性别平等与女性发展。

础和智力支持。研究农村女性终身教育现状以及对乡村全面振兴的服务作用，具有重要时代意义和实践指导意义。

国内现有文献对女性终身教育的研究主要体现在以下三个方面：第一，女性终身教育的普遍性规律。周亚玲较早关注了这一问题。她结合知识经济特点，从人作为生产要素的角度，阐述了女性受教育水平与一国经济发展的关系，并从性别视角提出了对策与建议。① 谭琳和刘汉辉认为女性终身教育不再拘泥于一次性或阶段性的学校教育，而是一种伴随女性的生命历程、面向处于不同生命周期阶段的女性群体，以满足不同女性群体提高其发展能力的需求。为适应知识经济和全球化发展形势，应从内容、方式、途径等方面对女性终身教育体系进行创新。② 周娟在女性终身教育的概念上持有同样的观点，并提出了知识经济环境下女性终身教育途径的构建，提出要在观念上重视女性终身教育，整合正规、非正规教育体系及社区的资源，充分利用现代网络技术，为女性终身教育提供支持。③ 第二，职业女性的闲暇教育。刘艳梅结合实证研究结果，指出闲暇教育对职业女性生活质量的提升，自我发展具有十分重要的意义，提出推进闲暇教育进入正规和非正规及社会教育体系、建议成立相应机构培养闲暇教育的指导者等。④ 彭琪的研究发现，随着社会进步、职业女性群体的崛起、终身教育理念的传播、学习型社会的到来以及女性主体性意识的唤醒，职业女性对闲暇教育产生了客观需求并从自身和外界两个层面提出了对策。⑤ 第三，对农村女性的终身教育。陈慧平认为发展农村女性教育应注重系统性，并从发展农村女性教育的系统环境、系统结构、系统元素等方面提出了建议。⑥ 冯万里提出发展农村终身教育事业主要任务就是大力开展农村女性终身教育工作，并对不同群体的农村女性提出了针对性建议，认为开展远程教育是构建农村终身教育体系的最佳途径。⑦ 王蕾蕾从实证研究的角度提出，构建我国农村女性终身学习体系需要在法律支持、组织支撑、财政支持、认证支持、资源保障等方面采取切实可行的措施。⑧ 李倩结合实证研究，从社会性别视角分析农村女性职业教育与培训存在的障碍与成因，提出政府和社会组织要为农村女性职业发展创造良好的外部环境，要构建农村女性职业教育体系，将性别意识纳入农村女性职业教育，探索实现农村女性终身教育之路⑨。

---

① 周亚玲．也论知识经济与女性终身教育[J]．中华女子学院学报(社会科学版)，2001，13(48)：11-16.

② 谭琳，刘汉辉．浅论新时期的女性终身教育[J]．中华女子学院学报，2003，15(2)：12-15.

③ 周娟．论新时期我国女性终身教育途径之构建[J]．长春工业大学学报(高教研究版)，2010，31(4)：48-50.

④ 刘艳梅．终身教育背景下职业女性闲暇教育研究——以杭州市保险业职业女性的调研为例(硕士学位论文)[D]．福州：福建师范大学，2008.

⑤ 彭琪．职业女性闲暇教育研究——以河南省郑州市为例(硕士学位论文)[D]．南昌：江西师范大学，2017.

⑥ 陈慧平．发展农村女性教育应注重系统性[J]．中共贵州省委党校学报，2007(107)：81-84.

⑦ 冯万里．不能忽略的另一半——终身教育框架下的农村女性教育思考[J]．绥化学院学报，2008，28(5)：168-170.

⑧ 王蕾蕾．我国农村女性终身学习体系运行方式研究——以山东农村女性为例[J]．中华女子学院学报，2008，20(6)：70-73.

⑨ 李倩．新农村建设中农村女性职业教育与培训研究(硕士学位论文)[D]．天津：天津大学，2011.

二、研究思路与方法

鉴于农村女性终身教育服务乡村振兴的研究尚是一片空白，课题尝试从理论层面上对如何构建农村女性终身教育体系，提升农村女性综合素质，增强农村女性自我发展能力，最终使得农村女性成为推动乡村振兴战略目标实现的智力支持和人才优势，并从实践层面提出建议与对策，旨在为相关政府部门推动乡村振兴战略供理论参考和借鉴。

课题通过问卷调查、深度访谈、实地调研等方式，主要对农村成年女性展开调查研究。一方面对农村女性终身教育现状进行调查研究，通过成功经验与存在问题正反两个方面进行研究；另一方面对农村女性参与乡村振兴的认知、意愿、行为等进行调研，从中了解不同群体的农村女性在思想文化、科学技术知识、综合文化修养等方面存在的短板以及对教育的多元化需求，进而提出构建农村女性终身教育体系服务乡村振兴战略的对策与建议。

课题研究的目标旨在提供一个数据翔实、分析科学、具有较强实践指导意义的研究报告，切实发挥教育在提升农村女性素质，服务乡村振兴战略的作用。

从 3 月到 6 月，课题组对来自全省各地的女村党支部书记、女村委会主任、乡镇及村妇联主席、执委等 450 名农村女性发放调查问卷 450 份，回收 440 份，有效问卷 420 份。从中梳理出 420 个数据翔实的案例进行分析研究(样本基本情况见表 1)。

表 1　样本基本情况(%)

年 龄(岁)	占比(%)	文化程度	占比(%)	政治面貌	占比(%)	婚姻状况	占比(%)
21～30	6.7	小学	0.5	中共党员	76	未婚	4.3
31～40	27.5	初中	37.1	入党积极分子	7.2	已婚	92.1
41～50	53.1	高中/中专	30.7	共青团员	1.7	离异	2.4
51～60	12.7	大专及以上	31.7	群众	15.1	丧偶	1.2

三、农村女性终身教育基本情况

(一)农村女性对“终身教育”的认知良好

听说过“终身教育”并了解它的意思占比 77.8%，认可“终身教育”就是“从小到老，活到老学到老，学无止境”的占比 94.7%，认为参加各种类型的继续教育“很有必要”的占比 93.2%。对于终身教育对女性带来的变化认知上，也呈现多元化理解(见表 2)，说明农村女性对教育及其重要性的认知更加全面、深刻。在学习动机上，集中在“丰富知识”(46%)、掌握实用技术(32.5%)、提升学历(14.8%)三个方面，其他动机，如“结交更多朋友”“被要求参加学习”的占比都极低，“打发时间”的动机为零。Backward 回归分析显示，子女数量在 10%的水平上显著正向影响女性为了提升学历而参加学习，可能是因为子女数量越多，辅导功课的需求更强烈，促使妇女更愿意去主动学习，提升自己。

表 2　教育给女性带来的变化

选　项	百分比(%)
经济更加独立，有保障	74.3
综合能力提高，感觉更幸福	68.1
政治地位提高，有更多参政议政的权利机会	53.6
受教育的权利和机会更多	45.2
家庭地位提高	26.4

(二)农村女性参与终身教育的途径集中且单一

受访者最近参加的一次培训或学习的主办方包含了省、市、县(区)、乡(镇)、村五个层级，其中乡(镇)主办占比最高为 36.3%，其次是县级单位或部门，占比 32.7%，市级单位与省级单位占比分别为 11.6%、14.9%。培训所在地也从村里、乡(镇)、县城、市里、省城向外省扩散，培训所在地在乡(镇)占比最高为 33.9%，其次为县城，占比 28.6%，市里和省城的占比分别为 15.1%、14.3%。这说明，当前农村女性接受终身教育的途径还是比较多元的。而且参加学习的费用由组织培训的单位承担的占比 68.9%，由村里或用人单位承担的占比 14.6%。

(三)农村女性接受终身教育的内容多元化

过去的一年里，没有接受过任何培训的只占比 2.9%，而接受过村务管理知识、党建党务相关知识、法律知识教育的分别占到 69.3%、66.4%、34%，接受过实用技术、职业技能和婚姻家庭家教知识培训的均占比 33.8%，接受综合修养类知识(艺术、健康、礼仪等)培训的占比 17.1%，说明在各级政府提供的学习机会中，学习内容比较丰富，涉及面较广。认为最近一次学习或培训"收获很大"的占比 80.5%，说明农村女性对终身教育的需求还是比较强烈并且对教育内容呈现多元化需求倾向。

四、农村女性终身教育服务乡村振兴存在的问题

(一)终身教育的需求还不能得到较好满足

1. 终身教育的途径需求得不到满足。如前所述，农村女性对终身教育的认知良好，参与终身教育的积极性较高，但是认为"学习渠道太少"妨碍了参加培训或学习的占比过半，达到 51.7%。最近一次学习的费用由自己承担的占比 15.4%。公共图书室是村民自觉学习的重要场所，但是，所在村庄连图书室都没有的仍然占比 19.7%。认为在促进农村女性参与乡村振兴上，要给妇女提供更多学习和提升素质途径的占比最高，为 75%。综合以上分析，可见农村女性终身教育的途径还是比较缺乏的，集中在政府部门的单一供给。

2. 终身教育的内容需求得不到满足。“最急需”的学习内容为党建党务相关知识、村务管理知识、实用技术职业技能的分别占比 30.1%、29.3%、26.6%。在参与乡村振兴过程中，最需要前三位的支持依次为相关政策的及时传递(43.1%)、技术培训(25.2%)、知识教育(17.6%)，远远高于对时间精力(6.4%)、家人亲人支持(5.1%)、性别友好的社会环境(2.5%)的需求。而且 Backward 回归分析显示(表 3)，年龄和子女数量对培训内容起到差异化影响，年龄在 10%的水平上显著正向影响农村女性学习婚姻家庭家教知识，在 10%的水平上显著负向影响她们学习综合修养类知识(艺术、礼仪等)；年龄越小的妇女越愿意学习法律知识；子女数量越多的越不愿意选择学习综合修养类知识(艺术、礼仪等)。农村女性基于实际需要选择学习内容的倾向明显。

表 3 最急需的学习培训

变量	(1) 实用技术职业技能	(2) 党建党务相关知识	(3) 婚姻家庭家教知识	(4) 村务管理知识	(5) 综合修养类知识	(6) 法律知识
年龄	−0.00182	0.0288	0.0287*	0.00821	−0.0280*	−0.0359**
	(0.0340)	(0.0353)	(0.0149)	(0.0360)	(0.0166)	(0.0154)
婚姻状况	−0.0852	0.0842	−0.0437	0.115	−0.0768	0.00645
	(0.111)	(0.115)	(0.0487)	(0.118)	(0.0542)	(0.0503)
子女数量	0.00704	0.000729	0.00760	0.0100	−0.0439**	0.0185
	(0.0399)	(0.0414)	(0.0175)	(0.0422)	(0.0194)	(0.0180)
Constant	0.328**	0.107	−0.0459	0.152	0.337***	0.122*
	(0.146)	(0.151)	(0.0637)	(0.154)	(0.0710)	(0.0659)
Observations	336	336	336	336	336	336
R-squared	0.002	0.006	0.012	0.005	0.052	0.018

*** $p<0.01$, ** $p<0.05$, * $p<0.1$

3. 终身教育的教学手段需求得不到满足。在以往的学习过程中，主要接受的教学方式为教师在教室集中上课(占比 75.7%)，但另一方面，经验交流作为“最希望采取的学习方式”占比最高，达 56.3%，说明农村女性实际接受的教学方式与最希望接受的教学方式存在一定程度的错位。访谈结果也表明，政府自上而下供给的终身教育不仅在内容上而且在教学手段上都跟农村的实际情况有所脱节。

(二)家庭负担制约农村女性接受终身教育

除了学习渠道太少之外，妨碍农村女性参加终身教育的另一个重要原因是工作(农活)忙、时间精力不足，占比 51.9%。这一点从她们的业余时间支配结构上也得到了佐证，空余时间花在做家庭事务(如辅导孩子、做家务等)最多的占比 45.9%。用 Backward 回归分析显示，年龄、婚姻状况对女性空余时间的支配具有显著性统计意义，年龄越大的女性，花在文体休闲上的时间越多；已婚女性相对未婚女性，花在文体休闲上的时间较少，而花在做家务上的时间较多。

(三)农村女性参与乡村振兴亟须加强终身教育

农村女性对乡村振兴及其重要意义的认知积极正面。98.8%的人了解"乡村振兴战略",并积极投身实践,参与产业兴旺、生态宜居、乡风文明、治理有效、生活富裕建设的分别占比56%、71.7%、82.4%、44.5%、37.6%,但是在参与乡村振兴过程中,个人最突出的优势却集中在"群众基础好",占比高达62.4%。基于知识技术类的优势,则远远不如基于工作时间、地缘或亲缘的干群关系,如文化程度较高、创业经验丰富、专业技术能力强的占比分别只有8.4%、5.2%、0.2%。这一点也从54.3%的人对自己的文化程度"不满意"得到印证,说明她们对自身优势的认可并非是基于教育而带来的,她们对终身教育存在较强烈的渴求。

群众基础好是有效引领、服务群众,是有效治理村庄的重要前提。但同时,乡村的全面振兴还需要各种各样的人才支持,需要综合素质和能力都比较优秀的"领头雁"发挥"动车头"作用。尤其在农村女性业已成为农业生产、农村社会建设的主力军的现实面前,加强农村女性的终身教育,提升农村女性的知识、技能等综合素质,对发挥"半边天"的作用,促进乡村振兴,意义重大,时间紧迫。

(四)农村女性终身教育服务乡村振兴作用不明显

农村女性对终身教育服务乡村振兴的作用尚没有清晰的认识,对终身教育的需求更多停留在发展家庭经济或开展村庄工作的需要层面,是基于个体需求的视角而非宏观发展视角。部分女性能意识到农村女性整体接受终身教育对乡村振兴的重要作用,但是在谋求教育资源方面,尤其是公益性资源方面却无从下手,不知道如何从外界获取资源并让所在村庄的妇女从中受益。因此,农村女性终身教育服务乡村振兴的作用主要局限于少数农村优秀妇女(主要是女性村干部),终身教育的覆盖面较小,难以对农村女性的素质提升、对乡村振兴起到一个有效的整体推动。

(五)农村女性终身教育服务乡村振兴战略的外部支持不够

调查发现,农村女性终身教育的"硬件""软件"都比较缺乏。虽然绝大部分村庄都安装了远程会议设备,但是仅限于开会时使用,很少用于远程教育学习。此外,公共学习场所缺乏也是普遍存在的现象。虽然互联网和智能手机普及率较高,手机作为终端学习工具,具有极大便利性,但由于留守在农村的妇女普遍年纪偏大,对智能手机的操作能力不足,网络使用费用也在一定程度上限制了她们通过网络进行终身学习的行动。所以,发达的网络技术条件并没有在促进她们终身学习上发挥太大作用,尤其是中老年妇女,更是成为终身教育的边缘化群体。如何立足实际,给这类群体提供更适合她们的终身教育途径,给她们创造更平等地参与乡村振兴的机会,都是不容忽视的问题。

五、农村女性终身教育服务乡村振兴战略对策建议

(一)源头推动:构建农村女性终身教育体系,激发参与乡村振兴战略的内生动力

乡村振兴,关键在人才,人才振兴是实施乡村振兴战略的重要推力,是落实产业兴旺、生态宜居、乡风文明、治理有效、生活富裕总要求的有力保障。在终身教育的背景下,农村女性终身教育体系的构建必然是全方位的、立体的,要以激发农村女性的主体意识、增强女性参与乡村振兴的内生动力为重点,才能从源头推动农村女性的素质和能力。一方面,引领广大妇女进一步增强对习近平新时代中国特色社会主义思想的政治认同、思想认同、情感认同,深刻理解实施乡村振兴战略的重要性和必要性,切实把思想和行动统一到党的十九大精神上来,把智慧和力量凝聚到实施乡村振兴战略的目标任务上来。另一方面,大力宣传乡村振兴战略,帮助妇女及时了解、掌握和运用强农惠农富农政策,充分发挥积极性主动性创造性,在农村广阔天地展现作为、彰显风采。

(二)形成合力:整合联动各方资源,为妇女群众提供更多普惠性培训资源

农村女性终身教育作为一项系统工程,需要整合各方资源,凝聚各方力量,形成齐抓共管、群策群力、共同推进的工作格局。

1. 强化政府的主体作用。《福建省终身教育促进条例》第 4 条规定:"县级以上地方人民政府应当设立终身教育促进委员会,成员由承担终身教育相关职责的部门负责人和有关专家组成,主要职能为协调、指导、推动和评估终身教育工作,为本级人民政府有关终身教育的决策提供意见和建议。"有条件的乡镇、村可通过党建引领,在乡镇、村党组织的领导下,由乡镇、村妇联组织具体实施,成立农村女性终身教育工作领导小组,实施"农村女性素质提升计划",切实加强领导,精心组织,集中力量,细化实施。

2. 发挥妇联的特殊作用。面向农村女性骨干、基层妇联干部和返乡下乡创业女大学生、女农民工等群体,开展以现代农业实用技术、电子商务、乡村旅游等为内容的巾帼致富种子工程培训、新型职业女农民培训,培育一批爱农业、懂技术、善经营、会管理、诚信守法的新型职业女农民带头人;持续开展送技术到田间地头的培训,切实帮助农村女性提高适应生产力发展和市场竞争的能力;鼓励各类女性人才投身乡村建设,鼓励女大学生、女企业家、女农业科技人员、女留学归国人员等各类女性人才回乡下乡创业创新,大力发展休闲农业、乡村旅游、电子商务和乡村共享经济,参与乡村振兴。发挥好巾帼示范基地的引领作用,重点培育一批"妇"字号合作社、家庭农场、专业大户、龙头企业,引导农村女性调整优化农业结构,转变生产经营方式。[①]

3. 协同社会力量的共同参与。《中国妇女发展纲要》明确提出:"促进妇女参与社区教

---

① 福建省妇女联合会. 福建省妇联开展"乡村振兴巾帼行动"实施方案[EB/OL]. (2018-4-18). http://www.fjwomen.org.cn/showNews.aspx? id=237705.

育。"农村女性终身教育除了依靠政府的力量,还要积极发挥各类社团、社工组织等方方面面的社会力量,集公益性、社区性、综合性为一体,全方位提升农村女性的综合素质,更好地服务于乡村振兴战略。

(三)强化服务:优化终身教育的师资结构,有效提升课程的针对性

调查显示,农村女性最期待的上课老师中,专业培训师的需求最高(占 44.1%)。因此,在对农村女性的培训中可增加专业培训师的比重,特别是有经验、能提供专业指导的教师,将是满足培训对象需求的关键。这就要求终身教育的承办机构能有意识地针对需求培养教师、优化师资结构。一是教师培养体系的构建应朝着开放化、专业化、一体化、现代化的方向发展,增强专业培训师终身学习的意识;二是建立一整套适应专业培训师连续性发展继续教育管理制度,创造条件对专业培训师进行职前培养、任职培训和在职进修,使其不断适应新形势新要求下的教学工作;三是定期针对农村女性最急需的学习内容开展调研,围绕新形势新任务新要求,及时调整农村女性终身教育的课程设计,不断加强教师的科研水平,同时提高培训内容的针对性与适用性。

(四)创新形式:拓展终身教育的学习方式,完善相关配套设施的建设

拓展终身教育的学习通道与形式,可考虑从线上与线下两方面着手。在《国家中长期教育改革和发展规划纲要(2010—2020 年)》中提到,要"构建灵活开放的终身教育体系""搭建终身学习立交桥"。而"互联网+"与教育的结合,恰为搭建终身学习立交桥提供了方便法门。[①] 一是建设终身教育数字化公共服务平台,可通过建立个人学习账号和学分累计制度,为每一个学习者提供多样化可选择的学习内容,使教育资源得到最好的利用,从而推进农村女性终身教育体系的进一步发展和完善;二是针对农村女性工作(农活)忙、时间精力不足,学习条件限制等原因,增加送教下基层、经验交流、田间地头手把手现场教学等学习方式的比重,注重学习过程与知识的转化,切实提高教育培训的实用性与有效性;三是进一步增加政府扶持力度,增加农村女性终身教育的资金投入,强化相关的配套设施建设,降低农村女性在终身教育方面的经济负担,进而提高其参与终身教育的积极性。

A Study on the Strategy of Rural Women's Lifelong Education in Fujian Province

Gu Zhifeng　Su Xueping　Yan Yihui　Pan Lingyan　Huang Chenfang

(Research Group of Fujian Women Cadres School, Fuzhou, 350003)

Abstract: Through the investigation and research of more than 400 rural women from all over the province, it is found that rural women have a good understanding of lifelong education, but the needs of the way, content and learning means of lifelong education can't be met, the family burden restricts rural women′s access to lifelong education, the

① 王宇."互联网+"时代下职业人终身学习模式探究[J].吉林广播电视大学学报,2019(5):70-71.

strategic role of lifelong education in Rural Revitalization is not obvious, external support of Lifelong education serves Rural Revitalization Strategy is not enough. Therefore, it is necessary to build a lifelong education system for rural women to stimulate the endogenous power of rural women's participation in the strategy of Rural Revitalization from the source; integrate and link all resources to form a joint force to provide more inclusive training resources for women; strengthen services, optimize the teacher structure of lifelong education, improve the pertinence of the curriculum effectively; innovate forms and expand the learning methods of lifelong education, improve the construction of relevant supporting facilities.

Key words: rural women; lifelong education; Rural Revitalization Strategy

关于未成年人性别安全保护工作机制研究

姚丽青　郭婕　曾雪梅*

内容摘要：未成年人性别安全保护工作是未成年人保护工作的重要内容。近年来，性侵未成年人案件频频见诸报端，社会各界广泛关注。三明中院通过对全市近五年来性侵未成年人犯罪案件进行统计，归纳案件特点、分析犯罪原因，总结现有防控机制的经验与不足，提出全社会应树立儿童最大利益理念，国家应不断完善未成年人性别安全保护立法、健全性侵未成年人案件联动防控体系，并建立相关配套机制，以期更好地预防和打击性侵未成年人犯罪，为未成年人健康成长创造良好的法治环境。

关键词：未成年人；性侵；防控；配套机制

近年来，性侵未成年人案件时有发生，对未成年人的性别安全保护问题引发社会广泛关注。性侵未成年人案件主要包括强奸、猥亵、强迫卖淫等犯罪案件。虽然我国政府、司法、教育、民政等部门对于未成年人保护工作给予充分重视，并取得了明显成效，但是在预防和打击性侵未成年人犯罪方面，因为存在法律规定不够健全、制度落实不够到位、配套机制缺乏等问题，影响了未成年人性别安全保护工作的深入开展。课题组通过对三明市近五年来性侵未成年人犯罪案件统计分析，查找现有防控机制存在的问题，提出相应建议和对策，以期更好地预防和打击性侵未成年人犯罪。

一、案件基本情况

（一）数据统计

2014 年至 2018 年，三明辖区法院共审结性侵未成年人犯罪案件 134 件，整体呈上升趋势。其中，强奸罪 85 件；猥亵儿童罪 33 件；强制猥亵罪 4 件；[①]强迫卖淫罪 7 件；介绍、组织、容留卖淫罪 5 件。被害未成年人共计 147 人，其中 1 人为男性，其余均为女性，其中 14 周岁

* 姚丽青（1968— ），女，汉族，籍贯：福建莆田，工作单位：福建省三明市中级人民法院。郭婕（1981— ）女，汉族，籍贯：河北沧州，工作单位：福建省三明市中级人民法院。曾雪梅（1985— ），女，汉族，籍贯：福建宁化，工作单位：福建省三明市中级人民法院。

① 以上数据中的“猥亵儿童罪”是指猥亵 14 周岁以下儿童；“强制猥亵罪”是指以暴力、威胁等手段强制猥亵 14 周岁以上不满 18 周岁的未成年人。

以下幼女共 100 人，占被害人总数的 68.03%。

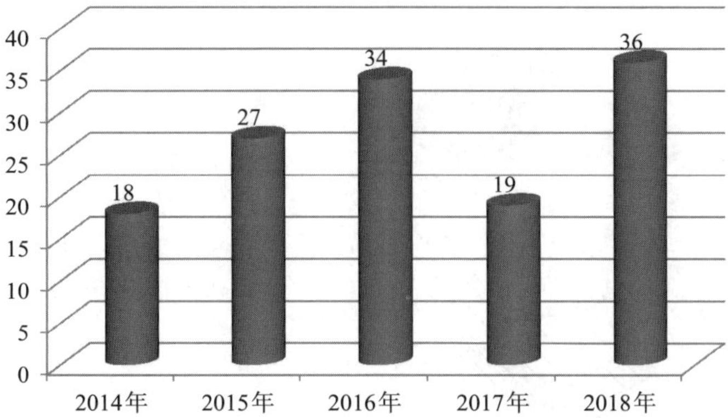

图 1　性侵未成年人案件数量情况(单位:件)

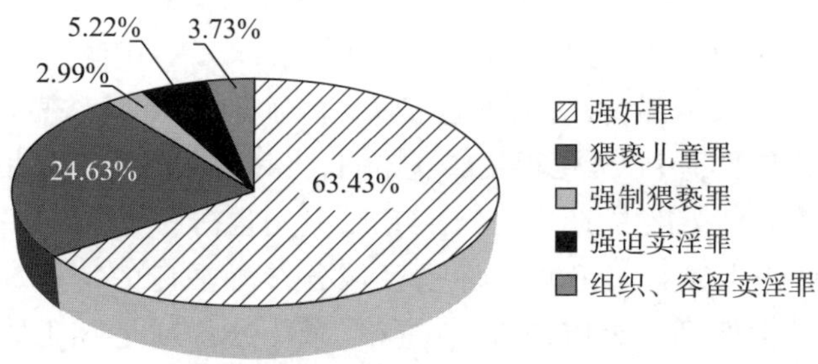

图 2　性侵未成年人犯罪案件类型情况

(二)案件特点

1. 年龄特点。罪犯年龄分布中，最小者为 14 周岁，最大者为 71 周岁，年龄跨度大。其中，14 周岁至 25 周岁以下的青少年比重最大，占总罪犯人数的 49.68%(青少年罪犯中 43.86%为未成年罪犯)。25 周岁以上 40 周岁以下、40 周岁以上 60 周岁以下罪犯数量相当，分别占总罪犯人数的 22.24%、21.66%，60 周岁以上的老年罪犯占 6.42%。

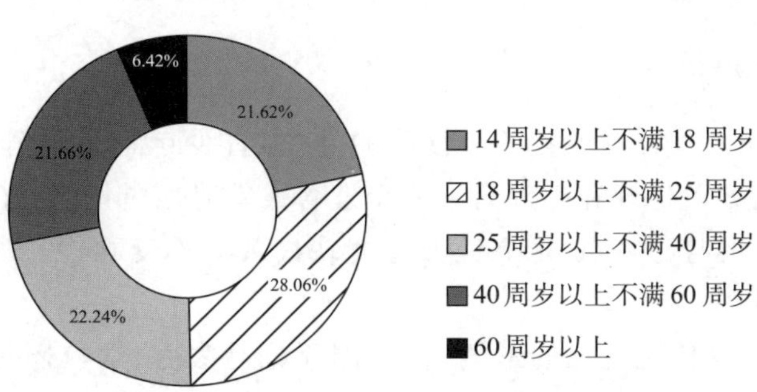

图 3　性侵未成年人罪犯年龄情况

从被害人的年龄分布看，低龄化特征明显，年龄最小者仅为 3 周岁。14 周岁以下幼女占被害人总数的 68.94%(其中，10 周岁以上不满 14 周岁的幼女占 81.57%，6 周岁以上不满10周岁的幼女占7.55%，6周岁以下的幼女占10.88%)，剩余31.06%为14周岁以上18周岁以下未成年人。

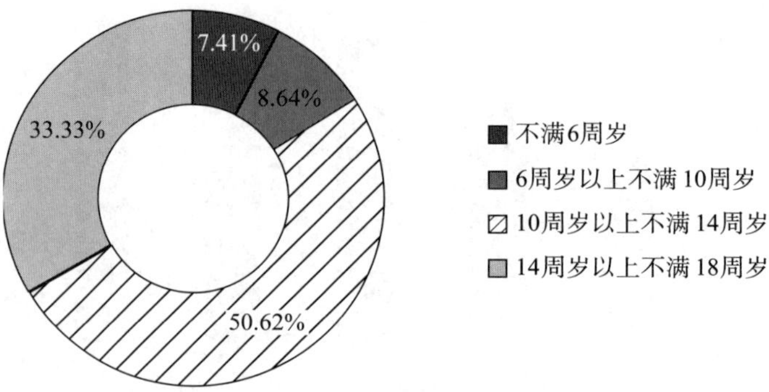

图4 性侵未成年人案件被害人年龄情况

2. 职业特点。所有罪犯中，无业人员占35.87%，务工人员占30.34%，农民占20.70%，个体占5.25%，在校学生占3.40%，干部占1.58%，其他人员占2.86%。值得注意的是，罪犯中出现了国家干部、被害人的监护人、教师、医生等特殊身份人员。

3. 文化程度。所有罪犯中，文化程度普遍偏低。其中，初中文化占54.45%，小学文化占20.55%，高中(含中专)文化占13.08%，大专以上文化占6.81%，文盲占5.11%。

4. 区域分布。性侵未成年人犯罪案件呈区域分布不平衡的特点。部分县(区)案件发生率高，如某县的该类案件可占全市的30%左右，而部分县则是零犯罪。犯罪高发地区主要有人口多、经济较好等特点。此外，城镇发生率占60%以上，高于农村地区。

5. 犯罪手段。犯罪手段以引诱、欺骗、言语威胁、裸照威胁、使被害人醉酒等非暴力手段为主，直接使用暴力的相对较少。值得注意的是，近年来QQ、微信等互联网交友软件往往被人利用成为犯罪工具，涉世未深的未成年人草率与网友相约见面，进而被性侵的案件时有发生。

6. 身份关系。该类犯罪以熟人作案为主，占案件总数的77.5%。熟人关系中主要有朋友、邻居、恋人、父女、师生、同事等。熟人身份往往易使被害人及其监护人放松警惕，让犯罪分子有可乘之机。

(三)犯罪原因分析

1. 与青少年特殊的身心发展相关。该类犯罪中，青少年犯罪比例大，主要是因为青少年特别是未成年人正处于生理和心理尚未完全发育成熟时期，对性的好奇、冲动、追求刺激、意志薄弱等这些特殊的身心特点，加之性教育的缺失及受不良刊物、视频的影响，容易导致他们走上性犯罪的道路。

2. 性教育缺失。受传统观念的影响，在我国无论是家庭、学校还是社会均疏于对性知识及性侵害防范的教育。无论是犯罪的青少年还是性侵的被害人，很大程度上都与其对性的无知和探索有关。未成年被害人往往不知道性行为的意义和危害，性行为可能引发他们的感受困惑，对于所发生的事项既感到忧虑，但又对自己当时似乎也有愉悦或被需求的感觉而感到迷惑，从而反过来认同侵害者的价值观。这是许多未成年被害人被性侵后不懂维护自己权益的原因之一。

3. 法律意识淡薄。数据显示,未成年人实施犯罪以及初中文化以下占比大。这类群体大多文化程度不高,法律知识匮乏,法律意识淡薄。有的罪犯认为"摸一摸"并不是犯罪;有的认为只要被害人自愿,就不构成犯罪;有的到案发被抓时才知道14周岁以下幼女"碰不得"。

4. 家庭监护不力。从案件审理情况看,绝大部分被害人的父母疏于对孩子的监护。他们忙于生计,对未成年子女无暇顾及或关爱甚少。这一方面导致置未成年子女于无人看管境地,给犯罪分子提供了可乘之机,如很多未成年女孩因私自进入娱乐场所而被性侵;另一方面由于情感缺失,未成年子女为寻求情感替代人,容易被犯罪分子的甜言蜜语和小恩小惠引诱,或者过早恋爱,进而成为被侵害的对象。此外,智障女孩因父母管护不力,被犯罪分子甚至多次被不同的犯罪分子性侵的案件也时有发生。

5. 社会管控不力。统计数据显示,我市超过60%的罪犯为无业人员或务工人员。可见,目前我国相关部门、组织对于流动人口的管控还存在问题,他们难以有效甄别具有人身危险性的犯罪人员,更无法为所属居民、村民提供必要的犯罪信息风险提示,使得犯罪分子与未成年人更加接近,增加了犯罪发生的概率。

二、性侵未成年人案件防控机制现状

(一)经验做法

福建省三明市重视打击侵害未成年人合法权益的违法犯罪,形成了"政法一条龙"和"社会一条龙"双龙共舞机制。该市未成年人关爱保护工作领导小组办公室和市未成年人思想道德建设领导小组办公室每年都定期召集成员单位召开联席会议,总结分析当年未成年人关爱保护工作和下年度工作要点,并在遇有特殊情况时,及时开展联动协作。在防控性侵未成年人犯罪方面,小组成员在性别安全教育、法律宣传、协助破案、被害人救助等方面广泛开展协作。

在司法部门,特别是检、法两家单位设立了独立建制的未成年人案件检察科、少年家事审判庭。在办案过程中,对于性侵未成年人犯罪案件,全市司法机关主要有以下经验做法:

1. 从严从快。加大性侵未成年人犯罪案件的惩处力度,做到快侦快诉快审快结。一方面让被告人及时得到法律制裁,另一方面有利于被害未成年人尽快走出阴影。严厉打击该类犯罪,对成年被告人一般不适用缓刑,对未成年被告人慎用缓刑。

2. 保护隐私。一是注重对被害未成年人隐私的保护,该类案件一般不公开审理,即使公开审理,庭审过程中对被害未成年人的相关信息也应进行处理;二是裁判文书中对被害未成年人的相关信息进行隐匿处理,防止泄露被害未成年人的个人信息。

3. 法律援助。对于没有委托专业诉讼代理人参加诉讼的被害未成年人及其监护人,引导其申请法律援助或通知法律援助机构指派律师为其提供法律帮助,保障其诉讼权利。

4. 作证保护。贯彻"一次作证"原则,非因特殊需要,案件审理过程中不再询问被害未成年人或要求其出庭作证。确因案件审理需要的,则选择在特殊场所,即能让被害未成年人心情放松的场所询问；需出庭作证的，则通过法庭专门配备的证人作证室进行音貌处理或使用远程作证等方式保护被害未成年人。

5. 心理辅导。根据案件的具体情况和被害未成年人的实际情况，委托专业心理咨询师为被害人进行心理疏导和治疗，帮助、引导被害人尽快走出阴影，回归社会。

6. 青少年事务司法社工。在少年家事案件中引入青少年事务司法社工，社工在未成年人性侵案件中协助做好庭前被害人社会调查、庭后回访帮扶等工作，同时也大量开展未成年人性别安全保护宣传工作。

7. 协助安置。为避免被害未成年人遭受二次伤害，对于已暴露的未成年被害人，司法机关及时联系教育、妇联、民政等部门协助被害人转学，让其重新融入新的学习生活。

8. 法律宣传。通过召开新闻发布会、发布典型案例、法制进校园、进社区、制作宣传手册、法治校刊等形式，广泛开展未成年人性别安全保护法律宣传工作，提升广大家长、未成年人以及整个社会对未成年人的性别安全保护意识，提高性保护能力。

(二)存在的问题

1. 综合环境不给力。未成年人的成长离不开家庭、学校和社会的影响。家庭是孩子成长的第一环境，父母是孩子的第一任老师，父母在性教育和性侵害防范教育上具有天然的优势。然而，受传统观念的影响，在我国有些父母羞于与孩子谈论性话题，有些父母则由于自身知识水平限制不知如何教授性知识。此外，父母对孩子关爱不足、监管不力，也是导致孩子受性侵的重要原因。学校是未成年人成长的另一重要场所，健康纯净的校园环境和规范全面的安全教育是预防性侵害犯罪的重要环节。目前，学校将性教育纳入必授课程的情况参差不齐，性教育的效果有时也不尽如人意，如近几年频频出现初中幼女学生卖淫的案件，更有些学校在师德师风建设上出现问题，发生老师奸淫学生案件。而在复杂的社会环境中，网络、影视、书籍等大众传媒、形形色色的娱乐项目以及社会不良人士对未成年人有关性方面的不良影响更是无法估量，社会环境的管理与净化问题亟待解决。

2. 法律规定不健全。目前，我国针对性侵未成年人犯罪的法律规定只有如下几条：《刑法》第236条规定的奸淫幼女型强奸罪、第237条猥亵儿童罪、第301条引诱未成年人聚众淫乱罪、第359条引诱幼女卖淫罪。此外，2013年最高人民法院、最高人民检察院、公安部、司法部联合发布的《关于依法惩治性侵害未成年人犯罪的意见》(以下简称《性侵意见》)是唯一一部关于性侵害未成年人犯罪的司法解释。由此可见，我国刑法针对性侵未成年人犯罪的规定大多被包含在其他性犯罪规定的条文当中，并没有针对性侵未成年人犯罪的单独立法。而域外国家，如美国和日本均有预防未成年人性侵案件的专门法律，美国有《梅根法案》、日本有《买春儿童、儿童色情处罚法》，我国台湾地区更是事无巨细地规定了《性侵害防治法》《儿童及少年性教育防治条例》《校园性侵害性骚扰或性霸凌防治准则》《性骚扰防治法》等多部保护性法律。① 相比之下，我国对于未成年人的性别安全保护立法是较为落后的。

3. 制度落实不到位。立法的滞后性不可避免，立法的完善也并非一蹴而就。针对现阶段性侵未成年人犯罪的问题，最迅速有效的方式就是将现有制度规定运作起来。2013年的

① 赵国玲，徐然. 北京市性侵未成年人案件的实证特点与刑事政策建构[J]. 法学杂志，2016(2)：13.

《性侵意见》对办理性侵未成年人犯罪案件的基本理念、程序保障、法律适用等问题做了具体规定。但是，实践中《性侵意见》涉及未成年人切身利益的诸多规定，如“强制报告”“一次性询问”“合适场所”“从业禁止”“信息披露”“撤销监护人资格”等规则、制度运行得并不尽如人意，即使有也只是对其中一两项制度进行尝试，并未形成完整的保护体系。

4. 配套机制不健全。制度落实不到位，其中配套机制不健全是主要原因。《性侵意见》中规定的“合适场所”“从业禁止”“信息披露”“撤销监护人资格”等规则、制度，均需具备配套的工作机制。如“合适场所”需要司法机关在询问被害人时提供有别于平时办案场所的能够消解被害人压力的场地；“从业禁止”需要与人社等相关部门建立“黑名单”信息库，要求在招录人员时严格审查对比黑名单；“信息披露”需要审查被披露的人群范围、披露的地域、披露的方式等；“撤销监护人资格”则需要解决诉讼程序中的难点以及被害人的后续安置等问题。目前以上配套机制都非常欠缺，影响了性侵未成年人案件的办案效果和防控效果。

三、完善未成年人性别安全保护工作的建议

(一)树立儿童最大利益理念

理念是行动的先导，完善性侵未成年人案件防控机制必须有正确的理念引领。未成年人是祖国的未来，民族的希望，他们的健康成长关乎国家的长治久安。因此，树立儿童最大利益理念，是一切未成年人保护工作的基本要求，完善性侵未成年人案件防控机制工作亦不例外。儿童最大利益原则，意味着国家机关和社会各界在处理一切亲子关系或社会关系中涉及儿童利益的问题时，应当给予儿童首要的优先考虑。① 在性侵未成年人案件中应从被害人维度、犯罪分子与被害人利益对比维度中考虑儿童最大利益原则。首先，对于被性侵的未成年人，家庭、社会、国家应遵循儿童最大利益原则，采取一切有利于修复被害人身心的方法，关心、救助被害人，让被害人早日摆脱阴影；其次，在考虑对该类犯罪分子的惩罚时，特别是遇到利益冲突、利益选择问题，如决定是否对其“信息披露”、是否对其“禁业禁止”，应以儿童最大利益理念为指导，做出有利于预防犯罪再次发生的正确的选择。

(二)完善未成年人性别安全保障专门立法

未成年人身心发展不成熟，尚无性自主能力，或者性自主能力较成年人弱，因此未成年人的性自主权需要法律给予特殊的保护。目前，我国还没有就防范控制未成年人性侵害的行为进行专门立法。专门性立法，其优点在于更加注重儿童的特点，更加符合儿童保护的特殊需要，并采取更加符合儿童特点的有效措施与程序，在对儿童权利的保护方面更为合理与恰当。②《性侵意见》在实践中运行不佳，除了前述缺乏配套机制等问题外，法律位阶不够也是重要原因，毕竟其只是司法解释，还未上升为法律。因此，建议尽快完善我国未成年人性别安全保护专门立法，为相关工作的开展提供充足的法律依据。

---

① 王新新．论亲子法中的儿童最大利益原则[M]//陈苇．家事法研究，北京：群众出版社，2009：482.

② 王勇民．儿童权利保护的国际法研究[M]．北京：法律出版社，2010：320.

(三)健全性侵未成年人案件联动防控体系

性侵未成年人犯罪防控是一项系统的社会工程，仅靠一家单打独斗是不够的，必须建立起一个家庭、学校、社会、司法机关互相配合的联动防控体系。在这个防控体系中，应着力加强预防，从源头上遏制性侵未成年人犯罪发生。首先，依托家庭、学校平台，对未成年人开展与其生理和心理发展水平相适应的性教育和性侵害防范教育，同时强化道德修养教育，引导青春期未成年人自尊自爱。家庭、学校特别是父母要给予未成年人更多的关爱，避免其因情感缺失而过早地寻找情感替代人。家庭、学校还应强化对未成年人的监管，对其从事的不适合其年龄层次的不当行为要及时制止。其次，要净化社会环境，相关部门应加强对网吧、书店、娱乐场所及流动人口的监督管理。一是为了防止未成年人进入与其年龄不符的场所而接触黄色信息、图片、影片，影响其正确的性观念的养成；二是不少性侵未成年人案件发生在娱乐场所，因该类场所人员混杂，未成年人出入该类场所，不仅容易沾染不良习气，还容易被犯罪分子盯上；三是学校、未成年人住所周边容易成为性犯罪分子出入场所，公安机关、村(居)委会应加强对流动人口的管理，确保未成年人有一个安全的居住、学习环境。再次，司法机关要严惩性侵未成年人罪犯，保护被害未成年人合法权益，同时根据“谁执法谁普法”原则，积极做好法治宣传教育工作，提高未成年人的法制观念和性防范能力。最后，家庭、学校、社会、司法机关在各司其职的情况下，要加大协作配合力度，共同做好性侵未成年人犯罪预防、惩处和救助工作。

(四)建立性侵未成年人案件防控配套机制

1. 强制报告制度。从案件审理情况看，不少被性侵的未成年人都不止一次遭受性侵，她们或者出于对性的无知而不懂报案，或者出于恐惧、被威胁等不敢报案，更有些父母出于名誉考虑，选择忍气吞声或私下了结，让犯罪分子逍遥法外，这些都是缺乏强制报告制度的沉痛教训。2013 年的《性侵意见》第 9 条首次以司法解释形式规定了强制报告制度，强制报告义务主体包括：“对未成年人负有监护、教育、训练、救助、看护、医疗等特殊职责的人员，以及其他公民和单位。”但该规定仍有美中不足之处，即强制报告义务缺乏相应的责任追究机制。受我国“家丑不可外扬”“多一事不如少一事”的传统观念影响，如果强制报告义务没有罚则支撑，那么，法律规定可能变成“一纸空文”。因此，建议增加规定对于不履行强制报告义务导致发生严重后果的特定主体，根据其职业性质，给予行业处分、行政处罚甚至追究刑事责任。

2. 信息披露制度。目前，不少国家允许公开性犯罪人员的信息，其中以美国《梅根法案》最为典型。按照《梅根法案》，根据性犯罪人对社区危险程度的不同，提供不同层次的社区公告，以提醒社区公众提高警惕，及时采取适当的自我保护和预防犯罪的措施。① 2016 年，浙江省慈溪市公布了《性侵害未成年人犯罪人员信息公开实施办法》，被称为慈溪版“梅根法”。江苏、上海等地亦有相关实践。我国部分学者质疑公开性侵未成年人罪犯信息的正当性，例如，中国刑事诉讼法学研究会副会长宋英辉认为，公开性侵未成年人罪犯的信息我

---

① 姚建龙，刘昊．“梅根法案”的中国实践：争议与法理——以慈溪市《性侵害未成年人犯罪人员信息公开实施办法》为分析视角[J]．青少年犯罪问题，2017(2).

国目前还没有明确的法律规定，而且信息公开后，罪犯的家人及其未成年子女容易被识别出来，将给他们带来伤害。[①] 但是，笔者认为权利并非绝对的自由，是应当有所让渡的，对于涉及儿童利益方面的任何问题，都应当秉承儿童利益最大化的原则，在儿童最大利益面前，性侵罪犯的隐私应当受到一定程度的限制。当然，这个限制会有所区分，并非一刀切地全部予以信息披露，在披露的对象范围、时间、方式等方面还是要根据具体案件情况予以决定，如被告人亦属未成年人的，则不应公布；被告人与被害人系恋人关系，犯罪情节较轻的，可以不公布。对于曾实施严重性侵未成年人犯罪行为的人员，可在其刑满释放或者缓刑、假释期间，综合评估考量其犯罪情节、人身危险性、刑罚执行情况及其是否存在性侵害病态心理等方面，在一定范围内对其进行一定期限的信息公开，并在该期限内对其进行定期走访考察，视具体情况决定是否撤销信息公开或延长信息披露期限。

3. 从业禁止制度。2013 年《性侵意见》规定："对于性侵害未成年人的犯罪分子判处刑罚同时宣告缓刑的，可以根据犯罪情况，同时宣告禁止令，禁止犯罪分子在缓刑考验期内从事与未成年人有关的工作、活动。"2015 年《刑法修正案（九）》增设了职业禁止规定："因利用职业便利实施犯罪，或者实施违背职业要求的特定义务的犯罪被判处刑罚的，法院可根据犯罪情况和预防再犯罪的需要，禁止其自刑罚执行完毕之日或者假释之日起从事相关职业，期限为三年至五年。"以上规定都为对性侵未成年人的罪犯进行从业限制提供了法律依据。因此，从预防再犯罪的角度考虑，对于与未成年人有关的工作，如教育、体育、培训、医疗、救助、游乐场所、图书馆等岗位招录工作人员时，要严格审查入职者有无性侵未成年人的犯罪前科。[②] 同时，禁业限制期限不应局限于《刑法修正案（九）》规定的"刑罚完毕之日起或假释之日起三年至五年"，更不应局限于《性侵意见》仅对缓刑犯实行从业禁止且禁止时间仅为缓刑期间，而应在前述五年结束后，重新对罪犯的人身危险性及性侵害病态心理进行综合评估，进而决定是否延长从业禁止期限，对于曾实施严重性侵未成年人犯罪行为的罪犯应实现终身从业限制。

4. 强制医疗制度。我国《刑事诉讼法》规定："实施暴力行为，危害公共安全或者严重危害公民人身安全，经法定程序鉴定依法不负刑事责任的精神病人，有继续危害社会可能的，可以予以强制医疗。"根据我国法律，强制医疗制度的对象限于"不负刑事责任的精神病人"。在性侵未成年人犯罪中，相当多的罪犯对儿童有特殊的性癖好，且具有成瘾性，罪犯一般都是基于一种严重扭曲的人格和变态心理对儿童实施性侵，而且中外司法实务都发现，性侵儿童的罪犯在刑满释放后再犯风险一般都比较高。[③] 在数据统计中，课题组发现一个猥亵儿童案件的被告人，曾三次因强奸、猥亵儿童被判入狱，经鉴定该被告人系轻度精神发育迟滞。因此，具有类似特殊生理、心理特点的罪犯虽然还不属于我国刑法意义上的"不负刑事责任的精神病人"，但是，基于预防再犯罪考虑，将该类病态严重的罪犯纳入强制医疗对象是很有

① 徐隽，倪弋．江苏淮安出台"新招"引争议——曝光性侵未成年人罪犯信息，合适吗[N]．人民日报，2017-12-14(011)．

② 2017 年 7 月，上海市闵行区人民检察院会同相关部门出台办法，建立涉性侵害违法犯罪人员信息库，对与未成年人有密切接触的行业实施严格入职审查。该信息库已录入该区近 5 年来涉性侵未成年人被行政处罚、刑事判决人员信息，已对相关行业 7000 余名在职人员进行人员筛查，对 30 余名新招录人员开展入职审查。靳昊．对性侵未成年人罪犯从业禁止、信息曝光，行不行[N]．光明日报，2018-1-14(007)．

③ 刘永廷．立法细化性侵未成年人者从业禁止制度[N]．中国妇女报，2017-9-27(B02)．

必要的,对罪犯本人其实也是一种帮助。对性侵未成年人罪犯的强制医疗并非免除其刑事责任,而是在其即将刑满释放时,由相关的专业医生、心理学、犯罪学专家结合其犯罪情节、犯罪前科、服刑改造情况、服刑期间的身体、精神状态等因素进行鉴定和评估,对其出狱后的人身危险性和重犯可能性做出判断,从而决定其强制参加康复治疗的期限。① 在中国台湾地区,针对性侵未成年人犯罪者尤其是此类犯罪的常习犯,其刑法在保安处分制度中明确规定了强制治疗制度;该做法值得我们借鉴。

5. 心理辅导制度。未成年人与被害性的密切关系,其实质理由源于"身体的渐成熟化""认知的不完整性"以及"摆脱管制、依赖同伴"。简言之,是未成年人所处阶段的"过渡性",增加了其成为被害人的风险。② 因此,除了加强对未成年人的性教育、法制教育外,心理辅导异常重要,这是降低被害风险的有效途径。此外,对于已被性侵的未成年人,往往会存在各种心理问题,该类案件应加强对未成年人的心理干预和辅导。司法机关在审理案件时,应结合案件的具体情况,聘请心理咨询师、心理专家等担任被害未成年人的心理辅导员,为可能产生心理问题的未成年当事人及时提供心理咨询,进行心理干预,以帮助和疏导未成年人的紧张、焦虑、恐惧心理,助其早日回归家庭与社会。除了在诉讼过程对被害未成年人进行心理辅导外,还应建立后续跟踪服务体系。如在香港,性侵案件审理结束后,由儿童保护组织或妇联等机关成立包含医疗、心理、儿童教育等专业人士的综合服务团队后续还会对未成年被害人的危险进行分析评估,提供专业建议和福利计划③。

结　语

未成年人如同一朵含苞欲放的花朵,他们需要一个健康成长的环境,需要家人、朋友、社会和国家的共同呵护。性侵未成人犯罪行为,侵害了未成年人的性生理心理的发展权,妨害了其性价值观的正确养成,对于他们的健康成长是极为不利的。家庭、社会、国家应本着儿童最大利益原则,对性侵未成年人犯罪行为持"零容忍"态度,协力做好预防控制工作,共同为未成年人的健康成长撑起一片法治蓝天。

Research on the Working Mechanism of Gender Security Protection for Minors

Yao Liqing　Guojie　Zeng Xuemei

(the Intermediate People's Court of Sanming, Sanming, 365000)

Abstract: Sexual protection for minors is an important part of minors protection

① 刘永廷. 立法细化性侵未成年人者从业禁止制度[N]. 中国妇女报,2017-9-27(B02).

② 赵国玲,徐然. 北京市性侵未成年人案件的实证特点与刑事政策建构[J]. 法学杂志,2016(2):13.

③ 谈剑秋,谷莺. 审判中心背景下性侵未成年人案件工作机制的完善——以未成年被害人保护为视角[C]//第十一届国家高级检察官论坛论文集. 2015.

work. Recently, sexual assault cases against minors have been frequently reported in newspapers, causing widespread concern among various circles of society. In order to prevent and combat the crime of sexual abuse of minors and create a good legal environment for the healthy growth of minors, through the statistic investigation of sexual assault cases against minors, the Intermediate people's court of Sanming summed up the characteristics of cases, analyzed crime reasons, summarized the experience and shortcomings of existing prevention mechanisms, pointed out that the whole society should establish the concept of the best interests of children, and the state should constantly improve the legislation on gender security protection of minors, improve the linkage prevention and control system of sexual abuse of minors, and establish relevant supporting mechanisms.

Key words: minors; sexual abuse; prevent and combat; relevant supporting mechanisms

性别与社会学和文学

Gender and Sociology and Literature

Women/Gender Studies

关于性别观念的一项经济社会学研究

徐延辉　龚叶琳*

内容摘要：性别观念是反映社会性别平等程度的重要指标之一，男女平等的最终实现有赖于性别观念的现代化。本文从经济社会学角度出发，运用多元线性回归方法，探讨社会经济地位和阶层认同对性别观念的影响。研究发现，受教育程度和职业地位的提高有利于性别观念的现代化，收入对性别观念的影响不具有显著性；阶层认同程度越高，性别观念反而越传统。分性别研究发现，社会经济地位对女性性别观念的积极影响大于男性；阶层认同与男性性别观念呈显著负相关。基于该结论，文章提出了推进性别观念现代化的对策和建议。

关键词：性别观念；社会经济地位；阶层认同

男女平等既是我国的一项基本国策，也是社会进步的一个重要表征。虽然新中国成立70年来我国社会建设取得了巨大成就，两性平等在社会经济各个领域都实现了巨大突破，但是我国居民的性别观念仍处于传统与现代的过渡状态，甚至还出现了传统性别观念回潮现象。性别平等的基础在于人们性别观念的平等化，性别观念不平等不仅会影响家务劳动和家庭权力在夫妻之间的分配问题，而且显著影响女性的收入、社会地位①和政治参与情况②，使女性在就业机会和个人发展等方面处于不利地位。因此研究性别观念具有重要意义。本文从经济社会学角度入手，分析社会经济地位、阶层认同对两性性别观念的影响。

一、文献回顾与研究假设

（一）性别观念

性别观念全称为性别角色观念（gender-role attitude），是指人们对与性别相关的社会规

---

* 徐延辉，厦门大学社会与人类学院副院长，社会学系教授、博士生导师，研究方向为经济社会学与社会政策；龚叶琳，厦门大学社会学系硕士研究生。

① Corrigall E. A., A. M. Konrad. Gender Role Attitudes and Careers: A Longitudinal Study[J]. Sex Roles, 2007, 56(11-12).

② 潘泽泉，谢琰.性别意识视角下的中国女性政治参与意识研究——基于CGSS2010数据中湖南样本的经验发现[J].湘潭大学学报（哲学社会科学版），2018，42(03).

范和社会角色分工的态度与看法。① 与性别观念交替使用的术语包括性别意识(gender ideology)和性别认同(gender identity)等。性别意识是人们对现实生活中男女两性的位置、价值及两性所承担的权利和责任的一种认识;②性别认同是身份认同的内容之一,是指个人对自己性别的认知,也被称之为心理性别,受到生理和社会性别的双重影响。③ 虽然这两个概念侧重点有所不同,但核心内容都包含了对两性社会角色的探讨,因此在本文中,我们将其统称为性别观念。相关研究主要包括以下方面。

第一,性别观念的内涵。早期研究多从女性单一维度来理解性别观念。Janet T. Spence(美国)等人将性别观念定义为对女性在角色、权利和责任方面的态度;④但 Paula S. Kerr 和 Ronald R. Holden(加拿大)将男性纳入考察范围,使得研究视角有所扩充。⑤ 1997年,Lynda A. King(美国)等人从正式关系和非正式关系出发,探讨个体对于男性和女性在婚姻、生育、就业、两性和人际关系以及教育领域所承担角色的态度,研究内容突破了之前的单一维度。⑥ 国内学者将性别观念分为性别权利平等和性别分工平等两个维度,前者主要关注男女两性在就业、教育及政治等方面的平等问题,后者关注男女在家庭与工作之间的角色分工方面的平等问题。⑦

第二,性别观念的类型。按照变迁过程,学界常将性别观念分为传统型和现代型。前者是指两性扮演截然不同的社会角色,认为男女在性格特质、社会分工、社会地位等方面都存在显著差异,且男性处于主导地位,女性从属于男性。后者是指男女两性在养家糊口、家庭照料以及社会事务参与等方面具有相同的责任和地位,倡导两性平等。由于性别意识变迁需要一个较长过程,而中国的现代化是一个高度浓缩和快速的工业化过程,因此由传统到现代的性别观念转型并没有完成,目前仍然处于一个过渡期。⑧

第三,性别观念的测量。国外关于性别观念的测量一般涵盖多个维度。Nancy J. Davis 和 Robert V. Robinson(美国)从权利平等的角度衡量个体性别观念,具体包括个体对两性在职业、教育、政府工作和劳动力市场所处位置的态度;⑨还有学者认为性别观念包括就业、

---

① Walliams J. E., D. L. Best. Measuring Sex Stereotypes: A Multi-Nation Study[M]. Newbury Park, CA:Sage Publications, 1990.

② 孟祥斐,徐延辉.高层次女性人才的性别意识及其影响因素研究——基于福建省的调查[J].妇女研究论丛,2012(01).

③ 卢杰锋.就业中的性别认同歧视:美国经验及启示[J]. 妇女研究论丛,2016(04).

④ Spence J. T., R. Helmreich, J. Stapp. A Short Version of the Attitudes toward Women Scale (AWS)[J]. Bulletin of the Psychonomic Society, 1973, 2(4).

⑤ Kerr P. S., R. R. Holden. Development of the Gender Role Beliefs Scale (GRBS)[J]. Journal of Social Behavior & Personality, 1996, 11(5).

⑥ King L. A., D. W. Daniel, D. M. Gudanowski, C. T. Taft. Latent Structure of the Sex-Role Egalitarianism Scale: Confirmatory Factor Analyses[J]. Sex Roles,1997, 36(3).

⑦ 李路路,石磊,朱斌.固化还是流动?——当代中国阶层结构变迁四十年[J].社会学研究,2018,33(06).

⑧ 杨菊华.近 20 年中国人性别观念的延续与变迁[J].山东社会科学,2017(11).

⑨ Davis N. J., R. V. Robinson. Men's and Women's Consciousness of Gender Inequality: Austria, West Germany, Great Britain, and the United States[J]. American Sociological Review, 1991, 56(1).

婚姻、性自由和生育观念四个方面的内容。[①] 相比之下，国内学者更为关注个人对市场工作与家务劳动分工模式的观点或态度，比如第二期中国妇女社会地位调查课题组采用“男性应以社会为主，女性应以家庭为主、女性应避免在社会地位上超过她的丈夫、干得好不如嫁得好、男性的能力天生比女性强”这四个问题来衡量性别观念；[②]中国家庭追踪调查(CFPS)从两性分工、性别角色期待两个维度来衡量性别观念，具体包含“男人以事业为主，女人以家庭为主”“女人干得好不如嫁得好”“女人应该有孩子才算完整”“男人应承担一半家务”四个问题。[③]

第四，越来越多的研究开始将性别观念作为自变量，开展相关研究。张春泥和史海钧的研究显示，平等的性别观念能降低劳动者的工作—家庭冲突，且对女性的积极作用大于男性。[④] 王春凯研究了市场化背景下，性别观念对农村女性外出务工的影响，研究表明现代的性别观念能显著提高女性外出务工的概率。性别观念是影响女性收入和社会地位的重要因素之一。[⑤]

(二)性别观念的影响因素

对于性别观念的成因，学界有较多解读。通过文献梳理，可以发现性别观念的影响因素主要包括以下几个方面：

首先，个体因素的影响。已有研究表明，性别观念存在两性差异，通常女性的性别观念趋于现代，而男性趋于传统；[⑥]年龄对性别观念的影响呈 U 型；[⑦⑧]城市男女的性别平等意识强于农村，[⑨⑩]这主要是由于城乡之间发展的不平衡所导致。城市作为现代化的产物，其政治、经济和文化形态都呈现出多样化和现代化的特征，为此更有可能孕育出现代的性别观念。而农村地区工业化和现代化水平较低，传统的社会结构与文化规范在很大程度上阻碍了性别观念的变迁。

其次，社会化历程的影响。研究表明家庭、职业、受教育和社会参与经历等是影响性别观念的重要因素。家庭对性别观念的影响主要体现在两个方面。一是原生家庭对性别观念

---

① Shu Xiaoling. Education and Gender Egalitarianism: The Case of China [J]. Sociology of Education, 2004, 77(4).

② 第二期中国妇女社会地位调查课题组.第二期中国妇女社会地位抽样调查主要数据报告[J].妇女研究论丛,2001(05).

③ 卿石松.中国性别角色观念代际传递分析[J].中国人口科学,2018(06).

④ 张春泥，史海钧.性别观念、性别情境与两性的工作—家庭冲突——来自跨国数据的经验证据[J].妇女研究论丛,2019(03).

⑤ 王春凯.性别观念、家庭地位与农村女性外出务工[J].华南农业大学学报(社会科学版),2019,18(04).

⑥ 刘爱玉，佟新.性别观念现状及其影响因素——基于第三期全国妇女地位调查[J].中国社会科学,2014(02).

⑦ 风笑天，肖洁.中国女性性别角色意识的城乡差异研究[J].人文杂志,2014(11).

⑧ 杨菊华.近 20 年中国人性别观念的延续与变迁[J].山东社会科学,2017(11).

⑨ 风笑天，肖洁.中国女性性别角色意识的城乡差异研究[J].人文杂志,2014(11).

⑩ 杨菊华，李红娟，朱格.近 20 年中国人性别观念的变动趋势与特点分析[J].妇女研究论丛,2014(06).

的影响。卿石松的研究表明，父亲和母亲对子代性别观念均有显著的正向预测和垂直传递效应。[①] 二是新生家庭对个体性别观念的影响。顾辉指出，家庭事务决定权、家庭实权和家庭地位满意度显著影响了两性的性别观念。婚前家庭经济地位越高、家庭经济贡献比丈夫大、至少有与丈夫相仿的职业地位的女性，性别观念表现出更趋向现代的特征。[②] 此外，还有研究表明，孩子的数量和性别也是影响父母性别观念的重要因素，但这种影响存在两性差异。具体来说，子女数量对母亲性别观念的影响大于对父亲的影响，[③④]有儿子能显著增强母亲对传统性别观念的认同。[⑤] 职业经历对性别观念的影响主要体现在职业类型、职业层级、所属单位类型、是否接受培训和工作自我实现的满意度等方面。[⑥⑦] 受教育经历对性别观念的正向影响已被广泛证实。[⑧⑨] 还有研究表明，积极参与政治事务和社会公益事业有利于个体形成现代的性别观念，即社会参与程度越高，越倾向于现代的性别观念。[⑩]

再次，文化因素的影响。Stephanie Seguino（美国）利用世界价值观调查的数据进行了跨国比较分析，研究发现宗教氛围越浓厚的国家，性别观念就越趋于保守和不平等。[⑪] 而以父权制为代表的传统文化也被认为是塑造女性性别观念的重要因素。[⑫]

最后，宏观社会环境因素的影响。性别观念会随着现代化进程的推进而不断发展，这是因为现代化通常会引起生育率下降，使女性获得更多的教育机会，提升其在劳动力市场的竞争力，有助于减小两性间的权利不平等，并最终促使性别观念的现代化和平等化。[⑬] 事实上，各国特定的意识形态、社会经济体制以及影响女性进入劳动力市场的福利制度设置都是影响性别观念的宏观社会环境因素。

通过文献梳理可以发现，性别观念受个体因素、社会化经历、文化因素和宏观社会环境等因素共同影响，这些因素包含了经济和社会生活的主要方面。因此，本文拟从经济社会学角度入手，以社会经济地位和主观阶层认同为切入点，分析客观的社会经济地位和主观的阶

---

① 卿石松.中国性别角色观念代际传递分析[J].中国人口科学，2018(06).

② 顾辉.国家、市场、社会和家庭交织影响下性别观念的回归[J].社会科学辑刊，2014(03).

③ Endendijk J. J., B. Derks J. Mesman. Does Parenthood Change Implicit Gender-Role Stereotypes and Behaviors? [J]. Journal of Marriage and Family, 2017.

④ 风笑天，肖洁.中国女性性别角色意识的城乡差异研究[J].人文杂志，2014(11).

⑤ 孙晓冬，赖凯声.有儿子的母亲更传统吗？——儿子和女儿对父母性别意识形态的影响[J].社会学研究，2016，31(02).

⑥ 孟祥斐，徐延辉.高层次女性人才的性别意识及其影响因素研究——基于福建省的调查[J].妇女研究论丛，2012(01).

⑦ 风笑天，肖洁.中国女性性别角色意识的城乡差异研究[J].人文杂志，2014(11).

⑧ Shu Xiaoling. Education and Gender Egalitarianism: The Case of China [J]. Sociology of Education, 2004, 77(4).

⑨ 风笑天，肖洁.中国女性性别角色意识的城乡差异研究[J].人文杂志，2014(11).

⑩ 顾辉.国家、市场、社会和家庭交织影响下性别观念的回归[J].社会科学辑刊，2014(03).

⑪ Seguino S. Help or Hindrance? Religion's Impact on Gender Inequality in Attitudes and Outcomes [J]. World Development, 2011, 39(8).

⑫ 潘萍.父权制意识形态的超越与女性生活方式的革命[J].浙江社会科学，2015(05).

⑬ Shu Xiaoling, Y. Zhu. Uneven Transitions: Period-and Cohort-Related Changes in Gender Attitudes in China, 1995-2007[J]. Social Science Research, 2012, 41(5).

层认同对男女两性性别观念形成具有何种影响。

(三)社会经济地位与性别观念

社会经济地位是以收入、教育、职业和社会保障等指标为基础,个人相对于其他群体而言所处的社会和经济位置,是一个将经济和社会通盘纳入考量的综合指标。[①] 社会经济地位在一定程度上代表了个人所拥有的社会经济资源,而男女两性所能拥有的社会经济资源在一定程度上反映了社会的性别平等状况。[②]

1. 社会经济地位对性别观念形成具有一定影响。收入增加有益于形成更加平等、开放的性别观念。[③④] 收入在一定程度上意味着经济的自主性。更多的收入意味着可以有更多的财务自由,有能力选择更加多样化的生活方式,购买社会化的家庭服务,从而实现更灵活的性别角色分工。[⑤] 但是也有研究指出,性别观念并未随着收入的提高而得到相应的提升。[⑥] 教育水平是衡量现代化进程的一项重要指标,现代教育在冲击传统的文化观念和习俗的同时,引导个体树立平等的态度和价值观念,其中包括平等开放的性别观念。有研究认为教育与现代的性别观念之间存在正相关关系。[⑦⑧⑨⑩] 但是 Davis 和 Robinson(美国)指出,受教育程度高的人更可能进入社会精英阶层并从不平等中获益,进而降低了其消除不平等现象的行动意愿。[⑪] 职业对平等性别观念的正向影响已被证实,[⑫⑬⑭]就业经历作为个体重要的生活体验与生命构成,与个人的成长发展关系密切,对性别观念的形成与发展同样具有重要影响。[⑮]

可见,绝大部分研究表明,社会经济地位与平等的性别观念是同步发展的,但也有少数研究者对二者间的正相关关系提出质疑。在传统中国社会的两性关系中,父权制无疑居于核心性地位,"男主外、女主内""男强女弱"等传统性别观念根深蒂固,女性很少接受教育和

---

① 李培林,田丰.中国劳动力市场人力资本对社会经济地位的影响[J].社会,2010,30(01).

② 王鹏,吴愈晓.社会经济地位、性别不平等与性别角色观念[J].社会学评论,2019,7(02).

③ Gupta S. Autonomy, Dependence, or Display? The Relationship between Married Women's Earnings and Housework[J]. Journal of Marriage and Family, 2007, 69(2).

④ 卿石松.中国性别角色观念代际传递分析[J].中国人口科学,2018(06).

⑤ 王鹏,吴愈晓.社会经济地位、性别不平等与性别角色观念[J].社会学评论,2019,7(02).

⑥ 杨菊华.近 20 年中国人性别观念的延续与变迁[J].山东社会科学,2017(11).

⑦ Shu Xiaoling. Education and Gender Egalitarianism: The Case of China [J]. Sociology of Education, 2004, 77(4).

⑧ 风笑天,肖洁.中国女性性别角色意识的城乡差异研究[J].人文杂志,2014(11).

⑨ 杨菊华.近 20 年中国人性别观念的延续与变迁[J].山东社会科学,2017(11).

⑩ 王鹏,吴愈晓.社会经济地位、性别不平等与性别角色观念[J].社会学评论,2019,7(02).

⑪ Davis N. J., R. V. Robinson. Men's and Women's Consciousness of Gender Inequality: Austria, West Germany, Great Britain, and the United States[J]. American Sociological Review, 1991, 56(1).

⑫ 刘爱玉,佟新.性别观念现状及其影响因素——基于第三期全国妇女地位调查[J].中国社会科学,2014(02).

⑬ 风笑天,肖洁.中国女性性别角色意识的城乡差异研究[J].人文杂志,2014(11).

⑭ 王鹏,吴愈晓.社会经济地位、性别不平等与性别角色观念[J].社会学评论,2019,7(02).

⑮ 风笑天,肖洁.中国女性性别角色意识的城乡差异研究[J].人文杂志,2014(11).

参与社会劳动,女性的社会经济地位一般都会低于男性,这一结果反过来进一步强化了两性间的不平等。随着工业化和现代化进程持续推进,传统的社会性别观念日渐式微,中国女性的社会经济地位大大提高,受过高等教育、事业成功、收入可观的新时代女性随处可见,这一方面有利于女性摆脱对男性的依附,重拾自信,另一方面也能改变男性对女性的传统认知,进而推动性别观念的现代化。鉴于此,本文提出如下研究假设:

假设 1:社会经济地位越高,性别观念越现代。

假设 1a:受教育程度越高,性别观念越现代。

假设 1b:收入越高,性别观念越现代。

假设 1c:职业地位越高,性别观念越现代。

2. 社会经济地位对性别观念的影响存在性别差异。刘爱玉和佟新的研究发现,作用于两性性别观念的机制有所不同。对女性而言,通过自身努力获得的客观社会经济地位更能促进其形成现代型性别观念;对男性而言,能否形成平等性别观念的关键在于夫妻双方是否平等承担家务。[①] 这主要是因为男性在一定意义上作为传统性别分工模式的"获益者",与处于同等社会经济地位的女性相比,他们的性别观念会相对保守。因此与女性相比,社会经济地位的提高,对男性的影响也更加微弱。[②] 具体说,可以从教育、职业和收入三个层面来理解这种差异。

首先,就教育而言,已有研究发现教育对女性的积极影响大于男性。[③④] 在传统社会中,女性接受教育被认为是不必要的,所以其受教育程度普遍较低,这也是导致女性在家庭、收入、就业等方面处于劣势的一个重要原因。所以女性受教育程度的提高不仅可以直接作用于女性的性别观念,还可以通过增强女性在劳动力市场上的竞争力和提高家庭地位来促成其形成平等、开放的性别观念。

其次,职业和收入对性别观念的影响同样存在两性差异。就男性而言,职业地位和收入越高,意味着其工作的市场价值越高,减少工作时间的机会成本就越大,参与家庭事务的时间就越少,[⑤]这种收入优势及经济地位会进一步强化其保守的性别观念。职业和收入对女性形成平等的性别观念同样重要。周东洋和吴愈晓的研究表明,非农就业有助于农村女性现代的性别观念的形成,而区域经济发展水平和非农就业对男性的性别观念没有显著的影响。[⑥] 职业地位的提升能显著改变女性的性别观念,但对男性的影响非常小。[⑦] 经济独立是

① 刘爱玉,佟新.性别观念现状及其影响因素——基于第三期全国妇女地位调查[J].中国社会科学,2014(02).

② 王鹏,吴愈晓.社会经济地位、性别不平等与性别角色观念[J].社会学评论,2019,7(02).

③ Thornton A., D. F. Alwin, D. Camburn. Cause and Consequences of Sex Role Attitudes and Attitude Change[J]. American Sociological Review, 2012, 48(2).

④ Shu Xiaoling. Education and Gender Egalitarianism: The Case of China [J]. Sociology of Education, 2004, 77(4).

⑤ Coverman S. Explaining Husbands' Participation in Domestic Labor [J]. The Sociological Quarterly, 1985, 26(1).

⑥ 周东洋,吴愈晓.地区经济发展、非农就业与中国农村居民性别观念转型[J].贵州社会科学,2019(04).

⑦ 王鹏,吴愈晓.社会经济地位、性别不平等与性别角色观念[J].社会学评论,2019,7(02).

妇女解放的一个重要标志。[①] 传统社会崇尚“男主外、女主内”的分工模式，导致女性在经济上依赖男性。20世纪50年代以后，中国强调男女“社会义务或贡献平等”，[②]国际劳工组织的数据也表明中国15岁及以上女性的劳动力参与率从1949年的不到10%上升到1980—2002年期间的70%以上。[③] 女性劳动参与率提高意味着经济自主性的提高和对男性经济依赖的摆脱，因此女性收入的增加和经济的独立对其性别观念的积极影响也更大。据此本研究提出如下假设。

假设2：社会经济地位对性别观念的影响存在性别差异。

假设2a：相比于男性，受教育程度的提高对女性性别观念的开放程度有更大的正向效应。

假设2b：相比于男性，收入的提高对女性性别观念的开放程度有更大的正向效应。

假设2c：相比于男性，职业地位的提高对女性性别观念的开放程度有更大的正向效应。

（四）阶层认同与性别观念

阶层认同是个体对自己在社会阶级和阶层中所处位置的一种自我判断。阶层认同与社会经济地位密切相关。代表客观社会经济地位即社会阶层的教育水平、收入和职业地位与主观阶层认同之间具有一定关联，[④]但这种关联的程度与方向并不明晰。[⑤][⑥] 地位决定论的观点认为，主观阶层认同由客观社会经济地位决定，个体的教育水平、职业地位和收入越高，主观阶层认同也越高。但是，越来越多的研究表明主观阶层认同还受其它因素的影响。首先生活与休闲方式、消费观和相对剥夺感等与生活经历相关的变量对主观阶层认同具有重要的作用；[⑦]其次，户籍、区域和单位级别等制度分割因素对主观阶层认同具有显著性影响；[⑧]最后，配偶和父母的社会地位也会影响个体的主观阶层认同。[⑨] 主观阶层认同与客观阶层地位一样，在一定程度上可以反映社会不平等的结构，同时主观阶层认同比客观地位更能反映民众心理层面的相对剥夺感程度。[⑩]

---

① 池子华.社会性别角色的转换与妇女解放——近代长三角地区打工妹群体研究的一个侧面[J].福建论坛(人文社会科学版)，2013(10).

② 卿石松.中国性别收入差距的社会文化根源——基于性别角色观念的经验分析[J].社会学研究，2019，34(01).

③ Shu Xiaoling, Y. Zhu. Uneven Transitions: Period-and Cohort-Related Changes in Gender Attitudes in China, 1995－2007[J]. Social Science Research, 2012, 41(5).

④ 中国社会科学院“当代中国人民内部矛盾研究”课题组.城市人口的阶层认同现状及影响因素[J].中国人口科学，2004(05).

⑤ 李培林.社会冲突与阶级意识当代中国社会矛盾研究[J].社会，2005(01).

⑥ 李春玲.社会阶层的身份认同[J].江苏社会科学，2004(06).

⑦ 胡荣，沈珊.客观事实与主观分化：中国中产阶层的主观阶层认同分析[J].东南学术，2018(05).

⑧ 李飞.客观分层与主观建构：城镇居民阶层认同的影响因素分析——对既往相关研究的梳理与验证[J].青年研究，2013(04).

⑨ 许琪.“混合型”主观阶层认同：关于中国民众阶层认同的新解释[J].社会学研究，2018，33(06).

⑩ 刘欣.转型期中国大陆城市居民的阶层意识[J].社会学研究，2001(03).

关于主观阶层认同与性别观念的关系，以往研究表明主观阶层认同越高，性别观念越现代。[①] 但是，社会经济地位、阶层认同与性别观念之间的关系因性别不同而不同。对于需要凭借高社会经济地位获得高主观阶层认同的男性而言，一旦其社会经济地位下降，其主观阶层认同的程度也会下降，进而产生强烈的相对剥夺感。[②] 要想消除相对剥夺感，男性必须有足够的时间和精力来维持现有的客观社会经济地位，而传统的性别观念所倡导的性别分工模式正好能满足男性的这种需求。与男性主观阶层认同的形成逻辑不同，已婚女性的阶层认同主要受其丈夫地位的影响，[③]也就是说，虽然女性在收入、受教育程度、职业地位等方面与丈夫齐平甚至超过丈夫，但是其在心理上对丈夫的依附地位不会得到根本改变。这就意味着要想维持现有的阶层地位，女性必须成为丈夫的贤内助。此外，阶层地位被认为是影响公平感的重要因素，较多研究证明个体的立场、观点和社会心态取决于其所处的阶层及由此带来的利益，因为阶层地位越高，越容易在分配结构中占据有利位置并体验公平，因而对不平等的感知相对较弱。[④⑤] 与客观地位相比，主观阶层认同更能反映个体对不平等的感知情况。

鉴于此，本文提出如下假设：

假设 3：阶层认同越高，个体的性别观念越传统。

二、研究设计与变量测量

（一）数据来源

本文的数据来源于 2015 年“中国综合社会调查”（简称 CGSS2015），该调查由中国人民大学中国调查与数据中心负责执行。调查内容包括受访者的基本信息、婚姻和家庭、工作和收入、态度和行为等多个方面。2015 年该项目调查覆盖全国 28 个省/市/自治区的 478 村居，共完成有效问卷 10968 份。

（二）变量测量

1. 因变量：性别观念。本文通过询问对以下问题的看法测量性别观念：(1)男人以事业为重，女人以家庭为重；(2)男性能力天生比女性强；(3)干得好不如嫁得好；(4)在经济不景气时，应该先解雇女性员工；(5)夫妻应该均等分摊家务。答案设置为“完全同意”“比较同意”“无所谓”“比较不同意”“完全不同意”五个等级。前四个问题代表传统的性别观念，答案依次赋值 1～5 分。第五个问题阐述的是现代性别观念，采取逆向赋分方法，答案依次赋值 5～1 分。最后将五个问题的得分依次相加，得到一个新的变量，本文将其称为“性别观念”。

---

① 董倧乔.中国女性性别平等意识及其影响因素——基于 CGSS2015 调查的实证分析[J].安庆师范大学学报(社会科学版)，2018，37(04).

② 许琪.“混合型”主观阶层认同：关于中国民众阶层认同的新解释[J].社会学研究，2018，33(06).

③ 许琪.“混合型”主观阶层认同：关于中国民众阶层认同的新解释[J].社会学研究，2018，33(06).

④ Kluegel J. R., E. R. Smith. Beliefs about Stratification[J]. Annual Review of Sociology, 1981, 7(1).

⑤ Ng S. H., M. W. Allen. Perception of Economic Distributive Justice: Exploring Leading Theories [J]. Social Behavior and Personality, 2005, 33(5).

得分越高，意味着被调查者的性别观念越开放、越平等。

2. 自变量：社会经济地位与阶层认同

（1）社会经济地位。本研究将社会经济地位操作化为受教育程度、收入和职业地位三个指标。其中受教育程度分为小学及以下、初中、高中、中专/技校、大专、本科、研究生及以上七个等级，分别赋值为1～7分。收入使用个人全年总收入来测量，以收入对数纳入分析模型。关于职业地位，问卷中提供了受访者的职业编码，参考李路路和石磊等人的做法，将其划分为5个职业阶层，分别为管理者阶层、专业技术阶层、一般非体力劳动阶层、工人阶层和农民阶层，以此表示受访者的职业地位。①

（2）阶层认同。本研究通过询问“您认为您自己目前在哪个等级上”来测量阶层认同。答案设置为1～10分，其中1分代表被调查对象的阶层认同处于最底层，10分代表最顶层。

3. 控制变量。为了更准确地剖析性别观念的影响因素，本研究采用多元线性回归模型进行分析，将性别、年龄、城乡类别、婚姻状况作为控制变量引入模型。变量描述见表1。

表1 变量描述

变量名	性质	均值	标准差
性别观念	连续	16.126	3.426
社会经济地位			
受教育程度	连续	2.441	1.641
收入对数	连续	9.765	1.271
职业地位[a]			
管理者阶层	虚拟	0.043	0.204
专业技术阶层	虚拟	0.134	0.341
一般非体力阶层	虚拟	0.265	0.441
工人阶层	虚拟	0.188	0.391
阶层认同	连续	4.316	1.638
控制变量			
性别[b]	虚拟	0.468	0.499
年龄	连续	50.397	16.898
年龄平方	连续	2825.388	1742.334
户口类别[c]	虚拟	0.565	0.496
婚姻状况[d]			
已婚	虚拟	0.774	0.418
未婚	虚拟	0.103	0.304

注：参考类别 a.“农民阶层”；b.“女性”；c.“非农村户口”；d.“其他婚姻状况”。

① 李路路，石磊，朱斌.固化还是流动？——当代中国阶层结构变迁四十年[J].社会学研究，2018，33(06).

三、研究发现

本文从经济社会学入手，考察社会经济地位、阶层认同对性别观念的影响。性别观念是一个连续变量，适合采用多元线性回归模型进行分析，表 2 是模型的回归结果。其中模型 1 是所有样本的模型；模型 2 和模型 3 分别为男性和女性样本的模型。

(一)性别观念的影响因素

关于控制变量对性别观念的影响。从模型 1 可以看出，除婚姻状况外，性别、年龄和户口类别对性别观念均有显著性影响。男性性别观念的开放程度低于女性；年龄越大，性别观念越趋于传统；拥有农村户口与性别观念的开放程度呈负相关关系。

关于核心预测变量对性别观念的影响。从模型 1 中可以发现，除收入之外，社会经济地位的其他两个指标均有统计显著性。具体来看，受教育程度越高，性别观念的开放程度也相应越高；与农民阶层相比，管理者阶层、专业技术阶层、一般非体力阶层和工人阶层的性别观念更加平等开放，且这种开放程度逐级递增，假设 1a 和假设 1c 得到验证。阶层认同与性别观念呈负相关关系，即个体的阶层认同越高，其性别观念的开放程度越低，假设 3 得到验证。

(二)性别观念影响因素的性别差异

从图 1 可以发现，男性性别观念得分为 15.90，女性为 16.33，可见男性更倾向于支持传统的性别观念。本文通过模型 2 和模型 3 分别探讨社会经济地位、阶层认同对男性和女性性别观念的影响。

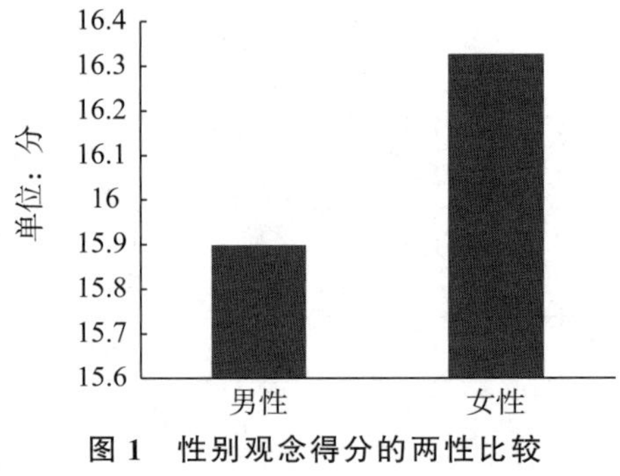

图 1　性别观念得分的两性比较

先看控制变量的影响。通过模型 2 和模型 3 的对比可以发现，年龄对两性性别观念的影响均不显著；户口类别仅对男性性别观念产生影响，即与拥有农村户口的男性相比，拥有非农户口的男性更趋向于现代的性别观念；未婚男性的性别观念开放程度低于处于其他婚姻状况的男性，而未婚女性的性别观念开放程度却高于处于其他婚姻状况的女性。

接下来，观察预测变量。

首先，从社会经济地位的三个指标来看，受教育程度对两性性别观念的开放程度具有显著的正向影响，且这种影响在女性群体中更大，假设 2a 得到验证。女性的收入水平越高，性别观念越趋于现代；但对于男性来说，收入水平越高，性别观念反而更传统，这从侧面验证了假设 2b。职业地位对两性性别观念的影响较复杂。对于女性，除工人阶层外，管理阶层、专业技术阶层和一般非体力阶层与农民阶层性别观念的差异通过了显著性检验，具体表现为职业阶层越高，性别观念越开放；对于男性，各职业阶层与农民阶层的差异均通过了显著性检验，方向为正；其中差异最小的是一般非体力阶层，接下来才是工人阶层、专业技术阶层和管理阶层。总的来说，职业地位对女性性别观念的积极影响明显大于对男性的影响。假设 2c 得到验证。

其次，阶层认同与男性性别观念的开放程度呈显著的负相关关系。具体来说，男性的阶层认同每提高一个级别，其性别观念得分下降 0.084。而阶层认同对女性性别观念的影响未通过显著性检验，但在样本中，女性的阶层认同每提高一个级别，其性别观念得分下降 0.046。可见，阶层认同对性别观念的负向影响在男女两性中存在差异，对前者的负向影响大于后者。

表 2　社会经济地位、阶层认同对性别观念的影响

变量名	总体样本	男性样本	女性样本
控制变量			
性别[b]	−0.842(0.094)***		
年龄	−0.051(0.023)**	−0.045(0.029)	−0.017(0.035)
年龄平方	0.000(0.000)	0.000(0.000)	0.000(0.000)
户口类别[c]	−0.225(0.119)*	−0.460(0.153)**	0.076(0.182)
婚姻状况[d]			
已婚	0.163(0.179)	0.001(0.248)	0.285(0.253)
未婚	0.079(0.243)	−0.698(0.318)**	1.372(0.374)***
社会经济地位			
受教育程度	0.357(0.041)***	0.194(0.053)***	0.495(0.063)***
收入对数	0.023(0.050)	−0.174(0.065)**	0.172(0.075)**
职业地位[a]			
管理者阶层	1.145(0.253)***	1.054(0.309)**	1.701(0.426)***
专业技术阶层	1.174(0.197)***	0.910(0.254)***	1.632(0.302)***
一般非体力阶层	0.910(0.141)***	0.521(0.188)**	1.282(0.212)***
工人阶层	0.540(0.141)***	0.598(0.172)***	0.275(0.241)
阶层认同	−0.077(0.029)**	−0.084(0.037)**	−0.046(0.045)
截距	16.785(0.725)***	18.983(0.967)***	13.323(1.093)***
调整后的 R 方	0.135	0.059	0.232

注：参考类别 a.“农民阶层”；b.“女性”；c.“非农村户口”；d.“其他婚姻状况”。

四、讨论与结论

本研究基于2015年中国综合社会调查的数据，集中探讨社会经济地位、阶层认同与性别观念的关系，并分析了这些影响因素效应力的性别差异，主要研究结论如下：

(一)性别观念受个体社会经济地位和阶层认同的影响

个体的社会经济地位会影响其性别观念。具体说，个体的受教育程度越高，通常意味着思想观念越开化，更容易接受平等、开放的价值观念，因而更倾向于平等开放的现代型性别观念。总体样本回归结果显示，职业地位越高，个体越趋向于现代型的性别观念。个体的经济收入、晋升前景、工作稳定性、工作条件及其保障性、社会声望等特征均与其所从事的职业密切相关。帕金曾明确指出，尽管职业秩序之外也存在其他的经济和符号优势的来源，但是对于大多数人来说，从其他来源获得经济和符号优势相对于那些从劳动分工中所获得优势充其量是第二位的。① 可见职业地位越高，个体能够稳定占有的社会资源也越多，对不平等的感知相对较弱，这在一定程度上会弱化两性在社会劳动分工中产生的利益冲突；另一方面，较高职业地位可以增进个体接触平等价值观念的机会，所以职业对于形成现代型性别观念具有重要意义。收入对性别观念的影响未通过显著性检验，而分样本的回归结果则显示其对女性性别观念具有显著正向影响，对男性性别观念具有显著负向影响，二者构成一个倒V型关系，这可能是导致收入在总体回归模型中不显著的原因。

本研究发现，个体的阶层认同越高，其性别观念的开放程度反而越低。经典的“地位决定论”认为，阶层认同是由客观的社会经济地位决定的，但有研究表明本人的社会地位对男性的阶层认同具有更大程度的影响，而对女性阶层认同影响更大的是配偶的社会地位。② 因此，当男性阶层认同程度越高，其越希望妻子能够放弃事业，照料家庭；女性阶层认同很大程度上依附于配偶的社会地位，配偶的社会地位越高，其阶层认同程度也越高，因此社会阶层认同高的女性，倾向于将更多的精力放在家庭而不是事业上，以便协助丈夫维持或获取更高的社会经济地位。此外，性别展示的观点认为社会性别角色规范对男性和女性的行为是有预期的，当女性偏离或违背该预期时，为了平衡夫妻关系，她会保持较为传统的性别观念，并且通过承担更多的家务劳动作为补偿。③④ 根据这种观点，虽然女性的社会经济地位越高，性别观念会越开放，但当她的社会经济地位超过丈夫一定程度时，其性别观念有可能会回归。⑤

---

① 秦广强.阶级、地位与职业：竞争性分层视角的理论定位及内在关联[J].中央民族大学学报(哲学社会科学版)，2017，44(04).

② 许琪.“混合型”主观阶层认同：关于中国民众阶层认同的新解释[J].社会学研究，2018，33(06).

③ Brines J. Economic Dependency, Gender, and the Division of Labor at Home[J]. American Journal of Sociology, 1994, 100(3).

④ Greenstein T. N. Economic Dependence, Gender, and the Division of Labor in the Home: A Replication and Extension[J]. Journal of Marriage and Family, 2000, 62(2).

⑤ 王鹏，吴愈晓.社会经济地位、性别不平等与性别角色观念[J].社会学评论，2019，7(02).

(二)社会经济地位、阶层认同对性别观念的影响存在性别差异

就社会经济地位而言,受教育程度和职业地位的提高有利于两性形成平等的性别观念,但对女性的影响大于对男性的。在传统社会中,生儿育女、做家务被认为是女性的职责。工业革命以后,由于机械化大生产使得适合女性的工作岗位显著增加,女性开始走出家庭,走向职场,这是对传统性别观念的一次颠覆。随之而来的是女性受教育程度提高和收入增加,女性的平等意识也越来越强。虽然受教育程度和职业地位的提高对塑造男性和女性平等的性别角色观念都有重要作用,但这种影响在被禁锢于家庭和传统社会角色规范的女性群体中尤为明显。收入对性别观念的影响较复杂。收入有利于增强女性的性别平等观念,但又会抑制男性性别平等观念的形成。对于女性,收入越高,在一定程度上意味着其创造的价值也越多,这有利于强化女性的自我认同,从经济和心理上摆脱对男性的依赖,进而形成现代的性别观念。随着女性收入的提高,家庭雇佣"月嫂""保姆"的情况屡见不鲜。事实上,社会化家庭服务的出现在一定程度上意味着传统规范对两性角色设定的瓦解。女性的价值不再单纯体现在操持家庭事务和养育子女上,而是通过就业、创收等方面来实现。本研究发现,收入越高,男性的性别观念越传统。刘爱玉考察了男性收入与其养家观念之间的关系,将收入由低到高划分为四个等级后分析发现,在 1990 年时收入最低的 25%的人群对男人养家观念更为支持,2010 年时收入处于第二和第三等级的人群更加支持传统的性别角色分工模式。此外夫妻对于家庭的经济贡献极大地影响着各自对于男人养家的看法。那些为家庭提供了全部或至少 80%收入的男性,在 2010 年时,有 67.6%的人认同男人养家观念。① 由此可见,收入的提高,尤其是对家庭经济贡献度的提高,会使男性更偏向传统型的性别观念。

阶层认同与男性和女性性别观念的开放程度呈负相关关系,且只对前者的影响具有统计显著性,即男性的阶层认同程度越高,越倾向于传统的性别观念。男性的阶层认同更多取决于本人的社会经济地位,阶层认同高的男性意味着其需要在获取和维持社会经济地位上耗费更多的时间和精力,因此男性希望女性能够遵守传统性别规范,这样一方面可以避免女性和男性争夺社会资源;另一方面,作为妻子的女性花费更多的时间和精力在家庭上,意味着作为丈夫的男性能够将更多的精力投入到社会地位的获取和维持上。

随着社会政治、经济、文化的发展,个体的观念和意识形态也朝着更加平等、开放的方向发展,这其中就包含关乎两性平等的性别观念。一方面,越来越多的女性走出家庭、走向社会,女性作为劳动者和社会建设者的价值也越来越被认可。有研究表明与美国相比,中国人更赞成女性走出家庭,参与社会生产活动。② 另一方面,"男主外、女主内"等传统的性别观念仍然存在,这是导致不平等普遍存在于家庭和劳动力市场中的一个重要原因。

本研究的政策意涵在于,由于受教育程度、收入、职业地位是促进两性,尤其是女性性别观念从传统向现代转型的重要因素,因此政府要致力于完善教育和市场机制,通过普及平等的性别观念和消除劳动力市场中的性别歧视来增强其塑造现代型性别观念的影响力。另外要想提高国民的性别平等意识,实现男女平等,必须保护女性在政治、教育和工作等领域中的合法权益,最终实现两性在发展结果上的平等。

---

① 刘爱玉.男人养家观念的变迁:1990-2010[J].妇女研究论丛,2019(03).

② 朱斌,李路路.独立与权利:中美女性主义运动与性别平等观念比较研究[J].社会,2015,35(05).

An Economic Sociology Study on Gender-Role Attitude

Xu Yanhui　Gong Yelin

(School of Sociology and Anthropology, Xiamen University, Xiamen, 361005)

Abstract: Gender-role attitude is one of the important indicators reflecting the degree of gender equality. The ultimate realization of gender equality depends on the modernization of gender-role attitude. From the perspective of economic sociology, this paper discusses the influence of socioeconomic status and class identification on gender-role attitude by using multiple linear regression method. The Research shows that: (1) Improvement in education and occupational status is conducive to the modernization of gender-role attitude; (2) The impact of income on gender-role attitude is not significant; (3) The higher the level of class identification, the more traditional the gender-role attitude is. In addition, results show that socioeconomic status has a greater positive impact on women's gender-role attitude than men's; And there is a significant negative correlation between class identification and men's gender-role attitude. Based on the above conclusions, the article puts forward countermeasures and suggestions to promote the modernization of gender-role attitude. '

Key words: gender-role attitude; socioeconomic status; class identification

试析明传奇《琴心记》的性别空间想象

苏妹*

内容摘要：明万历年间戏曲家孙柚创作的传奇《琴心记》取材于家喻户晓的司马相如与卓文君的爱情故事。其中出现了古典戏曲中的常见场所，如亭苑、花园、院墙、寺庙等，它们已超越单纯的自然环境或物理空间意义，被剧作家赋予了重要的文化所指。本文将以几个重要的场所为分析对象，探讨戏曲家孙柚在晚明特有的文化语境下如何对汉人相如文君的故事进行新时期的空间想象与表达：卓府的后花园是相如与文君爱情萌生的起点，也是文君反叛父权家庭、走向主体觉醒的场所；京城的茂陵园是相如与文君幸福团圆的归处，也是相如男性才华魅力和志趣抱负再次得到施展的场所；峨眉山小巫山庙披着宗教禁欲的外衣，承载着收留文君、协助她延续俗世情缘的功能，在无意识层面流露出对清规戒律、封建礼教的逸出与背离。这些空间书写充满了性别意义，尽管有意或无意张扬了男性之性别优越，导致叙事陷入了男尊女卑的固有窠臼，但其闪烁的进步人文主义色彩是值得肯定与推崇的。

关键词：琴心记；性别；空间；想象

明万历年间戏曲家孙柚所著的《琴心记》是其现存唯一传奇，取材于《史记·司马相如列传》中所记载的司马相如和卓文君的故事，通过艺术加工和想象，在晚明特有的文化语境下对这一大 IP 进行移植与变异。

法国哲学家巴什拉的著作《空间的诗学》从心理学的角度把握空间的诗学意义，“被想象力所把握的空间不再是那个在测量工作和几何学思维支配下的冷漠无情的空间。它是被人所体验的空间。它不是从实证的角度被体验，而是在想象力的全部特殊性中被体验。”①空间不再是停留于物理学或建筑学的概念，它被人为地填充了意义，是人类意识的居所。《琴心记》中出现了中国古典戏曲爱情故事常见的典型场所，如花园、院墙、桥、亭等，这些物理空间符号除了本身的自然环境属性以外，还为浪漫情爱的发生、发展提供了场所，内里承载着剧作家的丰富所指。本文将从西园、茂陵园、山庙等几个重要的故事场所出发，加以性别视角观照，探讨在弥漫着个性解放思潮的晚明社会文化语境下戏曲家孙柚如何对汉人司马相如和卓文君的故事进行新时期的空间想象与表达。

---

* 苏妹，女，厦门大学人文学院中文系 2017 级戏剧与影视学硕士生，主要研究方向为电影研究。

① [法]加斯东·巴什拉．空间的诗学[M]．张逸婧，译．上海：上海译文出版社，2009：23.

一、禁忌与游戏:女性之主体觉醒

在男性主导的父权社会,待字闺中的封建女子家庭地位较低,哪怕在自己的家中仍有许多不敢轻易涉足的场所。比如厅堂、花园等具有社交性质的公共空间,她们需要侍女的陪伴才能进入这些空间,无形中受到父权制、家长制强大的监视与规训。但这些空间的神秘性、未知性又具有向她们敞开的潜在属性,引诱着她们小心翼翼地介入与窥视,并唤起了她们内心深处被压抑的自然本性。

在第三出"文君新寡"中,卓府女婢山茶和玉兰在后花园打扫残枝落叶,从碧梧亭到丁香亭,完成每日工作后,便玩心兴起,互相调侃:

【前腔】……〔净〕我喜那似娘儿斗百花。只见满宫花。满路花。一庭花。后庭花。锦上花。雨中花。一枝花。一丛花。金钱花。木兰花。蝶恋花。解语花。花开多少怀春女。难道山茶不惜春……〔丑〕我喜那醉公子惜余春。只见锦堂春。汉宫春。月宫春。凤楼春。玉楼春。武陵春。绛都春。沁园春。塞垣春。燕台春。上林春。春来多少贪花汉。难道玉兰不是花。〔净〕好好。我的春兴发作。你的花心也动了……

由湖山花木构成的后花园景色明媚,风光雅致,花鸟树木等自然物所涌动的生命气息恰好与人的生命原欲相契合,正值芳华的女婢难免"春兴发作""花心也动"。接下来出场的文君小姐,芳年十七,未字而寡,因独守空闺显现"玉减香消,花慵月懒"的楚楚可怜模样。活泼机灵的随身侍女孤红调侃小姐"芳姿绝世,妙韵可人,当有名贤为配",文君立马以长时期被家庭灌输的儒家传统伦理婚姻观反驳:"忠臣不易主,烈女不更夫,此古圣之言也。岂有未嫁易节,以身殉欲者乎?"侍女孤红比文君稍微年长,在某种程度上担任文君性意识的启蒙者和引导者:"小姐,你脸如芙蓉,眉如远山,肌肤柔滑如脂。这等芳容,难道终身孤另?"在孤红的价值观中,花样年华的女性不能囿于礼教就此守寡一生,应该勇敢追求自由爱情与个人幸福的权利。性意识仍比较闭塞的文君拒绝了孤红的好意劝说,并因身子不快的缘由拒绝了女婢们对老相公邀请文君西园赏桂的传达,但孤红一句"娇体虽可惜,父命不可违"的正当理由迫使文君还是决定"勉强走一遭"。由此可观,占主导地位的父权制、家长制无形而又巨大的威慑力,时刻对封建家庭中成长的女性强化恐惧和焦虑情绪。

中国古代园林有着悠久的历史,封建帝王的宫廷或士大夫的宅院都会修建园林,以满足更高生活、心理或审美的需要。"园林建筑兼顾居住、议事、宴请、游憩,总的来说是'独乐园',私家园林求小巧玲珑,皇家园林则宏伟宽敞。"①在古典戏曲中,基于现实社会而造的园林同样具备这些功能。卓文君的父亲卓王孙老相公在家中,"大开东阁,广设玳筵,往召都亭贵客",以山珍海味宴请司马相如,但不允许家中女眷参与。这样一种宴会交际成了男性之间社交对话的公共场域,家庭和社会地位均低于男子的封建女子被排除在这个空间之外,处于被剥夺话语权的失语状态。封建女子若想介入这个仅对男性开放的空间,只能通过窥视的形式间接参与。文君是从侍女孤红那里得知父亲宴请嘉宾的消息,而消息灵通的孤红是通过"偷觑"了解到宴请时间、地点和场面,对小姐发出"那席面好生摆得富贵齐整也""不识

① 万叶,叶永元等,编著.园林美学[M].北京:中国林业出版社,2001:191.

那人有何福分，享得我家如此款待也”的惊叹，于是受到好奇心驱使的文君决定也去堂前偷看一番，“靠晚些儿，悄自堂前窥那贵客怎生人物也”。尽管封建女子丧失了参与具有社交性质的厅堂宴会的合法身份，但空间的神秘性阻挡不住春心兴起的少女，暗中引诱着她们闯入这个女性禁地。

在宴会上，卓王孙为司马相如洗尘斟酒，众人共同行酒令，不能名正言顺“在场”的文君只能一旁窥看，窥看的焦点落在了“清标应物，如春月之濯柳，英气逼人，似野鹤之出群”的司马相如身上，啧啧称赞声中实则芳心暗许。待到相如下席更衣，相信宿命的文君“不免将声低咳，使他感意凝眸”，意欲引起欲望对象的注意。相如灵机一动，佯装喝醉以便借榻书斋，然而心中早另生想法，他在席上的种种小动作背后真正的动机在于“少待更深人静，那时仗一曲瑶琴，吹到他耳朵里去”。一厅之隔、碍于礼教的二人尽管尚未真正见面，但通过暧昧时期的小心思小举动早已彼此欣赏，互通情意。

借榻西斋的相如半夜向西园弹琴，隔墙以曲挑动文君的情意。此时的花园，更深露重，月转回廊，花生暗香，营造出一种氤氲不明的暧昧气氛，为男女主人公爱情的发展提供了浪漫空间。司马相如以一曲动人的《凤求凰》自比自寓，独自听琴的文君早已放下闺闱小姐的矜持、挣脱封建礼教的束缚，默默以身相许。琴音、月色、花香等均是古典爱情戏曲中常见的意象，此处的院墙也是被赋予一定的艺术功能。花园的院墙高大森严，不仅是对相爱之人的物理隔绝，并且在文化意蕴上指向了社会阶层、家庭地位、传统礼教对二人的顽固阻拦。司马相如本能地想大胆跳墙过去，与《西厢记》中张生夜会莺莺如出一辙，但相如还是听从仆人青囊的建议让青囊替自己先行过去打探一回。悄悄走出闺房的文君此时也被出外寻找小姐的孤红发现了，孤红与青囊便充当才子佳人之间的爱情使者，替两家主子私结幽盟。于是与相如身份、地位悬殊的大家闺秀文君发生了第一次出走，果断与传统家庭相决裂，离开父亲的家，与爱人夜逃成都，在新的空间中以私订终身的方式重建主体性与重组人际关系。

后花园，这是一个充满矛盾的吊诡空间。封建家庭中的闺闱女子不得随意行走，如文君白天需要侍女的陪伴，夜深才敢独自一人悄然出现，这是一个拘束的空间；但同时，这又是一个开放的空间，它向女性的自我意识、本能欲望敞开，文君在这个私密的空间内暂时超越礼教的束缚，唤醒被压抑的天性，走向了女性的自我觉醒。文君身处后花园内，胆战心惊地听着墙那边传来的美妙琴音，生怕被侍女和父亲发现，这是一个充满焦虑的空间；但同时，这又是一个充满神秘的空间，在幽深的夜里，暗香浮动，月色迷茫，四周寂静唯有勾人心魄的琴音，诱惑着文君对将来一切未知的生活产生幻想。这个空间因种种对立属性而具有临界点的意义，需要女性勇敢迈出一步达到自由的境界，变“缺席”为“在场”。“作为家庭空间之附属却又不断质疑传统秩序的‘后花园’，成为宣泄闺阁女性情欲的一条幽微出口”，[①]充满种种禁忌的后花园在一定条件下转化成她们释放天性、挑战父权的游乐场。

虽然司马相如和卓文君的故事发生于汉朝，但《琴心记》实则是剧作家在明代特殊的文化语境下做出的历史改写，带有强烈的时代烙印。当时处于主流意识形态的程朱理学主张“存天理，灭人欲”，对封建女子的道德束缚力度更是史无前例，各地修建贞节牌坊，从小灌输幼女以节烈、贞操观念，以此加强对女性肉体和思想的规训。夫死要守节，未嫁夫死也要尽

① 安家琪，刘顺．中国古典戏曲中“后花园”意象探微——以《牡丹亭》、《西厢记》、《墙头马上》为例[J]．齐齐哈尔大学学报（哲学社会科学版），2012(06)：55.

节,女子的名誉、命运与贞节紧紧维系在一起,女子生来的屈从意识其实是深切宿命观的体现,所以才会发出类似“忠臣不易主,烈女不更夫”的无奈叹息。像文君这样,受琴音的挑动后于花园内肆意思春、怀春,甚至与地位卑微的陌生男子蓄谋私奔,势必要被社会舆论冠以淫妇之骂名,无怪其父卓王孙对这种出格之事予以“丑事莫轻题,贱女淫奔去”的评价。这样的情节设置并非个例,许多古典戏曲中都出现了萌发情欲情思的后花园典型空间,如在汤显祖的《牡丹亭》中,杜丽娘到后花园游春,在闺房中惊梦,最后春情难遣、抑郁而终,这种为情而死的书写更是破天荒的表达。后花园的一树一木一花一鸟,涌动蓬勃生机,牵动自然人的原始生命力,足以唤起久在深闺的待嫁女子渴望自由、渴望爱情的生命意识,从此标志着女性主体意识觉醒,她们为追逐自己生而为人的权利勇敢走出传统家庭的牢笼,挣脱封建礼教的束缚。当时文坛像汤显祖等人大胆提出“至情观”,以“情”立“意”,无疑是对主“理”的正统思想的质疑与反叛,在当时可谓被主流意识形态排斥的“异端”,孙柚的《琴心记》也是顺应了主“情”的文学思潮,文君出走闪烁着反封建的进步人文主义光芒,她的身上带有独立人格、自我意识的“新女性”色彩。

二、隐秘与窥探:男性之性别优越

在这一部分,笔者将着重关注相如的男性情感空间。出于种种机缘巧合,相如与文君这对新婚宴尔被迫分离,并都面临着人生的岔路口:文君被接回父亲家中,并不屈从势利父亲强迫改嫁的淫威,再次出走,带着侍女悄然削发,逃入小巫山庙中;相隔一方的相如原本怀才不遇,因一篇《子虚赋》得到皇帝赏识,入京享受一段短暂荣华之后被派往招安唐蒙,却无奈沦入遭人陷害、撤官下狱的窘境。幸好得到朋友王吉的救助,入狱三年的司马相如最终沉冤得雪。剧作家孙柚一开始就对司马相如这一男性符号倾注了浓厚的性别想象,他以动人的琴声博得了才女卓文君的芳心,以超众的才华赢取了最高统治者的提拔,被构建成一个情场、官场双得意的才子形象。相如和文君的故事跳脱不出古典戏曲中才子佳人一见倾心、金榜题名幸福团圆的叙事模式,《琴心记》对他们超越门第和阶级的爱情更是持以推崇姿态。

相如与文君的婚姻生活一波三折,遭遇了多次困境,有物质匮乏的穷困之苦、有被迫分离的相思之痛,还有情感危机带来的信任问题。司马相如的男性魅力不仅俘获了卓文君,还吸引了其他女子为之倾心,这当然也是剧作家的别有用意。真相大白、官复原职的司马相如回到京城家中,首先就受到了年轻貌美东邻女的引逗示爱。在第三十七出“茂陵春色”中,“年纪破瓜,芳姿倾国,幽情含玉,慧性宜人”的东邻女,同样对隐秘的后花园表示好奇,隔墙偷看茂陵园中读书的相如,被他的体态、琴声深深吸引,多次卖弄风情,大胆抛青梅表达爱意。面对倾国倾城的东邻女的妩媚“勾引”,深处茂陵园的司马相如内心也是相当不淡定,将浪荡不羁的东邻女蔑称为“风前月下妖”,以正人君子的姿态高居,婉言谢绝东邻女的爱意,一句“只是自家妻子尚不知生死下落,那有好心肠看他”可见文君作为人妻对婚姻越轨等潜在情感危机的具象化道德约束,东邻女的一句“你好薄情也”无疑是作者从侧面对相如深情于文君舒展的最高赞美。

然而,才子的风流韵事一波未平一波又起,在第四十一出“赍金买赋”中,孤红与青囊风尘仆仆来到京城寻找相如下落,完成任务后青囊又折返山庙接来文君,京城家中徒留相如和孤红二人独处。与尖嘴油头、下人出身的青囊相比，才高八斗、气度非凡的官人司马相如显然更受春心飘动的孤红青睐。当孤男寡女共处一室时，正妻文君的缺席使得该空间缺乏有力的监控，受强烈男子虚荣心和征服欲驱使的相如把持不住侍女孤红的献媚，不自觉地与妻子的侍女打情骂俏，厮缠搂抱，撕扯衣衫。

若说卓府的西园是文君的游乐场，京城的茂陵园无疑是相如的伊甸园。在茂陵园中，落魄之后重返荣尊的司马相如远离正妻卓文君的守候与监控，以才华和琴技吸引了东邻女的注意与爱慕，也与侍女孤红开展了暧昧的游戏，年轻貌美女性的蜂拥蝶绕恰好从侧面印证了他的男性魅力与自身价值得到女性的崇拜，在这个自由的理想乐园里他甚至可以大胆地偷吃禁果。即便是在卓王孙府，相如以琴音挑逗拥有倾国倾城美貌、高贵身份和地位的千金小姐文君，他们幽会的后花园既是卓文君女性反叛意识萌芽的空间，同时更是司马相如男性虚荣心理、爱情幻想得到极大满足的空间。侍女孤红最终的归宿是被文君和相如许配给了同是下人的青囊，没有如愿成为小姐的陪嫁丫鬟、相如的小妾，如此安排情节的理由无非有二：一是相如被预设为始终钟情于发妻文君的"好丈夫"形象，断不能喜新厌旧、三心二意；二是迎娶集美貌与才华于一身的名门小姐才能凸显相如男性性别身份之优越。这同时也契合了古代落魄文人的审美指归与精神理想。

后花园作为一个在社会生活中看得见摸得着、真实存在的物理空间的同时，也是一个超越现实、充满文化想象的空间。剧作家借助这一空间书写自己的生活理想，在现实人生中无法实现抱负的失落之意可以在虚拟的戏曲创作活动中得到极大的宣泄。法国哲学家福柯在《另类空间》中区分了两个空间——"乌托邦"(Utopia)和"异托邦"(Heterotopia)。前者是并非真实存在的地方，是人类虚构出来的"完美的社会本身或是社会的反面，但无论如何，这些乌托邦从根本上说是一些不真实的空间"；而后者指的是在现实社会中真实存在但又超越现实的地方，即"实际上有可能指出它们的位置"同时"与它们所反映的，所谈论的所有场所完全不同"。①

周宁教授在《花园：戏曲想象的异托邦》一文中指出古典戏曲爱情故事中的后花园是一个充满文人想象的意义空间，杜丽娘游春的后花园是一个承载着男女欢爱的典型浪漫场所，着眼于丽娘为情而死、为爱而生的虚构情节，"花园既是一个切切实实存在的现实的地方，家宅的一部分，又是一个超现实的乌托邦，沟通跨越现实与梦幻、生与死的界限的'想象原野'"，暗合了中国传统文人的游仙或隐逸思想。② 而《琴心记》中后花园也是一个等待发掘、极富意义的空间，并非如《牡丹亭》那样可以超越生死、超越时空，而是超越阶级、身份、地位，为才子佳人的幽盟、私奔、合欢提供了自然环境与意义空间，这是由中国传统文化决定的。

"洞房花烛夜，金榜题名时"所指涉的婚姻与功名，是中国传统文人向来热衷的两大乐事。《琴心记》的后花园书写恰好完成相如作为男性的双重欲望叙事：在卓府的后花园内，司马相如赢得了文君的爱情，但由于身份的卑微，他与文君的结合得不到卓王孙的承认与祝福，落魄的文君"背父淫奔""随夫出丑"，家徒四壁，当街卖酒，好面子的卓王孙才不得不暗中接济他们一点；在京城的茂陵园中，司马相如沉冤得雪后官复原职，虽然汉朝还未实行科举制，但相如凭借自己的真才实学跻身官僚阶层、成为统治集团一员也算达成了功名这一项，

① [法]福柯．另类空间[J]．王喆，译．世界哲学，2006(06)：54.

② 周宁．花园：戏曲想象的异托邦[J]．戏剧文学，2004(03)：26.

趋炎附势的卓王孙以巴结讨好相如夫妻的方式承认了女儿和女婿婚姻的合法性。两次后花园叙事，是司马相如实现男性神话的重要途径：他先后完成了传统文人为之振奋的理想大事，在证明自身男性力量、跻足更高社会阶层之后迎来了如愿以偿的大团圆结局。单有爱情是不够的，"地下"的爱情需要得到象征权威的父辈认可，才可以光明正大地立足于社会，而这就首先需要通过功名换取官职，实现社会地位的进阶。这是剧作家对人间浪漫情爱的美好期待，也是对自身出路想象与营建的异托邦，它基于现实生活存在，但同时由于无法实现或暂时无法实现而具有超越现实时空的意义。

三、禁欲与反禁欲：男尊女卑的固有叙事困境

在《琴心记》中，闺闱女子卓文君前后离家出走两次，第一次是被司马相如的琴音拨弄情欲之后，与司马相如私订终身，逃离卓府，夜奔成都；第二次是相如"一旦高贵"，卓王孙为了面皮荣耀把文君接回家中好生侍候，但得知相如陷入麻烦，卓王孙出于明哲保身考虑，应承田太尉将文君改嫁续弦，文君误以为相如已死便打算遁入空门，带着侍女再次逃出父亲的家，到峨眉山中小巫山庙去了。

在第三十三出"空门遇使"中，满心委屈的文君向尼姑比丘尼哭诉"事出无奈，为此翦香云，忙逃奔。愿弃人间进佛门，只得来投你。苦死不见丈夫身，生不得与亲人近"，表明自己困于红尘烦恼、意欲削发为尼的心志。在文君所处的西汉时期，佛教"未入于中国，法已播于南方"，教义主张"一心清净，两手皈依"，于是比丘尼对文君二人提出进入佛门修身静心的禁欲要求："只好着麻衣坐稳。不似你罗衣宽褪。只好吃黄齑当斋。不似你珍羞厮混。我这里是山林静。那更虎狼群也。又不似你鸳鸯成阵。要诵些佛谶与经文。打参时牢闭门。又不似你施朱傅粉。"

比丘尼劝说情根深种的文君勿要一时意气，"弃了在家的繁华错认了出家的清净"。在这里，山庙作为一个禁欲的宗教空间，将文君这种留恋俗世、未断尘缘的"伪"信徒排斥在外；然而，掌门人比丘尼还是同意收留文君等人安歇，支撑比丘尼这一举动的是寺庙为行人提供食宿的类"客栈"功能。在文君走投无路之际，尼姑及其山庙拯救了文君，文君逃避专权父亲对自己安排亲事、插手人生而在山庙住了三年，而在相如重返荣尊之后，是比丘尼一路护送文君回到京城与相如团聚，相如为表答谢送与尼姑白金百两助修神庙。从性别的角度来看，受到父权压迫的文君得到同是女性的尼姑救助，这是一种女性之间的相互帮助、相互成全，在女性普遍失语的封建传统社会，同处劣势地位的同一性别内部的惺惺相惜显得尤为珍贵。

此外，在某种意义上来说，主张禁欲主义的佛教为实现俗世情欲提供了特殊载体——山庙。位于深山的寺庙原本就远离闹市的繁华，它的边缘位置却暗含冲击"灭人欲"主流意识形态的潜在力量。无独有偶，中国古典戏曲中许多青年男女的爱情故事都是在宗教场所中发生、发展，比如《西厢记》中的普救寺、《玉簪记》中的女贞观，剧作家构建出来的这些反对人欲的寺庙宫观流露出肯定人欲的无意识层面。宗教性质的寺庙宫观，是"服务和服从于宗教仪式和活动的，是善男信女们集聚于此祈求神佛庇护与保佑的地方"。在剧作家的想象中，"它们虽然有现实社会寺庙宫观建筑的形制、格局、环境，有宣讲教义和满足僧俗日常生活的

功能，但内里却是对宗教精神的反叛和背离”，成为挣脱宗教清规戒律的知觉与想象空间。[①]《琴心记》的峨眉山小巫山庙尽管没有具有《西厢记》《玉簪记》那样成为见证男女主人公浪漫情爱萌芽发展的典型空间意义，但是在维系、延续文君的日常生活与婚姻爱情方面起着不可忽视的介质作用，同样是在禁欲的外衣之下无意中宣扬了人欲。

卓文君的两次出走，都是逃离了封建礼教层层束缚的原生家庭——父权统治下的传统家庭。从卓王孙未经文君同意私自将她许配他人的自私举动，可见封建女性处于附属于男性的被支配地位，被剥夺了选择的权利；而强迫文君改嫁“失配”的田太尉是出于续弦的考量，换句话说，哪怕受过良好教育的上流社会精英女子也逃脱不了被物化为传宗接代的生育工具的命运。因此，卓文君两次离家，这种空间位移具有强烈的隐喻性，这标志着女性的主体意识苏醒，肯定了自然人的情感与欲望，对“存天理，灭人欲”的理学道统发起了猛烈的挑战。然而，在这看似闪烁着进步人文之光的空间书写中，人们似乎遗忘了文君在禁锢、闭塞、压抑的父亲家中等待着被救，她出走后奔向的归宿指向了司马相如，她从一个男性（父亲）手里走向了另一个男性（丈夫），之后所受的苦难与委屈都源自新的家庭，她要求自己从一而终、一女不事二夫，却未曾料想千里之外的丈夫可能在风花雪月。因此文君显然是充满矛盾的，她一方面是秩序的反叛者，另一方面又无意识地沦为秩序的固守者，文君始终没有逃离男权社会的樊笼，没有真正成长为独立自由的女性。在晚明的个性解放思潮中，关于女性解放的部分虽然具备近现代意义上的雏形但仍是不成熟、不彻底的，所以思想再进步再前卫的剧作家在戏曲创作中依旧无意识地落入男尊女卑的叙事窠臼，这是由中国传统社会决定的：妇女生来便是在社会地位、家庭地位上次于男人的第二性存在。

被尊为西方妇女“圣经”的《第二性》如是论述西方女性生存境遇：在少女成长经历中，“大家都一致同意找丈夫——或在某些情况下，找‘保护人’——是她最重要的一件事。在她眼中男人是‘另一自我’的化身，正如她自己是男人的另一自我。但这‘另一自我’对她是基本的，主要的，而对他来说，她却视自己不基本，不主要。她要将自己从父母的家、母亲的掌握中解放出来，她要开启自己的将来，但不以主动的征服方式，却是将自己被动而温顺地献入一个新主人的手中”[②]。关于妇女人生和地位之认识，在东西方文化上是共通的，在男性占有绝对权威并主宰一切的中国传统社会里，女性作为男性的玩物、附属品，只是“另外的一种性别”而已。在《琴心记》中甚至可以说，美人与荣华终双全的司马相如才是绝对的主角，投怀送抱的卓文君是作为烘托司马相如男性魅力的符号而存在，尽管剧作家用大量的篇幅描绘二人的浪漫情爱与相互思念以此肯定女性主体意识的觉醒、男女之欲存在的合理性，但在无意识层面还是折射出男性性别上的优越地位，指明丈夫是妇女的归宿与庇护。这无疑是男尊女卑观念根深蒂固的封建时代局限性使然，对于这种叙事困境也无法过多苛责，毕竟剧作家已在挣脱礼教藩篱、高举“主情”旗帜的路上迈出自己勇敢的一步。

---

① 赵春宁．寺庙宫观．古典戏曲爱情故事的典型空间[J]．戏剧艺术，2013(06)：29.

② [法]西蒙·波娃．第二性[M]．桑竹，南珊，译．长沙：湖南文艺出版社，1986：90.

结 语

想象是一门没有客观实在现象的现象学，即形象的产生需要“等待想象的现象自行构成，自行固定为完成的形象”，“通过对广阔性形象的分析，我们在自己心中实现纯粹想象力的纯粹存在。于是，艺术作品很明显表现为存在主义的副产品，这种存在主义属于进行想象的存在”。① 戏曲家基于对现实人生的思考与洞见，在广袤的想象原野上自由驰骋，创作出来的戏曲作品具有现实与超越现实（即虚构）的双重属性。古典戏曲作品中的空间，不再只是物理学或建筑学概念，它更多的是心理学、社会学概念，它向历史开放、向社会开放，为它丰富意义的正是中国传统文化土壤。

《琴心记》的空间书写充满性别意义，卓府的后花园是相如与文君爱情萌生的起点，也是文君反叛父权家庭、走向主体觉醒的场所，后花园的闯入者——相如打破了这个封闭空间原本稳定的父慈子孝伦理秩序，后花园的出走者——文君以自身的叛逆试图冲破封建礼教的藩篱；京城的茂陵园是相如与文君幸福团圆的归处，也是相如男性才华魅力和志趣抱负再次得到施展的场所，除了上文提到的东邻女示爱、孤红献媚等女性的肯定，相如在茂陵园中为被废的陈后作赋使其重获恩宠、恢复后位，皇帝幡然醒悟之后封赏相如一家，再次印证了统治者对失意文人才华的认可；峨眉山小巫山庙披着宗教禁欲的外衣，承载着收留文君、协助她延续俗世情缘的功能，在无意识层面流露出对清规戒律、封建礼教的逸出与背离，然而山庙中等待丈夫音讯的文君俨然一个苦守寒窑、坚守贞操、待夫归来的传统妇女。《琴心记》是剧作家孙柚在晚明个性解放思潮下对相如文君爱情故事的当代重构，尽管以女性的无条件献身凸显男性之性别优越还是陷入了男尊女卑的固有叙事困境，但其彰显的女性反叛意识、男女恋爱自主观念高举了主“情”反“理”的旗帜，在当时看来已足够震撼人心。

The Imagination of Gender Space in *Qinxinji*

Su Mei

(College of Humanities, Xiamen University, Xiamen, 361005)

Abstract: *Qinxinji* was written by Sun You, a playwright of the Ming Dynasty, based on the well-known love story of Sima Xiangru and Zhuo Wenjun. We can notice some places are common in Chinese classical operas, such as pavilions, gardens, courtyard walls and temples. Far from being merely natural environment or physical space, they are endowed with significant cultural connotations by the playwright. This article will analyze several important places and discuss in the specific cultural context of the late Ming Dynasty, how Sun You carried out new imagination and expression of the love story

① [法]加斯东·巴什拉．空间的诗学[M]．张逸婧，译．上海：上海译文出版社，2009：200.

handed down from the Han Dynasty. The back garden of Zhuo is not only the starting point of the love between Wenjun and Xiangru, but also the place where Wenjun rebells against the patriarchal family and gains the awakening of subject. Maoling Garden in the capital, witnesses the realization of Xiangru's talent, charm and aspiration as a man again, as well as the happy reunion of Xiangru and Wenjun. The Xiaowushan Temple in Emei Mountain, with the cloak of religious abstinence, functions as a place taking in Wenjun and helping her to continue the secular love, which reveals the escape from the laws and feudal ethics unconsciously. These spatial writings above are full of gender meanings. The flashing progressive humanism is worthy of affirmation, despite the fact that it publicizes the superiority of men's gender intentionally or unintentionally and leads to the inherent narrative stereotype of "male superiority to female".

Key words: *Qinxinji*; gender; space; imagination

妇女/性别研究工作综述

Overview of Women/Gender Research Work

Women/Gender Studies

以马克思主义妇女观为指导 致力于妇女/性别研究和服务国家及地方发展

——厦门大学妇女/性别研究与培训基地工作回顾(2006—2019)

蒋 月*

内容摘要:厦门大学妇女/性别研究与培训基地于2006年6月成立以来,始终坚持以马克思主义妇女观为指导,研究中国特色社会主义妇女理论与实践。充分发挥综合性大学学科齐全的优势,组建了跨学科研究团队和平台,完成了一批国家和地方立项课题,公开发表、出版了一系列论文和著作。开设或承担女性学、与妇女/性别相关的各级各类课程45门,编写出版了数种该专业领域的教材,多途径多方式地传播先进性别观念与文化。设立了"女性文学"等硕士研究生专业方向;2012年创设了国内首个"妇女/性别研究"二级交叉学科专业博士点,培养该领域高层次人才,并已有多名博士生毕业。发挥所处地缘特点和便利,妇女/性别研究形成了跨"海峡两岸"特色。创办综合性的学术集刊;创办学术与普及相结合的跨学科交流活动"芙蓉湖畔对话",出版同名文集,并形成了传播先进性别文化的自有专业品牌。自设课题和项目,聚焦女大学生成长成才研究。每年主办专业研讨会,探讨妇女发展中的理论问题和实践问题。重视政策咨询和妇女干部培训等社会服务。截止到2019年的十三年间,以妇女/性别为核心关键词,通过教学、研究、人才培养、培训服务、决策咨询等,积极服务国家和地方的经济建设和社会发展,成效显著。未来,将努力在承担国家重大课题上有新突破,加强海峡两岸妇女/性别研究比较与合作,进一步提升学术影响力,努力建立国际性的学术话语体系,为中国特色社会主义女性学和性别文化传播贡献力量,在新时代社会建设和中华民族复兴事业中发挥重要作用。

关键词:妇女与性别;教学与研究;人才培养;决策咨询

厦门大学妇女/性别研究与培训基地(以下简称厦大妇女基地)成立于2006年6月,是厦门大学与中华全国妇女联合会、中国妇女研究会合作共建的。十三年来,在全国妇联、福建省和厦门市妇联大力支持下,在厦门大学党委领导下,厦大妇女基地坚持以马克思主义妇女观为指导,充分发挥综合性大学学科齐全的优势和所处地缘特点,积极服务国家和地方的经济建设和社会发展,多途径多方式地传播先进性别文化;学科建设获得重大突破,学术交流常态化;妇女研究取得了较丰富的成果,并形成了跨"海峡两岸"特色;妇女干部培训和咨询等社会服务不断拓展,形成了具有全国影响力的品牌,社会服务成效显著,赢得有关方面

* 蒋月,厦门大学法学院教授,博士生导师,厦门大学妇女/性别研究基地常务副主任;主要研究领域是婚姻家庭法与继承法、劳动法与社会保障法。

的肯定和欢迎，在国内产生了较大影响力。厦大妇女基地荣获第二、三届中国妇女研究优秀组织奖，2011 年荣获福建省“三八红旗集体”，2013 年被授予“全国三八红旗集体”荣誉。厦大妇女基地将加强海峡两岸妇女/性别研究比较与合作，进一步提升学术影响力，努力建立国际性学术话语体系，为中国特色社会主义女性学和性别文化传播贡献力量，在新时代社会建设和中华民族复兴事业中发挥重要作用。

一、坚持马克思主义妇女观，研究中国特色社会主义妇女理论

厦大妇女基地始终坚持以马克思主义为指导，研究和建设中国特色的社会主义妇女理论，为构建和谐社会，增强中国特色社会主义性别文化的国际影响力，推进中国特色社会主义妇女解放事业做出贡献。2011 年，整合校内专业资源，成立了中国特色社会主义妇女理论中心，推进该领域研究取得明显成效。发表了《“公共性”逻辑与性别正义的政治空间》(宋建丽，2015)、《坚持马克思主义指导地位，发展当代中国的女性学和女性研究》(石红梅，2016)等论文；石红梅教授于 2018 年出版了专著《马克思主义妇女观和中国特色女权主义实践》。

厦大妇女基地已主办或联办、承办了十一场具有较大影响的妇女/性别的年会和研讨会，成为国内该领域研究的重要基地和活跃单位。主要有：

2006 年 11 月 6—8 日，全国妇联、中国妇女研究会联合主办的中国妇女研究会年会暨“建设社会主义新农村与性别平等：多学科和跨学科的研究”研讨会在厦门大学召开，由厦大妇女基地承办。这是中国妇女研究会首次与妇女基地合作在高校召开年会。全国人大常委会原副委员长、全国妇联名誉主席、中国妇女研究会名誉会长彭珮云同志莅临会议并指导。会议收到论文近 200 篇，来自全国各地政府部门和非政府组织的领导和实际工作者以及不同学科领域的学者共 160 余人参加研讨活动。与会代表围绕妇女参与村民自治、妇女参与农村经济发展与反贫困、农村妇女权益保障、创造有利于农村妇女发展的社会环境等 4 个专题进行参与式讨论。厦门大学妇女/性别研究与培训基地的揭牌仪式正是此次会议开幕式上举行的。

2008 年 7 月 12—13 日，举办“女性与社会发展”国际学术研讨会，来自美国、荷兰、汤加等 7 个国家的女性学者和厦门大学的女性学研究者和妇女工作者共同研讨，男性和女性学者面对共同议题从不同视角进行解读，在性别平等及其研究领域跨学科地交流与对话。

2010 年 12 月 13—15 日，厦大妇女基地和厦门大学马克思主义研究院联合主办了“马克思主义妇女观与当代性别理论发展”学术研讨会，吸引了全国诸多高校的学者来自全国妇联、中国社会科学院、南京师范大学、福建师范大学、中华女子学院等单位的数十名代表汇聚于厦门大学，与厦门大学妇女/性别研究与培训基地的成员们一起，共同探讨马克思主义妇女观与当代性别理论在中国的发展与研究状况，交流分享彼此的思考心得和最新研究成果。全国人大常委会原副委员长、全国妇联名誉主席、中国妇女研究会名誉会长彭珮云，中国妇女研究会秘书长、全国妇联妇女研究所所长谭琳，福建省妇联党组书记、主席刘群英，福建省人大常委会办公厅副主任林蔚芬，福建省妇联副主席马义英，厦门市人大常委会原副主任曾国玲，厦门市妇联党组书记、主席翁金珠，厦门大学副校长赖虹凯等出席会议。全国人大常

委会原副委员长、全国妇联名誉主席彭珮云出席开幕式并做重要讲话，要求进一步加强妇女理论研究，努力创建中国特色社会主义妇女理论。

2012 年 11 月 29 日，“第三届全国高校妇女/性别研究与培训基地建设研讨会”在厦门大学召开，中国妇女研究会秘书长、全国妇联妇女研究所所长谭琳，东北师范大学党委副书记、妇女/性别研究与培训基地主任赵莹，云南民族大学党委副书记李秀泉，厦门大学党委副书记、纪委书记赖虹凯，厦门大学副校长、厦大妇女基地主任詹心丽，福建江夏学院副院长、厦大妇女基地副主任叶文振，中国妇女研究会办公室常务副主任吴菁，厦门大学原党委副书记、厦大妇女基地主任陈力文以及来自全国各地 10 所高校妇女/性别研究与培训基地的领导和专家学者出席了研讨会。与会者以妇女/性别学课程和学科建设为主题，交流高等院校妇女/性别研究与培训基地建设的经验，探讨如何发挥高校优势，进一步加强妇女/性别课程和学科建设，推进性别平等事业更上新台阶；对妇女/性别学科的课程建设、学科建设及人才培养、科学研究等问题展开深入讨论，取得了一定共识。

2013 年 6 月 28 日，北京大学妇女/性别研究与培训基地、中华女子学院妇女/性别研究与培训基地、厦大妇女基地联合主办的“当代中国妇女理论”研讨会在北京大学举行，全国妇联名誉主席、全国人大常委会原副委员长彭珮云出席会议并发言。北京大学常务副校长吴志攀、厦门大学副校长詹心丽、中华女子学院院长张李玺、全国妇联妇女研究所所长谭琳出席开幕式并致辞。有 50 多位学者参加此次会议，28 位学者提交了研究论文，15 位学者在大会上做了主题发言。他们从不同学科背景出发，深入探讨了当代中国妇女理论的发展，特别是中国特色社会主义妇女理论形成与发展的时代条件、理论依据、内涵与特点，及其中国特色社会主义理论体系的关系、与国外女性主义理论比较等议题。

2014 年 11 月 8 日，厦大妇女基地主办的海峡两岸“妇女/性别研究与社会发展”研讨会在厦门大学隆重举行，来自北京大学、台湾清华大学等海峡两岸多所高校、研究所在性别研究与妇女问题各个研究领域知名的专家学者 30 余名进行了专题汇报和讨论。中华台湾同胞联谊会会长汪毅夫先生应邀莅临会议。研讨会的主题发言以妇女问题为轴心，并围绕由此辐射出的妇女在教育、医学、文学、社会学、法学等多个领域交织出的议题。大会报告人分别就女性的职场选择、大陆婚姻家庭法律制度的新发展、台湾性别与情感的教育研究、促进女性参与社会建设、女性人才的社会支持、性别的普范性与特殊性、大陆离婚妇女土地流失的现状等议题做了精辟而深入的演讲，跨学科、跨区域研究女性问题的特色凸显。妇女问题的交流和探讨广泛而深入。与会者也一致认为，此次研讨会是一个新的起点与好的交流平台，两岸高校间的交流、了解与今后的合作共识得到了有效的拓展与加强。

2015 年 3 月，举办纪念“北京＋20”专题座谈会，与会者回顾了第四届世界妇女大会在北京召开以来，中国贯彻落实男女平等基本国策的发展历程，认为应当加大对大学生的性别平等教育，要重视自媒体时代的网络作用，探讨在“四个全面”新形势下进一步推进性别平等与妇女发展问题。

2015 年 7 月，厦大妇女基地主办了“马克思主义与妇女劳动”国际学术研讨会，来自国内外高校的 30 多名专家学者就会议主题进行了深入交流与探讨。

2016 年 12 月 3 日，举办“性别平等与家庭建设”学术研讨会，吸引了来自高校、研究机构和企业界代表与会，围绕妇女家庭地位和权利、家庭建设与社会组织管理、妇女在家庭伦理道德构建中的角色等议题展开讨论。本次会议是庆祝厦门大学妇女/性别研究与培训基地成立十周年的系列重要活动之一。

2017年6月19日，“全国女大学生就业创业与职业发展”研讨会在厦门大学隆重举行。福建省妇联副主席袁素玲，福建省妇联兼职副主席陈秀容，中国妇女研究会副会长、福建江夏学院教授叶文振，全国高等学校学生信息咨询与就业指导中心职业能力建设处处长杨洪涛，省教育厅学生处处长谢友平，厦门大学副校长、妇女/性别研究与培训基地主任詹心丽，厦门市妇联副主席陈俊泳，厦门大学关工委主任陈力文等出席会议，清华大学、华中科技大学、西安交通大学、山东大学、东南大学等全国30余所高校的专家学者、一线学生工作人员、校友代表、企业家代表和新闻媒体代表等100余人参加会议。中国妇女研究会向此次研讨会发来贺信。与会人员分别围绕“女大学生就业现状、问题与对策研究”和“女大学生就业创业教育与职业发展研究”两大议题进行分组发言与讨论，学术与实践并重，理论与实务同台，精彩纷呈。进一步搭建女大学生就业创业研究者交流平台，促进社会各界对学生性别研究的关注与思考，提升服务女大学生的能力。落实国家“十三五”规划提出的“推动实现更高质量的就业”和“保障妇女平等获得就业的权利和机会”。此次会议信息被“人民网”等转载。

2018年6月30日，厦大妇女基地、福建省妇女理论研究会联合主办的“改革开放40年妇女发展的理论与实践”学术研讨会在厦门大学举行。厦门大学党委书记张彦，中国妇女研究会秘书长、全国妇联妇女研究所所长刘亚玫，全国人大常务委员会法工委民法室巡视员、原副主任扈纪华，北京大学党委副书记、中外妇女研究中心主任叶静漪，复旦大学党委副书记、妇女/性别研究与培训基地主任许征，厦门市妇联党组书记、主席吴亚汝，厦门大学党委副书记、校工会主席赖虹凯，厦门大学副校长、妇女/性别研究与培训基地主任詹心丽，中国妇女研究会副会长、福建省妇女理论研究会会长叶文振，厦门大学关工委主任、厦门市妇女人才研究会会长陈力文，以及中国妇女研究会、北京大学、中国人民大学、中国社科院、复旦大学、武汉大学、厦门市妇联等全国20多所高校和相关机构的领导、专家及学者百余人参加了研讨会。研讨涉及法学、社会学、教育学、文学、哲学、历史学等领域，研究对象人群从女农民工到白领精英，是一次多学科、多领域、多人群的具有国际视野又不乏国情关注的思想交流。

这些学术会议在学界和同行中间产生了较大学术影响，厦大妇女基地通过“有为”而在学术界和相关领域赢得了其位。厦大妇女基地还积极组织相关学科教师和研究生参加中国妇女研究会等单位主办的学术会议。例如，2015年中国妇女研究会年会暨“北京+20”论坛举行，厦门大学师生共有8篇论文应征入选。

二、组建跨学科研究团队和平台，科研成果和社会效果显著

厦大妇女基地发挥身处综合性大学的优势，整合厦门大学相关学科的专业团队和研究人员，根据研究专长和兴趣，开展跨学科、跨学院的科研联动。已组建11个专业特色鲜明的学术团队，成立了性别与文学文化、性别与教育、性别与法律、性别与经济等研究中心，形成了制度化的研究平台，成立了“大学生发展研究中心”。基于实际需要，组建了教学部、学术部、培训部等6个部门。经过多年建设，厦大妇女基地拥有具有不同学科背景和专业特色、研究能力较强的妇女/性别研究力量，跨学科交叉研究成绩斐然，力争形成妇女/性别研究的

"厦大学派"。

截止到2019年6月30日，厦大妇女基地成员主持完成国家级、省部级等课题50多项，发表论文300余篇，出版专著30余部，获各级奖励80余项，科研成果得到社会各界肯定。林丹娅、蒋月、宋建丽等教授先后主持完成了"台湾女性文学史""中国婚姻家庭法的传统与现代化""女性主义公民资格与社会正义"等5个以上国家社科基金规划项目和青年项目。李明欢、徐延辉、王德文、石红梅、蒋月、赵叶珠等老师分别主持完成了"在两岸人民交流合作先行区中发挥妇女作用问题研究""福建省高层次女性人才发展战略研究""福建省流动妇女性传播疾病知信行的调查研究""福建省农村'留守妻子'的生存状况和发展对策研究""女性自主创业模式及其政策支持研究""改革开放以来福建妇女地位变迁与婚姻家庭权利保护""高等教育体系创新与女性发展研究"等20余项福建省社科基金项目、部级项目。蒋月教授的专著《20世纪婚姻家庭法:从传统到现代化》荣获第四届中国法学优秀成果一等奖和福建省优秀社科成果二等奖。

厦大妇女基地成员主持完成了一大批地方立法、政策决策和社会服务项目。李明欢教授和唐美玲副教授主持的课题组协助厦门市妇女联合会起草拟定了《厦门市妇女发展纲要(2010—2020)》和《厦门市儿童发展纲要(2010—2020)》，为厦门市人民政府通过的同名相关文件提供了学术支撑。石红梅副教授主持的课题组与福建省妇儿工委联合完成《福建省女性工作生活幸福感现状及影响因素》，其调研成果发表于福建省《调研内参》。开展关于"厦门市妇女就业率情况"的专项研究，研究成果直接服务于相关政府部门的决策。蒋月主持完成了"厦门市预防和制止家庭暴力立法研究"等课题，直接促成了厦门市人大于2009年9月30日通过了《厦门市人民代表大会常务委员会关于预防和制止家庭暴力的决定》，推动公共财政支持设立了"家庭暴力受害妇女求助站"；主持完成《福建省实施〈中华人民共和国妇女权益保障法〉办法》修订论证和起草工作；主持完成了《〈厦门经济特区地铁运营管理条例(草案)〉性别平等评估》，所提完善对策建议为有关部门采纳，为福建省、厦门市修订、制定相关法律法规做出了贡献。厦大妇女基地与厦门市海沧区妇联深入交流，双方特别就感兴趣的"社会治理过程中女性的作用"问题，合作开展课题研究，海沧区成为厦大妇女基地的实践活动基地。

厦大妇女基地跟踪妇女/性别研究的前沿和实践，自设课题和项目，推进相关研究的可持续发展。2012年，出版了陈力文主编、蒋月为执行主编的《厦门大学妇女理论研讨会论文选集(1997—2010)》;该选集收录的论文全部是厦门大学教职工和在籍学生应征参加校内举办的妇女理论研讨会而撰写的论文，计78余万字。出版了陈力文主编、林丹娅执行主编的《厦门大学妇女/性别研究文选》，该文选收录的论文是由厦门大学教师于2000年以后公开发表在相关期刊上的妇女/性别研究成果，计60万余字。2013年，厦大妇女基地以海峡两岸比较研究和跨学科研究为主要特色的项目被列入厦门大学哲学社会科学"繁荣计划"，获得每年投入30万元并连续支持五年的专项支持。截至2019年6月底，该繁荣计划支持课题达15项，研究成果以"厦门大学妇女/性别研究学术文选"系列丛书形式出版，其中《闽台老年健康促进兼性别协同发展研究》和《正义与关怀:女性主义的视角》2本专著由厦门大学出版社于2018年出版。为加强对学生工作实践的研究，促进不同性别大学生群体协解发展，厦大妇女基地于2016年开展"性别视角下的大学生全面发展"专项研究，经评审，确定"性别视角下女大学生参与创新创业的能力与现状研究"等12个课题获准立项，给予资助。

部分课题组完成的优秀结题成果已发表在《妇女/性别研究》上。

三、注重学科、课程和教材建设，培养具有先进性别意识的优秀人才

厦大妇女基地注重把妇女/性别研究融入学科主流，推进妇女/性别研究的学科建设取得重大突破。20 多年前，厦门大学人文学院就设立了“女性文学”的硕士研究生招生方向。2012 年，经过竞争，首批获准设立了“妇女/性别研究”二级交叉学科博士点。这是国内首创，受到全国妇联等单位充分肯定。在该交叉学科专业博士点下，招收培养了 5 名博士研究生，其中 3 人已毕业和获得博士学位，有 2 位毕业生在高校从事教职。

充分利用学科优势，积极推动妇女/性别课程建设，将先进性别意识融入大学生培养过程中。截至 2018 年 12 月，由厦大妇女基地成员为主开设或承担的女性学及相关课程有 45 门，课程覆盖博士生、硕士生和本科生，其中面向全校选修的公共课程达 21 门，且教学效果良好。注重课程教学模式创新，关注理论与实践相结合。为了更有效地传播先进性别文化，2012 年，厦大妇女基地与福建省妇女联合会共同推出了“先进性别文化建设”课程培育项目。2015 年，在举办各类专题讲座、学术沙龙的同时，与学校通识教育中心合力打造有关性别教育的精品课程 4 门，把性别课程推广到更多学科领域。

积极推进课程教材建设，编写了众多女性学课程教材，并有多项研究成果获得省部级奖励。林丹娅教授合作主编的《女性文学教程》是国家“十一五”规划教材，是该学科领域的全国通用教材，获新闻出版总署第二届“三个一百”原创图书出版工程奖等。叶文振教授主编的《女性学导论》获评福建省社科优秀成果一等奖。曹剑波、宋建丽、石红梅等人编写出版了《女性主义哲学》教材。

四、创办《妇女/性别研究》集刊，举办跨学科交流活动“芙蓉湖畔对话”，创建网站，建设传播先进性别文化的自有专业品牌

厦大妇女基地于 2014 年创办了学术集刊《妇女/性别研究》。这本综合性学术刊物旨在推动国内外妇女/性别的理论和实践之研究，推动妇女/性别研究在不同学科的交流与发展。已出版五辑，发表国内外各个学科的性别研究成果近百篇，开辟专栏，鼓励研究生投稿，培育优秀青年人才。

厦大妇女基地举办了“芙蓉湖畔对话”活动，并已形成品牌效应。该对话活动于 2016 年创办以来，与校内有关单位联合主办了 6 期跨学科交流。对话以性别与科学、性别与健康、性别与文化等为主题，邀请相关学科的院士、教授和在本专业领域卓有成就的专业人士担任嘉宾，与听众面对面交谈，在广大师生中产生了热烈反响。为增进听众与对话嘉宾之间现场交流，该对话设置了“自由提问环节”，让听众与嘉宾平等对话。平实、生动、新颖的对话形式传递了科学知识，争鸣了学术问题，解开了一些困惑，增进了两性之间的交流，形成了品牌效应。根据前 4 期“芙蓉湖畔对话”录音整理结集而成的同名书籍的《芙蓉湖畔对话》第一辑，詹心丽主编、蒋月执行主编，由中国社科文献出版社于 2018 年出版，以期进一步传播与性别

有关的科学知识,倡导性别平等。

2013 年,创建厦门大学妇女/性别研究与培训基地网站(网址:https://xdfnjd.xmu.edu.cn),专注于传播、分享妇女/性别领域的专业信息和活动,扩大厦大妇女基地的影响力。

五、加强引导和交流,助力女大学生健康成长成才

厦大妇女基地重视理论研究与实践行动的结合,通过"大学生发展研究中心"聚焦女大学生成长成才。

聚焦女大学生就业问题研究,引起全国妇联领导高度重视。2016 年,刘艳杰老师提交的有关女大学生就业问题研究的论文,参加中国妇女研究会年会暨"创新、协调、绿色、开放、共享理念下的妇女发展与性别平等"研讨会,受到全国妇联领导关注。2017 年 6 月,在厦门大学举办了"全国女大学生就业创业与职业发展"研讨会,来自中国妇女研究会,北京大学、清华大学等诸多高校,全国高等学校学生信息咨询与就业指导中心,全国妇联妇女研究所,福建省妇联等相关单位的百余人参会,围绕女大学生就业现状、问题和对策等议题深入探讨,分享最新研究成果,搭建女大学生就业创业研究者与实务工作者之间的交流平台,学术与实践并重,理论与实务同台,提升服务女大学生的能力。

组织开展多类型服务活动,助力女性就业和创业。2016 年举办"芙蓉花开——女大学生创新创业论坛"暨"德贞社会课堂基金"2016 年度校友论坛。校友嘉宾们围绕"女性创业者与男性创业者相比的独特优势有哪些"等话题探讨交流,结合自己创业经验与职场感悟畅所欲言。例如,2017 年三八妇女节期间的招聘会,就邀请了省内外 97 家用人单位来校招聘,带给求职周期相对较长的女大学生更多的就业机会。

开设"先进性别文化进校园"等系列讲座,引导、传播先进性别意识,促进男女大学生协同发展。与福建省妇女联合会合作,开设了"先进性别文化进校园"系列,举办了"女生,你是否知道?——与理工科女生谈心""恋爱中女性自我成长与关系协调"等主题的讲座和沙龙,引导女大学生积极自我认知和心理调适。该系列活动邀请专业领域造诣深的相关老师主讲,内容贴近学生需求,深受学生欢迎。

六、重视政策咨询和妇女干部培训,传播先进性别文化

厦大妇女基地面向社会,提供干部(特别是女干部)和职业人的素质培训和高级研修服务,产生了较大社会影响。培训采用两种模式:一是举办面向女干部、女职工的研修班;二是在各类研修班中嵌入妇女/性别课程,提升课程对象的社会性别意识。2007 年 6 月,厦大妇女基地与福建省妇联合作,成功举办了"福建省妇联执委和市、县(区)妇联主席高级研修班"。2008 年 8 月,举办了"福建省女企业家能力拓展培训班";2008 年 10 月,举办广东汕头市"中青年妇女干部培训班"。2011 年,与贵州省妇联、重庆市妇联合作,完成一轮妇联干部培训。2012 年以来,受全国妇联系统有关单位委托,开设了全国妇联执委研修班、全国妇联组工系统研修班、太原市妇联研修班、郑州市妇联研修班、广西妇联研修班、广东妇联研修

班、南昌市妇联研修班等研修班。还举办了“福建省妇女工委系统研修班”，汕头市公务员培训班等多种类型、多个层面研修班，为来自全国各地的妇女干部、各行业的女职员、从事妇女工作管理或妇女研究工作的人员进行高层次培训，赢得了学员高度肯定和赞赏，受到了相关行业和单位领导的肯定。

七、突出海峡特色，为祖国和平事业做贡献

厦大妇女基地立足区位优势和“五缘”优势，着力打造海峡两岸妇女/性别比较研究与合作研究特色。妇女基地成员先后三批次赴台湾地区考察妇女理论和实践研究，台湾地区的相关专家学者也以团队形式三次回访厦门大学，就海峡两岸的教学合作、科研合作和社会建设等方面的工作展开充分深入讨论。2008 年 9 月，依托厦大妇女基地，厦门大学与台湾大学，台湾的交通大学、成功大学联合成立了“海峡两岸性别研究与教学合作中心”。与台湾、香港地区和海外女性研究单位和教师建立了密切联系，成为推进中国和平事业的积极力量。2013 年，厦大妇女基地的海峡两岸妇女/性别研究纳入厦门大学“两岸关系和平发展协同创新中心”，组建了海峡两岸妇女/性别研究协同创新团队，通过两岸经济一体化、两岸社会整合等五大领域展开研究，为两岸关系和平发展提供智力支持和保障。

切实关注女性在海峡两岸社会治理中的作用，加强大陆与台湾、香港地区的交流与合作。厦大妇女基地于 2014 年 11 月主办了“妇女/性别研究与社会发展”学术研讨会，来自海峡两岸的专家学者分享了海峡两岸妇女/性别的理论和实践研究成果。2015 年 9 月，林丹娅教授主编的《台湾女性文学史》由厦门大学出版社出版。该著作是大陆地区的台湾文学研究中的首部著作，且有近百万字篇幅，填补了中国文学史与女性文学史中的一个空白，入选国家“十二五”重点图书。该著作还在厦门举办的第十一届海峡两岸图书交易会上举办了首发式。

加强两岸交流，组队参加海峡妇女论坛。妇女基地成员每年都参加海峡论坛。例如，2014 年，“第六届海峡妇女论坛”在厦门隆重开幕，厦门大学师生 20 人参加此次论坛。2016 年，组织厦门大学 20 名港台籍女大学生参加第八届海峡论坛之妇女论坛。2017 年，第九届海峡妇女论坛在厦门举行期间，参会部分代表到厦门大学参观交流，分享经验。2018 年，第十届海峡妇女论坛举行，我校师生代表积极参加相关活动。

八、注重自身建设，为教学科研提供保障

厦大妇女基地成立伊始，就得到了福建省的关心、厦门大学的重视。厦大妇女基地领导班子主要成员人选经由学校党委研究确定，历届主任均由副校级领导担任。妇女基地成立不久，福建省有关领导批准拨付首笔科研经费支持。妇女基地注重组织建设，规范地搭建了学术机构和研究平台。首届班子中，由时任厦门大学党委副书记陈力文同志担任主任，中国华侨历史学会副会长、公共事务学院李明欢教授担任常务副主任。第二届班子中，由时任厦门大学副校长詹心丽同志担任主任，中国女性文学委员会副会长、人文学院林丹娅教授担任

常务副主任。2019年7月完成第三届班子配备，由厦门大学副校长邓朝晖同志担任主任，中国法学会婚姻法学研究会副会长、法学院教授蒋月担任常务副主任。厦大妇女基地设立有学术委员会，负责基地的学术活动，包括科研项目审核和重要学术活动把关等。首届和第二届学术委员会主任由时任公共事务学院院长、长江学者陈振明教授担任。第三届学术委员会主任是厦门大学科研处处长、公共事务学院高和荣教授。妇女基地每年召开工作会议，年初商讨一年工作计划；年中督促项目和工作进度；年末进行工作总结，不断完善各方面工作。

此外，厦大妇女基地积极参与有关妇女/性别的事务和活动。例如，2011年11月4日—5日，第五届世界大学女校长论坛在厦门大学举行期间，厦门大学副校长邬大光致辞表示，厦门大学十分重视发展女性研究事业，致力于促进性别平等，培养了大批杰出女校友；并向大会介绍了厦大妇女基地及其取得的一系列研究成果。第六届世界大学女校长论坛于2014年9月6日在北京举行，厦门大学副校长、厦大妇女基地主任詹心丽应邀赴会参与论坛，并在分论坛发表题为《发挥高校学科优势推进女性教育和研究》的发言，阐述了高校对女性培养的重要性，介绍了厦门大学以妇女/性别研究平台为依托，以开展对台妇女/性别研究为特色，加强妇女/性别学科建设，创立妇女/性别研究交叉学科，在促进女大学生成长、提升女干部素质及将性别视角融入决策主流、智力支持制度建设等方面发挥妇女/性别学科建设的经验和做法。厦大妇女基地与从事妇女/性别研究、妇女工作的相关单位、机构和人员保持常态化工作交流，接待全国妇联、兄弟院校妇女/性别研究与培训基地、部分地区的妇儿工委办、妇联等单位的领导和同行前来指导、交流、考察，双方就妇女/性别研究的团队建设、工作机制创新、学科建设、学术活动组织和社会服务开展等进行深度交流和信息共享。

十三年来，在厦门大学党委领导下，厦大妇女基地坚持以马克思主义妇女观为指导，坚持服务国家经济建设和社会发展，发挥厦门大学综合性大学优势和地缘优势，结合和运用当代妇女/性别研究的新视角、新进展和新成果，开展妇女理论和性别学研究和相关实践工作，不断创新工作机制，在学科建设、课程建设、教材开发、人才培养上取得了较大突破，形成了自有学术品牌；聚焦女大学生群体需求，助力和服务女大学生成长成才；服务祖国和平统一事业，取得了一系列重要成绩，已产生了较大学术和社会影响力，得到了有关领导和相关部门的高度肯定。

性别平等是全球性议题之一，男女平等是我国基本国策。加强妇女/性别研究对于促进两性平等协调发展具有支撑作用。未来，厦大妇女基地将继续关注国家建设和地方发展的重大战略和决策，重视从经济社会发展的重大需要和妇女群体的基本需求中发现重要问题和课题并开展研究；努力在承担国家重大项目上有突破，推出更多高质量研究成果；注重培养更多优秀妇女/性别研究的高端人才；更好地传播先进性别观念和文化；也要争取更多资源和机会，把各方面工作做得更好。知行合一，在建设有中国特色的社会主义妇女理论、服务国家大局和地方经济社会建设中，发挥更大作用。

（说明：本文定稿于2019年7月30日；文中人物的职称、职务均是指相关工作当时的信息）

Being Guided by Views of Marxism on Women, Committed to Women/Gender Research and Serving National and Local Development

—A Review of Women/Gender Research and Training Centre of Xiamen University (2006—2019)

Jiang Yue

Abstract: Since its establishment in June 2006, Women Research and Training Centre of Xiamen University has always adhered to the guidance of the Marxist views of women as a guide to study the theory and practice of socialist women with Chinese characteristics. Taking full advantage of the comprehensive disciplines of comprehensive university, interdisciplinary research teams and platforms have been formed, a number of national and local projects have been completed, and a series of papers and works have been published. Established or undertaken 45 courses of various levels and types related to women/gender, compiled and published several textbooks in this field of expertise, and disseminated advanced gender concepts and cultures in many ways. Established the professional direction of postgraduates such as "Feminine Literature"; particularly created "Women/ Gender Studies" as second-level interdisciplinary doctoral program in 2012, which was the first one in Mainland of China, and aimed to train high-level talents in this field. And several doctoral students graduated. Taking advantage of its geographical characteristics and convenience, women/gender studies have formed cross-strait characteristics. The establishment of a comprehensive academic collection; the establishment of an interdisciplinary exchange activity combining academic and popularization, "Talks upon Furong Lake", the publication of an anthology of the same name, and the formation of its own professional brand that spreads advanced gender values and culture. Set up its own topics and projects focusing on the research of female university students. Annual professional seminars are held to discuss the theoretical and practical issues in women development. Pay attention to social services such as policy consultation and women cadre training. In the thirteen years to 2019, with women/gender as the core keyword, through teaching, research, talent training, training services, decision-making consultation, etc., it has actively served national and local economic construction and social development, with remarkable results. In the future, we will strive to make new breakthroughs in undertaking state major project, strengthen the comparison and cooperation of women/ gender studies across the Taiwan Straits, further enhance academic influence, and strive to establish an international academic discourse system for socialist feminism and gender culture with Chinese characteristics, contributes to play an important role in social construction and the rejuvenation of the Chinese nation in the New Era.

Key words: women and gender; teaching and research; talent training; decision consulting

本刊征文启事

《妇女/性别研究》(Women/Gender Studies)系厦门大学妇女/性别研究与培训基地创办的综合性学术刊物。本刊本着学术至上原则,刊发在文学、哲学、历史学、社会学、法学、教育学、政治学、经济学、公共管理、公共卫生等领域里的妇女/性别研究优秀论文,诚挚邀请海内外学者惠赐大作。现将相关事项知会如下:

1. 本刊暂定为一年刊,每年10月出版。投稿截止日期为每年的5月前。投稿后一般在一个月内会接到有关稿件处理的通知。

2. 来稿限用中、英文发表,中文20000字以内,英文15000字以内。

3. 切勿一稿多投,本刊所发论文,以未发表者为宜。来稿务必原创,凡涉抄袭、侵害他人等权利之事,概由作者承担包括法律在内的一切责任。

4. 每篇论文正文前须有300字左右的中文论文摘要,3至5个中文关键词。同时提交英文篇名、作者名、摘要与关键词。

5. 来稿请附作者信息,包括姓名、单位、职称、邮编、通信地址、电话、电子信箱,以便联系。

6. 为实行环保,请作者通过电子邮件提供稿件的电子版。

7. 本刊刊登稿件均为作者研究成果,不代表本刊意见。来稿一经采用,即付稿酬,并寄样刊3册。

8. 联系方式:

地址:361005 中国福建省厦门市厦门大学,厦门大学妇女/性别研究与培训基地《妇女/性别研究》编辑部

电子邮箱:xdfnjd@xmu.edu.cn

附:本刊注释技术规范

1. 采用页下注(脚注)

2. 注释格式为:主要责任者.题名:其他题名信息[文献类型标识].版本项.出版地:出版者,出版年:引文页码.分类示例如下:

(1)引用古籍:

康熙字典:巳集上:水部[M].同文书局影印本.北京:中华书局,1962:50.

汪昂.增订本草备要:四卷[M].刻本.京都:老二酉堂,1881(清光绪七年).

(2)引用近人著作:

徐复观.中国文学精神[M].上海:上海书店出版社,2005:50-51.

北京大学哲学系美学教研室.西方哲学家论美与美感[M].北京:商务印书馆,1980:54.

陈登原.国史旧闻:第1卷[M].北京:中华书局,2000:29.

冯友兰.冯友兰自选集[M].2版.北京:北京大学出版社,2008:第1版自序.

钱学森.创建系统学[M].太原:山西科学技术出版社,2001:序2-3.

(3)引用析出文献:

宋史卷三:本纪第三[M]//宋史:第1册.北京:中华书局,1977:49.

李约瑟.题词[M]//苏克福,管成学,邓明鲁.苏颂与《本草图经》研究.长春:长春出版社,1991:扉页.

姚中秋.作为一种制度变迁模式的"转型"[M]//罗卫东,姚中秋.中国转型理论分析:奥地利

学派的视角.杭州:浙江大学出版社,2009:44.

(4)引用近人论文:

王宁,黄易青.词源意义与词汇意义论析[J].北京师范大学学报(人文社会科学版),2002(4)90-98.

李炳穆.韩国图书馆法[J].图书情报工作,2008,52(6):6-21.

(5)引用译作:

杜夫海纳.美学与哲学[M].孙非,译.中国社会科学出版社,1985:52.

(6)引用网络电子文献:

李强.化解医患矛盾需釜底抽薪[EB/OL].(2012-05-03)[2013-03-25].http://wenku.baibu.com/view/47e4f206b52acfc789ebc92f.html.

吴云芳.面向中文信息处理的现代汉语并列结构研究[D/OL].北京:北京大学,2003[2013-10-14].http://thesis.lib.pku.edu.cn/dlib/List.asp? lang=gb&type=Reader&DocGroupID=4&DocID=6328.

3. 标识代码:

(1)文献类型和标识代码:

普通图书M,会议录C,汇编G,报纸N,期刊J,学位论文D,报告R,标准S,专利P,数据库DB,计算机程序CP,电子公告EB,档案A,舆图CM,数据集DS,其他Z。

(2)电子资源载体和标识代码:

磁带MT,磁盘DK,光盘CD,联机网络OL。

厦门大学《妇女/性别研究》编辑部

2019年12月